数字档案馆
管理信息系统构建

郭泾　著

CFP 中国电影出版社
2024 · 北京

图书在版编目（CIP）数据

数字档案馆管理信息系统构建 / 郭泾著 . — 北京 : 中国电影出版社 , 2024. 11. — ISBN 978-7-106-05683-4

Ⅰ. G270.7

中国国家版本馆 CIP 数据核字第 20246JD630 号

责任编辑：张　霞
封面设计：任杰文
责任校对：滕　森
责任印制：孙　杉

出版发行	中国电影出版社（北京北三环东路22号）　邮编：100013 电话：64296664（总编室）　64216278（发行部） 64296742（读者服务部）　E-mail：cfpbjb@126.com
印　刷	河北赛文印刷有限公司
版　次	2024年11月第1版
印　次	2024年11月第1次印刷
开　本	710mm × 1000mm　1/16
印　张	19.75
字　数	280千字
定　价	98.00元

前 言

档案记录人类社会生产生活的方方面面，与每个人、每个组织息息相关。无论国家机构还是社会组织，无论人民群众还是社会管理者，都是档案的形成者、保护者和利用者。因此，档案工作是一项需要全社会共同参与的工作。

档案工作是一项基础性工作，也是维护党和国家历史真实面貌、保障人民群众根本利益的重要事业。做好档案工作，对于推动经济社会发展、维护国家安全和社会稳定、维护人民群众合法权益、提高党的执政能力和政府管理水平具有重要意义。

档案信息化是国家信息化工作的重要组成部分，是档案管理现代化的重要内容。2021 年 1 月 1 日正式实施的《中华人民共和国档案法》和 2024 年 3 月 1 日正式实施的《中华人民共和国档案法实施条例》均新增了“档案信息化建设”专章，进一步规范了电子档案移交、接收及保管相关措施，明确电子档案管理信息系统建设要求，并对传统载体档案数字化和数字档案馆（室）建设工作等提出具体要求，为数字转型时期的档案信息化建设提供了坚实的法律保障。近年来，国家档案局先后制发了数字档案馆建设指南和测评办法等文件，广东省档案局制发了数字档案馆评价办法和标准文件，明确了数字档案馆建设的路径和方法。

本书以数字档案馆管理信息系统构建为研究对象，深入剖析了数字档案馆管理信息系统的建设。本书共分七章，其中，第一章为数字档案馆管理信息系统概述；第二章为数字档案馆管理信息系统架构，主要介绍了信息系统的设计原则、总体架构、网络架构、业务架构、数据架构和技术路线；第三章为数字档案馆业务管理系统；第四章为数字档案馆应用支撑系统；第五章为数字档案馆基础设施建设；第六章为数字档案馆安全保障；第七章为数字档案馆非功能需求。

本书注重理论与实践相结合，旨在探索数字档案馆管理信息系统建设的路径，希望能为各级各类国家档案馆如何建设数字档案馆信息系统提供参考借鉴，有助于档案工作者进一步思考和探讨大数据背景下的档案工作数字转型和智能升级，推动档案工作的规范化和档案管理的科学化，从而有效发挥档案工作在经济社会发展中的基础性和支撑性作用。

由于笔者水平有限，本书难免存在不足之处，敬请广大同人批评指正。

目 录

第一章 数字档案馆管理信息系统概述

第一节 系统构建用户需求

数字档案馆是信息资源、历史档案数字记录遗产的数据仓库。由于档案数据业务的独特性，不同用户访问的渠道（网络）不同，可划分为档案馆用户、立档单位用户和社会群众。

一、档案馆用户

（一）档案馆监管人员

档案馆监管人员需要对档案馆馆藏档案业务情况、基础设施运行情况、温湿度监控等环境情况进行全局总览和监管。通过浏览系统中业务数据和有关报表，并根据系统提供的信息进行相应的决策，同时还需要对立档单位档案信息化、资源等建设情况进行监管。

（二）档案馆业务人员

档案馆业务人员，可以接收、征集、管理、检索各类馆藏档案；可以开展档案鉴定、保管保护等工作，对档案管理信息进行收集、管理和分析，有权查询利用各种档案数据；可以接收各类型多媒体档案；可以对多媒体档案进行管理、检索利用、统计；可以对到期馆藏档案进行开放审核和结果发布；可以为来馆群众提供档案查阅利用服务，帮助来馆群众查档登记、检索、打印出证等；可以利用馆藏档案以及各类资料开展档案编研工作，编纂并发布期刊、汇编、相册等多种成果；可以对库房进行日常管理，包括档案的出入库登记、上架下架管理、盘点、库房环境设备管理等。

按照有关规定要求，接收立档单位移交的数字档案，完成数字档案接收登记、检测、审核等工作。受理、审核立档单位的查档需求。负责档案馆教育基地的接待、登记、安排、记录等。接收采集互联网有关档案数字资源等。

（三）档案馆系统管理人员

档案馆管理人员包括系统管理员、安全员、审计员三个角色，三个角色密切联系、相互制约。

1. 系统管理员

主要负责系统的日常运行维护工作，对整个系统进行初始化、参数配置等。

2. 系统安全员

主要负责系统的密钥管理、日常安全和保密管理工作，包括对系统用户权限的授予与撤销，用户操作行为的安全设置，系统安全事件的分析、处理等。

3. 系统审计员

主要负责对系统管理员和安全员的操作行为进行审计跟踪、分析和监督检查，及时发现和处理违规操作行为等。

二、立档单位用户

（一）一级立档单位业务部门档案员

负责收集各类属于归档范围内办结的电子文件，收集工作中产生的各类文件资料，初步整理后归档。

（二）一级立档单位档案员

本级别档案员负责档案收集、整理、检索、鉴定、利用、统计等档案日常工作。按照规定，在一定时间内向档案馆移交本单位档案，完成档案移交登记、检测等工作。受理、审核查档需求。保障电子文件、电子档案在管理过程中的安全可靠、可追溯。浏览系统中的业务数据和有关报表，对本单位内档案归档情况、档案移交情况、档案整体情况进行把关并提交分管领导审批。对本单位内部档案信息资源的收集、整理、封装和移交。对本单位的档案信息资源进行检索和利用。对本单位用户、权限、日志等的管理。可采集和整理系统自动归档的电子文档、电子档案等。

（三）二级立档单位档案员

本级别档案员负责向一级立档单位上报年度任务完成情况、工作考核数据、档案信息化建设、资源建设等工作。负责收集各类属于归档范围内办结的电子文件，收集工作中产生的各类文件资料，初步整理后归档。负责档案收集、整理、检索、鉴定、利用、统计等档案日常工作。负责受理、审核查档需求，保障电子文件、电子档案在管理过程中的安全可靠、可追溯等。

（四）立档单位档案利用人员

在权限允许的情况下对本单位或其他单位档案信息资源进行检索和查阅。

三、社会群众

通过服务网站、移动终端等进行档案信息的检索、浏览和查阅等。

第二节　系统构建业务需求

近年来，国家档案局先后出台了《数字档案馆建设指南》《数字档案馆系统测试办法》等标准规范。数字档案馆建设，既包含了基础信息系统及网络，如排队叫号系统、停车系统、监控系统、网络交换系统等，还包含档案馆核心业务管理信息化系统，均须以国家档案局的相关标准规范为指导，全面考量数字档案馆档案信息化应用系统的整体需求，从收、管、存、用四个方面，实现数字档案信息化多方收集、永久存储、安全保管与共享利用的要求。

一、政务网业务分析

政务网主要业务对象是立档单位，各单位通过系统实现各类电子文件、数字化成果的接收、管理、保存、利用，并移交档案馆，实现档案馆对各单位电子文件、数字化成果的集中统一管理。

（一）归档接收

一是与立档单位履行政务服务、执法监管、公文管理等重要职能的电子政务系统项目对接，接收各类应归档的电子文件；二是接收各单位产生的档案数字化加工成果。

（二）归档整理

将接收的各类文件按照相应的规范要求进行档案编目、编号、排序、分类等。对实体档案进行相关处理后入库上架，并记录档案数字资源与库存的关联关系。

（三）档案利用

已归档的各类档案数据按照权限提供给单位内部各部门查阅利用。

（四）档案移交

按照档案馆接收计划，由各单位发起申请，将传统载体档案和电子档案移交档案馆，满足一定保管期限的档案移交档案馆保存的要求。

（五）监督指导

档案馆指导、规范、接收各档案馆提交的电子的档案资料目录，并进行审核确认。还包括档案行政部门对各单位年度工作任务、考核情况进行监督查看。

二、局域网业务分析

局域网主要业务对象是档案馆用户，实现档案馆核心业务的日常管理。

（一）档案接收

接收立档单位移交的传统档案资料的业务，以及接收通过购买、接受捐赠、主动采集等方式征集的档案资料等。

（二）档案管理

接收各立档单位移交的数字档案资源和实体档案，经过编目、著录、鉴定等一系列业务处理，将档案相关资源入库上架，并记录档案数字资源与库存的关联关系。

电子档案需按照电子档案长期保存的要求，对数字档案进行分类存储、格式转换、备份等存储管理，并对数字档案资源进行恢复策略制订、数据移植、备份恢复以及定期监测等相关管理。

（三）档案利用

一是档案馆主动开发资源，即档案编研；二是提供查阅服务，包括窗口接待查阅、提供自助查阅等；三是实现档案查询、资源发布、信息共享、开发利用等功能。

实现档案消毒、数字化加工、修复、音视频数字化等日常工作管理。

（四）统计分析

档案统计是档案业务的重要工作，是了解、掌握档案信息的资源总量、分布情况以及借阅利用等信息的重要手段，是指导档案工作发展目标和工作重点的重要信息依据。

统计应包括档案的接收、移出、整理、鉴定、保管数量、档案构成、档案利用、档案机构和人员等情况。

三、互联网业务分析

互联网业务主要对象是社会公众，主要提供开放信息的查阅利用服务。

（一）资源采集

进行多种类型和载体的档案和文献资源的收集，包括图书文献、广播电视、电子报刊、新媒体等其他多种类型和载体的文献资源，打造一个丰富的档案和文献资源库。

（二）档案利用

面向社会公众提供信息发布、开放档案查询、查档预约等档案利用服务，为社会公众提供网上开放档案信息、政府信息公开检索利用服务。

四、机房需求分析

根据数字档案馆建设规模，建设支撑应用系统的设施设备，并考虑未来档案馆馆藏资源智能化建设，需做一定的预留空间。

第三节　系统构建流程需求

一、业务场景分析

档案管理过程中包括档案采集、档案管理以及档案利用等业务场景。

（一）档案采集

在公文或业务数据完结后，有两种采集方式，一是业务系统将形成的业务数据推送到档案系统中，进行元数据的采集。二是档案采集员在著录模块进行元数据的登记与电子附件的上传。

档案采集完成后，归档到电子档案库（即归档数据管理模块）。（见图 1–1）

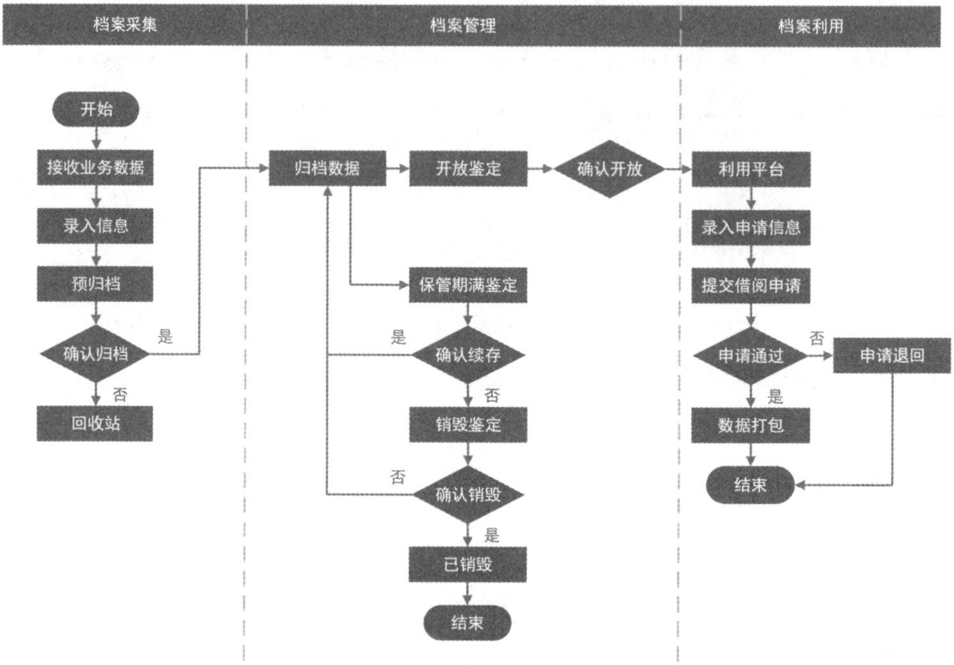

图 1–1　档案管理过程业务场景

（二）档案管理

归档完成后，提供电子档案的各类鉴定，包括开放鉴定（鉴定档案数据可否开放）、保管期满鉴定（到达保管期限的电子档案数据是否续存或移交销毁）以及销毁鉴定（确认档案数据是否销毁）。

（三）档案利用

主要面向用户，提供已归档档案数据的在线查询与借阅服务。

二、档案采集流程分析

（1）采集员采集电子文件（电子文件采集在著录模块实现），采集员上传电子文件生成目录信息，并保存在采集库（在著录模块实现），在采集库中采集员可以进行增加、删除、修改、查询的操作。

（2）业务系统数据接收（于在线接收模块实现）。业务系统数据流程表单完成后，生成电子文件。

（3）归档员通过对采集库的记录质检后，归档到预归档库（在文件著录模块实现）。

（4）档案员通过对预归档库的记录质检后入库（在预归档库模块实现）。（见图 1-2）

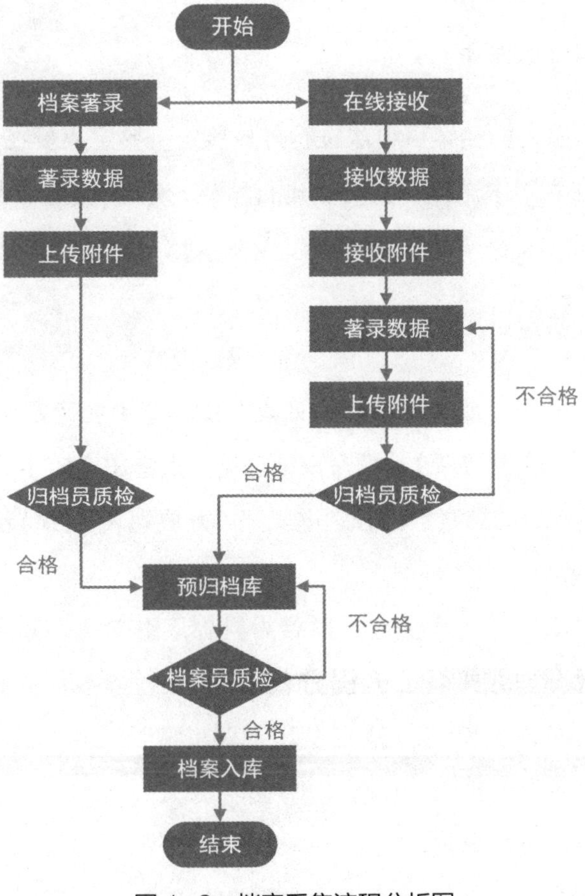

图 1-2　档案采集流程分析图

三、档案开放鉴定流程分析

（一）首次开放鉴定

1. 待鉴定档案进入“待鉴定列表”

2. 鉴定人员进行审核

如果鉴定结果为“可开放”，则该档案进入“可开放列表”。

如果鉴定结果为“不可开放”，则该档案进入“不可开放列表”。

（二）二次开放鉴定

已完成开放鉴定的档案可再次进行开放鉴定。鉴定人员在“可开放列表”或“不可开放列表”中选择档案再次进行审核，审核步骤与结果与首次鉴定一致。

（三）最终鉴定

在“可开放列表”或“不可开放列表”中，选中要确定鉴定结果的档案数据，点击【确认鉴定结果】，填写审批意见，点击【确定】完成开放鉴定。

完成开放鉴定后的档案数据分别进入“可开放列表”和“不可开放列表”。（见图 1-3）

四、档案保管期满鉴定流程分析

（1）档案保管期满进入“保管期满列表”。

（2）鉴定人员进行审核。

如果鉴定结果为“续存”，则修改新的保管期限。

如果鉴定结果为“不续存”，则该档案将进入档案销毁管理的“待销毁

列表”。（见图 1-4）

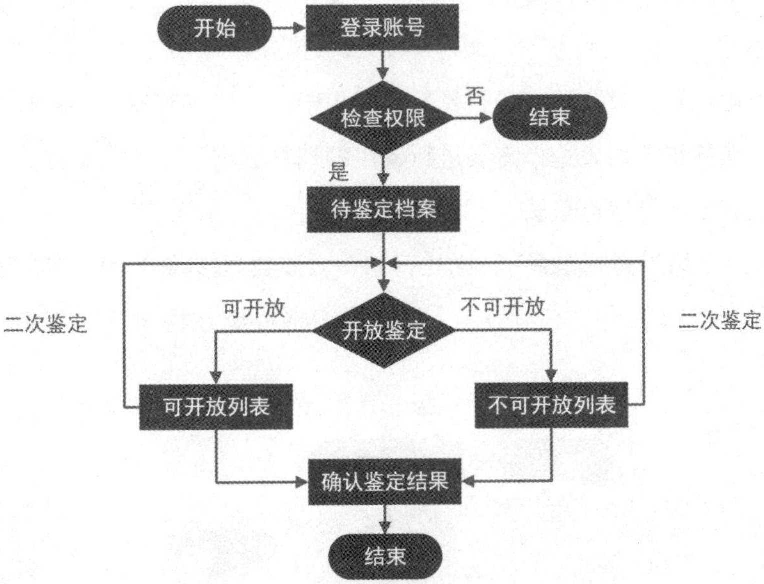

图 1-3 档案开放鉴定流程分析图

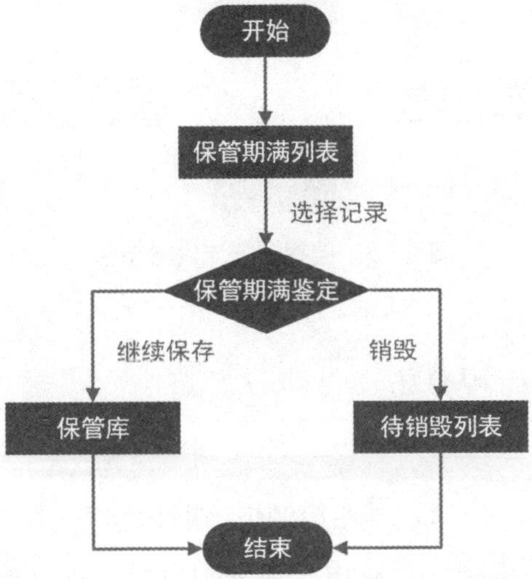

图 1-4 档案保管期满鉴定流程分析图

五、档案销毁流程分析

（1）用户登录时，检查是否具有销毁权限（一般仅管理员具有权限）。

（2）在待销毁列表选择需要进行鉴定的档案数据。

（3）鉴定人员进行审核。

如果鉴定结果为“销毁”，则执行销毁，该数据转移到“已销毁列表”。

如果鉴定结果为“不销毁”，则该档案将继续在档案库中保留。（见图1–5）

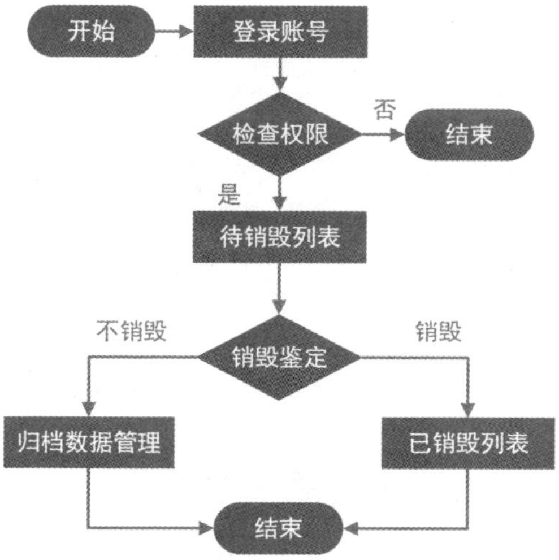

图 1–5　档案销毁流程分析图

六、档案借阅流程分析

（1）普通角色发起申请，录入借阅申请的基础信息，保存并提交申请。

（2）档案员审核申请，查看用户提交的申请信息，填写意见并选择通过与否。（见图1–6）

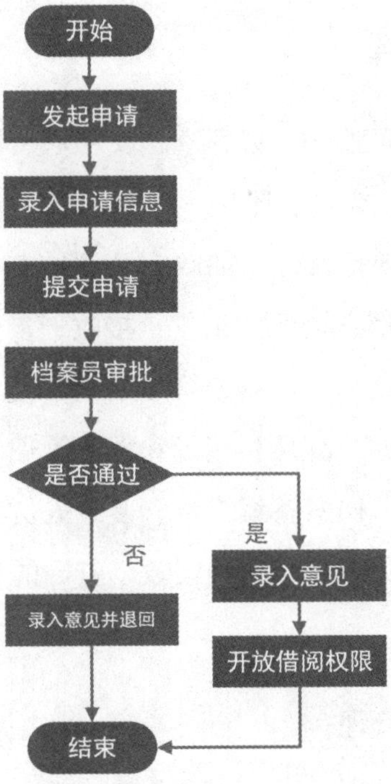

图 1-6 档案借阅流程分析图

第四节 系统构建功能需求

一、档案馆业务管理

（一）智能监管

面向档案馆监管人员使用，实现对档案馆馆藏档案管理业务情况、大楼运行情况、监控温湿度等环境情况进行综合展示、预警、控制，为档案馆提供综合监管，实现档案馆一屏观全馆的目标。

（二）馆藏资源管理

面向档案馆业务人员使用，以建立档案核心资源总库为目标，实现包括档案（如：文书、科技、会计、照片、声像、实物等传统档案和婚姻、公证、土地、计生等专题）、现行文件（如政府公开信息和现行文件）、专题资料等方面的管理，涵盖了信息资源的采集、接收、整理、保管、鉴定、统计等全过程规范化管理。建立档案馆业务管理系统，提高档案馆业务管理的效率和资源服务的安全可靠性，满足利用者和档案管理者的需求。主要服务于资源管理员、库房管理员、档案整编人员、鉴定人员等，用于对馆藏档案数字资源的有效组织和规范化管理，为档案数字资源的长期保存和有效利用提供保障。

（三）多媒体档案管理

面向档案馆业务人员使用，针对多媒体文件的特殊性，采取不同于普通文档的收集、管理和利用方式，对多媒体档案和资源进行统一管理。多媒体档案包括照片、音频、视频等声像档案以及最新的网络文件格式，比如各种图片资料、音频文件（MP3）、流媒体文件等。多媒体档案具有的真实性、生动感、传播力和大众化，将满足民众文化、教育、娱乐、休闲、缅怀、叙旧、知情、求知等需求，并使档案的利用更加亲民、便民、利民。

（四）档案开放审核

面向档案馆业务人员使用，通过构建可开放数据智能审核体系，打造档案开放审核专业化服务，利用开放审核服务提炼的规则库对档案目录以及全文数据进行分析，从大量的文本数据中提炼关键字词句进行辅助审核，提高审核效率与质量。

（五）档案利用服务

面向档案馆业务人员使用，可以为来馆群众提供档案查阅利用服务，结合触摸屏或PC电脑，面向查档用户可实现自助或半自助查询，减少实体档案磨损，提供全方位、多角度、深层次的档案信息服务，提升接待人员工作效率和接待服务质量。在接待利用时，即能满足普通市民，民生档案利用时，直接由档案利用人员登记出证，也能满足政府机关工作人员因工作查考批量授权到查阅机上进行查阅。同时还提供开放档案、照片档案、视频档案及音频档案的查阅。

（六）智能协同编研

面向档案馆业务人员使用，档案编研是档案利用工作的一个重要组成部分，档案编研功能是以档案馆馆藏档案文献为主要对象，以主动提供或报道档案信息内容，满足利用为主要目的，在深入研究档案内容的基础上，按专题对档案文件进行收集、筛选、加工，使之转化为不同形式的编研成果的一种专业工作。档案编研需要在线编研的功能，及通过检索搜索编研素材，然后将素材导入系统提供的静态网页编辑器，经过修改、完善、排版后形成最终的可发布专题的资料。

（七）虚拟库房管理

面向档案馆业务人员使用，辅助业务人员对实体档案进行管理，虚拟库房管理将实体库房虚拟到计算机终端，对用户单位库房和实体档案进行信息化管理，主要体现在档案库房管理的智能化、图形化、集成化和安全化。为实现库房的无纸化、自动化管理，虚拟库房管理系统可集成电动密集架等库房电子设备，通过软件直接驱动设备，自动获取数据。

二、综合业务管理

（一）全域档案监管

依据《中华人民共和国档案法》及相关标准规范，面向档案工作者，依托“互联网＋监管”手段，提供档案行政管理线上服务，对机关、团体、企业事业单位的档案工作进行监督管理。档案主管部门对一级立档单位进行监管，一级立档单位对辖区内二级立档单位进行监管，实现多节点监管。

完成全域立档单位档案管理核心业务流程的上线与各业务环节的核心指标数值的展现与监管，能够实时反馈办理情况，展示各业务办理的成果，实现整体智能治理，打造政令“一屏全览、整体监管”的网上协同工作场景。根据档案管理工作考核指标整合汇聚各级档案管理工作核心业务数据，借助智能分析技术，形成一体化、可视化、可感知的展示效果，实现对各级档案工作一屏掌控、实时监管，为科学决策和档案治理提供有力支撑，实现党政机关整体治理智能化。

（二）电子文件归档处理

面向立档单位业务部门兼职档案员、二级立档单位档案员使用，在线收集各类电子文件属于归档范围内的办结电子文件，初步整理后归档，辅助收集工作中产生的各类文件资料，存储利用。实现与政务系统、办公自动化系统等无缝集成，通过制定相关的归档接口标准、数据结构标准等，采用一键式归档的方式进行统一归档管理。

（三）虚拟档案室

面向一级立档单位档案管理人员、二级立档单位档案员使用，实现档案收集、整理、检索、鉴定、利用、统计等日常工作在线管理。为各立档单位分配专属“数字档案室”，各自逻辑独立管理，每个立档单位档案室就像有一套自己的档案管理系统一样来收集、管理、利用本单位的档案。馆室一体化面向众多立档单位对各自电子档案进行业务管理，相当于为每一个立档单位建立了一个虚拟的数字档案室，即需要具备比较完善的档案管理业务功能，在能够满足立档单位业务管理功能的同时，确保各自的档案数据在相对独立、安全、可靠的环境和全面的权限管控之下进行档案数据的数字化管理和在线利用，并且能够充分保证系统满足各立档单位各自业务的独立性、差异性、安全性的要求。

（四）档案移交接收

面向立档单位档案管理人员使用，通过系统完成本单位档案向档案馆移交过程，完成档案移交登记、检测等工作。面向档案馆业务人员使用，接收立档单位提交的档案，完成档案接收登记、检测、审批等工作。为各立档单位与档案馆之间架设了一座桥梁，实现电子档案从档案室向档案馆的规范化移交。确保电子档案移交、接收流程的规范性，保证电子档案的真实、完整、可用和安全。主要服务于档案收集人员，实现对各档案移交单位移交的档案目录、档案数字副本、电子档案以及各类档案数字资源的在线、离线接收和数据审核。

（五）全域档案共享

面向全域立档单位档案利用人员使用，通过系统发起查档申请，进行查档登记、档案检索、档案获取，档案馆业务人员和档案形成单位（立档单位档案管理人员）作为所需档案的负责人，通过系统完成查档流程中审批受理环节。提供档案查阅便利化服务，通过优化简化查档手续，在档案馆与各个进馆单位之间建立档案协查互查机制，促进馆室之间档案资源的共享利用。

（六）安全保真管理

在电子文件、电子档案传输过程中保证真实完整性。保障电子化归档、接收移交过程中数据的真实性、完整性、可用性和安全性，确保档案数据的原始性及不可篡改性，并明确数据移交过程中产生的责任问题，使档案数据移交接收过程能够被全程追溯，数据移交接收的每个环节能够被记录，所有信息能保真。

（七）教育基地接待管理

面向档案馆业务人员使用，通过系统汇总教育基地预约情况，辅助在线进行教育基地接待工作登记、安排、记录等管理工作。

三、档案服务

（一）互联网信息采集

对各类政府网站、网页、社交媒体等新兴电子文件数据的数字收集和归档，进行档案海量数据的汇聚。

（二）互联网档案利用服务

通过网站、公众号、小程序等方式，面向社会群众提供使用，通过系统阅览公开信息、查阅开放档案、了解档案资讯、发起档案捐赠、预约教育基地参观、与档案馆互动交流等。

四、应用支撑

（一）基础组件

需依托档案行业信息化成熟的模块化进行系统建设，包括档案 AI 智能、档案业务支撑、档案数据支撑。

1. 档案 AI 智能

采用“人工智能+行业应用”模式，通过集成成熟的人工智能算法 SDK、API 或硬件产品等，结合档案应用特定场景和需求构建智能化应用，不断赋能档案馆信息化，打造智能化的新型档案馆。包括 AI 智能平台、文本类智能能力、图像类智能能力、知识图谱智能能力、进馆档案预测、智能档案鉴定、数字化成果质检、智能档案整理、OCR 文字识别、NLP 自然语言处理、语料学习。

2. 档案业务支撑

包括工作流组件、全文检索组件、审计日志组件、格式处理组件、文件安全组件、统计报表组件、数据质检组件、文字校对组件。

3. 档案数据支撑

包括数据库建设、数据采集、数据治理、数据分析、数据利用、历史数据迁移。

（二）数据保全

对数据进行全方位、全过程、全生命周期安全保护、透明监控，确保在不同时间段，不同空间状态下的数据能够被实时监测、实时预警、实时保全、实时修复。

（三）数据对接

（1）与综合办公系统数据对接，实现电子公文在线归档。

（2）与政务服务审批系统对接，实现审批电子文件在线归档。

（3）与大数据平台对接，实现业务数据在线归档。

（4）与统一身份认证平台对接，实现统一身份认证。

（5）与移动接入平台对接，实现业务系统移动端功能的发布与集成。

（6）与全国查询利用服务平台对接，实现跨区域查档。

（7）与电子签章对接，实现在线签章；与值班系统对接，实现电话、录音、台账归档。

第五节　系统构建安全需求

根据《信息安全技术 网络安全等级保护定级指南》的要求，数据受到破坏时对客体的危害程度，确定业务信息安全保护等级，如表 1–1 所示：

表 1–1　信息安全保护等级

业务信息安全被破坏时所侵害的客体	对相应客体的侵害程度		
	一般损害	严重损害	特别严重损害
公民、法人和其他组织的合法权益	第一级	第二级	第三级
社会秩序、公共利益	第二级	第三级	第四级
国家安全	第三级	第四级	第五级

对不同信息系统安全等级保护的确定，如表 1–2 所示：

表 1–2　安全等级保护确定

信息系统名称	安全保护等级	业务信息安全等级	系统服务安全等级
档案馆业务管理系统	第二级	第二级	第三级
政务网档案管理系统	第三级	第三级	第三级
互联网档案服务系统	第二级	第二级	第二级

档案馆业务管理系统所管理的档案记录了过去和现在党政机构的历史真实面貌，对当地历史、现在与未来具有不可或缺的重要作用，社会影响重大。系统受到破坏，只造成当地档案的损失，对国家不造成损害，对社会秩序和公共利益造成一般损害。

政务网档案管理系统包含各机关单位、股份公司较高的敏感信息，具有很大的社会影响力。系统受到破坏，可能导致敏感档案信息或政务信息的泄露或损失，档案管理和服务能力下降，对社会秩序和公共利益造成严重的损害，对公民、法人的合法权益造成严重损害。

互联网档案服务系统受到破坏，不直接影响档案管理业务，但可能造成数据的篡改、办公效率的下降，对单位权益或社会秩序造成一般损害或严重损害。

一、网络安全需求

（一）物理环境安全

物理安全是整个网络信息系统安全的前提。系统所面临的物理安全风险有：地震、水灾、火灾、电源故障、电磁辐射、设备故障、人为物理破坏等。物理安全必须具备环境安全、设备安全和介质安全等物理支撑环境，保护网络设备、设施、介质和信息免受自然灾害、环境事故以及人为物理操作失误或错误导致的破坏、丢失，防止各种以物理手段进行的违法犯罪行为。

需要的是对智慧档案系统相关基础环境中关键的网络系统设备，特别是骨干交换机、路由器、重要服务器进行安全管理，同时采用备份手段对重要的系统数据和业务数据进行备份，并建立容灾备份系统。

（二）通信网络安全

网络整体架构和传输线路的可靠性、稳定性和保密性是业务系统安全的基础，通信网络的安全主要包括：网络架构安全、通信传输安全、网络安全审计和网络设备防护等方面。

1. 网络架构安全

网络架构是否合理直接影响着是否能够有效地承载业务需要。因此网络结构需要具备一定的冗余性；带宽能够满足业务高峰期数据交换的需求。

2. 通信完整性与保密性

由于网络协议及文件格式均具有标准、开发、公开的特征，因此数据在网上存储和传输过程中，不仅仅面临信息丢失、信息重复或信息传送的自身错误，而且会遭遇信息攻击或欺诈行为，导致最终信息收发的差异性。因此，在信息传输和存储过程中，必须要确保信息内容在发送、接收及保存上的一致性；并在信息遭受篡改攻击的情况下，应提供有效的察觉与发现机制，实现通信的完整性。而数据在传输过程中，为能够抵御不良企图者采取的各种攻击，防止遭到窃取，应采用加密措施保证数据的机密性。

3. 网络安全审计

由于用户所具备的计算机相关知识水平参差不齐，一旦某些安全意识薄弱的管理用户出现误操作，将给信息系统带来致命的破坏。没有相应的审计记录将给事后追查带来困难。有必要进行基于网络行为的审计，从而威慑那些心存侥幸、有恶意企图的少部分用户，以利于规范正常的网络应用行为。

（三）区域边界安全

网络入侵可以为不法分子带来巨大的利益，因此在暴利的驱使下各种入侵手段不断进步，对网络边界安全带来极大的威胁，网络黑客利用木马、病毒和蠕虫等手段侵入到计算机网络安全防护体系中，盗取数据和机密，黑客入侵这些信息对计算机内部造成巨大的损失。由此边界安全需求主要包括：边界隔离与访问控制、防入侵和防病毒等方面。

1. 边界隔离与访问控制

对于一个不断发展的网络而言，为方便办公，在网络设计时保留大量的接入端口，这对于随时随地快速接入到业务网络进行办公是非常便捷的，但同时也引入了安全风险，一旦外来用户不加阻拦地接入网络，就有可能破坏网络的安全边界，使得外来用户具备对网络进行破坏的条件，由此而引入诸如蠕虫扩散、文件泄密等安全问题。因此需要对非法客户端实现禁入，同时，需要能够对内部用户非授权连接外部网络的行为进行限制或检查。

2. 防入侵和防病毒

今天，病毒的发展呈现出以下趋势：病毒与黑客程序相结合、蠕虫病毒更加泛滥。目前计算机病毒的传播途径与过去相比已经发生了很大的变化，更多地以网络形态进行传播，并且，一旦病毒通过网络边界传入数字档案馆网络，就会对信息系统造成破坏，因此，病毒防护手段需要在系统边界进行部署，在网络层进行病毒查杀，防止感染系统内部主机。

此外，来自其他各类网络的攻击也需要通过安全措施实现主动阻断，针对信息系统的各种攻击，如病毒、木马、间谍软件、可疑代码、端口扫描、DoS/DDoS 等，实现对网络层以及业务系统的安全防护，保护核心信息资产免受攻击。

（四）计算环境安全

信息设备存储和处理大量的业务信息，也是攻击者的最终目标，主机系统自身的漏洞一旦被攻击者利用，获取系统权限，将直接导致信息系统被破坏或数据泄露。此外，应用和数据是安全保护的对象，应用系统在开发过程中由于技术的局限性和开发管理的漏洞，总是存在一些安全漏洞，在系统上线后，容易被恶意攻击者利用，进而给单位的经济利益、业务甚至声誉带来影响。

计算环境安全需求包括对主机和应用系统用户进行身份鉴别和访问控制、安全审计、对主机和各类终端的入侵防范和恶意代码防护、数据保密性和完整性保护、数据备份与恢复、剩余信息和个人信息保护。具体包括以下几点：

1. 主机身份鉴别

主机操作系统登录必须进行身份验证。过于简单的标识符和口令容易被攻击破解。同时非法用户可以通过网络进行窃听，从而获得管理员权限，可以对任何资源非法访问及越权操作。因此必须提高用户名 / 口令的复杂度，并定期进行更换，或者采取更可靠的身份鉴别措施。

2. 主机访问控制

主机访问控制主要为了保证用户对主机资源的合法使用。非法用户可能企图假冒合法用户的身份侵入系统，低权限的合法用户也可能企图执行高权限用户的操作，这些行为将给主机系统带来很大的风险。用户必须拥有合法的用户标识符，在制定好的访问控制策略下进行操作，杜绝越权非法操作。

3. 系统审计

对于登陆主机后的操作行为需要进行主机审计。对于服务器和重要主机需要进行严格的行为控制，对用户的行为、使用的命令等进行必要的记录审计，便于日后的分析、调查、取证，规范主机使用行为。

4. 恶意代码防范

病毒、蠕虫等恶意代码是对计算环境造成危害的最大隐患，当前病毒威胁非常严峻，特别是蠕虫病毒的暴发，会立刻向其他子网迅速蔓延，发动网络攻击和数据窃密。大量占据正常业务十分有限的带宽，造成网络性能严重下降、服务器崩溃甚至网络通信中断，信息损坏或泄漏。严重影响正常业务开展。因此除了在网络层采取必要的病毒防范措施外，必须在主机部署恶意代码防范软件进行监测与查杀，同时保持恶意代码库的及时更新。

（五）安全管控中心

安全管控中心内部署着大量的安全设备和网络设备，各安全设备和网络设备每天采集大量的日志信息和流量信息，需要对设备进行统一的、集中的管控，包括以下几方面：

1. 安全管理实现三员分离

具备系统管理、安全管理和审计管理功能，功能权限分离，三员（系统管理员、审计管理员、安全管理员）分离，并能对三员进行身份鉴别和操作审计。

2. 统一安全运营和管控的需求

建设统一的安全运营和管理中心，对全网资产、日志、事件信息进行统一的监测、检测、响应和分析，掌握全网的信息资产安全状况，及时发现和处置安全事件。

二、密码安全需求

商用密码需根据国家密码管理局发布的《信息安全技术　信息系统密码应用基本要求》（GB/T 39786-2021）标准文件进行设计。根据数字档案馆项目等保级别拟定义密码安全等级，商用密码应用的定级则以密码安全等级实施商用密码应用安全建设。如表 1-3 所示：

表 1-3　以县级数字档案馆项目等保二级为例

指标体系			第一级	第二级	第三级	第四级
技术要求	物理和环境安全	身份鉴别	可	宜	宜	应
		电子门禁记录数据存储完整性	可	可	宜	应
		视频监控记录数据存储完整性	—	—	宜	应
		密码服务	应	应	应	应
		密码产品	—	一级及以上	二级及以上	三级及以上
	网络和通信安全	身份鉴别	可	宜	应	应
		通信数据完整性	可	可	宜	应
		通信过程中重要数据的机密性	可	宜	应	应
		网络边界访问控制信息的完整性	可	可	宜	应
		安全接入认证	—	—	可	宜
		密码服务	应	应	应	应
		密码产品	—	一级及以上	二级及以上	三级及以上
	设备和计算安全	身份鉴别	可	宜	应	应
		远程管理通道安全	—	—	应	应
		系统资源访问控制信息完整性	可	可	宜	应
		重要信息资源安全标记完整性	—	—	宜	应

续表

指标体系			第一级	第二级	第三级	第四级
技术要求	设备和计算安全	日志记录完整性	可	可	宜	应
		重要可执行程序完整性、重要可执行程序来源真实性	—	—	宜	应
		密码服务	应	应	应	应
		密码产品	—	一级及以上	二级及以上	三级及以上
	应用和数据安全	身份鉴别	可	宜	应	应
		访问控制信息完整性	可	可	宜	应
		重要信息资源安全标记完整性	—	—	宜	应
		重要数据传输机密性	可	宜	应	应
		重要数据存储机密性	可	宜	应	应
		重要数据传输完整性	可	宜	宜	应
		重要数据存储完整性	可	宜	宜	应
		不可否认性	—	—	宜	应
		密码服务	应	应	应	应
		密码产品	—	一级及以上	二级及以上	三级及以上
管理要求	管理制度	具备密码应用安全管理制度	应	应	应	应
		密钥管理规则	应	应	应	应
		建立操作规程	—	应	应	应
		定期修订安全管理制度	—	—	应	应
		明确管理制度发布流程	—	—	应	应
		制度执行过程记录留存	—	—	应	应
	人员管理	了解并遵守密码相关法律法规和密码管理制度	应	应	应	应

续表

指标体系			第一级	第二级	第三级	第四级
管理要求	人员管理	建立密码应用岗位责任制度	—	应	应	应
		建立上岗人员培训制度	—	应	应	应
		定期进行安全岗位人员考核	—	—	应	应
		建立关键岗位人员保密制度和调离制度	应	应	应	应
	建设运行	制定密码应用方案	应	应	应	应
		制定密钥安全管理策略	应	应	应	应
		制定实施方案	应	应	应	应
		投入运行前进行密码应用安全性评估	可	宜	应	应
		定期开展密码应用安全性评估及攻防对抗演习	—	—	应	应
	应急处置	应急策略	可	应	应	应
		事件处置	—	—	应	应
		向有关主管部门上报处置情况	—	—	应	应

注：表格中“—”表示该项不作要求；“可”表示可以、允许；“宜”表示推荐、建议；“应”表示应该。

（一）物理和环境安全

物理和环境是否安全取决于系统所部署的机房是否安全，需要政务云机房按照商用密码应用要求实现机房出入人员的身份鉴别，确保电子门禁记录数据、视频记录数据完整性，新建机房需按照密评要求完成物理及环境安全相关的建设要求。

（二）网络和通信安全

网络和通信的安全基于安全认证网关等专用密码产品建立集中的数据安全传输通道的安全，实现包括档案馆业务管理系统、综合档案业务管理系统、档案服务系统等信息系统数据的加密传输，保障系统传输数据的机密性、完整性。该项需采购相应的通信设备提供安全保障。

（三）设备和计算安全

设备和计算的安全可以使用堡垒机实现设备管理的身份鉴别功能，确保服务设备的访问安全，需要进行系统的机房设备（包括应用服务器、数据库服务器、存储服务器和专业密码设备）的管理，相关人员必须具备机房设备的管理权限，并且在堡垒机受控监管下和现场值守人员监控下才能够对相关服务器设备进行操作管理。同时，为保障计算设备重要资源数据（如登录日志、访问日志、配置数据等）的完整性，需额外购置专业的日志审计系统，对网络设备、数据库、服务器、应用系统、主机等设备所产生的日志（包括运行、告警、操作、消息、状态等）进行存储、监控、审计、分析、报警、响应和报告等服务。该项需机房进行相应的安全建设。

（四）应用和数据安全

应用和数据安全主要是面向档案馆业务管理系统、综合档案业务管理系统、档案服务系统提供商用密码服务，该类服务主要是基于密码技术提供身份鉴别、访问控制、数据传输安全、数据存储安全、日志记录完整性等安全保护。

（五）密钥管理

通过专用密码设备如智能密码钥匙、国密签名验签服务器、国密时间戳服务器、数据加密系统等专用密码模块，保障各类密钥（服务器密钥、对称密钥、临时密钥等）在生成、存储、使用、分发、导入与导出、备份与恢复、归档、销毁生命周期内的安全。该项需要建设部门在密码应用建设时按上述要求实现密钥管理。

（六）安全管理要求

建设完善的密码安全管理制度，保障系统的密码安全管理。系统密码应用的安全管理主要包括安全制度的管理、安全人员的管理、系统安全实施的管理以及系统应急响应等方面的安全管理制度。该项需要系统建设部门在密码应用规划、建设及后续运维过程中按上述要求进行相应的安全管理。

第六节　系统构建信息量分析

一、局域网数据处理量

数据处理量主要针对应用系统而言，表明一个应用服务器的处理能力，通常数据处理量用 TPCC 的值进行表示，考虑到应用系统运行的周期规律，可分为日常业务和峰值业务，峰值业务量远大于日常业务量，因此，系统建设应满足峰值业务处理的需求，表 1-4 是对业务应用系统的数据处理量基于在峰值、理论极端情况下进行的估算。如表 1-4 所示：

表 1-4　数字档案馆局域网使用用户情况估算示例表

序号	单位	用户数	估算说明
1	档案馆内部工作人员	30	档案馆业务围绕档案资源开展的业务，馆内人员以 30 人为例
2	查档用户	6	查档大厅 6 个机位
3	外协单位	44	数字化加工用户约 34 人，外协单位的运行维护 10 人
	合计	80	

系统应用服务器的信息处理量 TPCC= 同时在线人数 ×M2×M3/（1-

M1）×M4。

其中M1为CPU的闲置率，取为60%；M2为联机事务处理所对应的tpmC值，一般M2取值应该在5～15范围内，对立档单位业务的联机事务处理做平均估算，按照M2=10计；M3指平均一分钟内的操作业务数，在本系统内采用M3=8；M4是预留未来系统扩展的参数，本系统取M4=1.5。

系统应用服务器的TPCC：TPCC=80×10×8/（1%～60%）×1.5=24000 tpmC。

考虑到数字档案馆应用的特点，数据库服务器的TPCC约为应用服务器的2倍，即48000tpmC。

二、政务网数据处理量（见表1-5）

表1-5　数字档案馆政务网使用用户情况估算示例表

序号	单位	用户数	估算说明
1	档案馆内部工作人员	47	档案馆在政务网上的业务指导、档案接收及系统维护人员以47为例
2	各委办局	254	约254个立档单位，每个单位1人，约254人
	合计	300	

系统应用服务器的信息处理量TPCC=同时在线人数×M2×M3/（1–M1）×M4。

其中M1为CPU的闲置率，取为60%；M2为联机事务处理所对应的tpmC值，一般M2取值应该在5–15范围内，对业务的联机事务处理做平均估算，按照M2=10计；M3指平均一分钟内的操作业务数，在本系统内采用M3=8；M4是预留未来系统扩展的参数，本系统取M4=1.5。

系统应用服务器的TPCC：TPCC=300×10×8/（1%～60%）×1.5=90000 tpmC。

考虑到数字档案馆应用的特点，数据库服务器的TPCC约为应用服务器的2倍，即180000tpmC。

三、互联网数据处理量（见表 1-6）

表 1–6　数字档案馆互联网用户使用情况估算示例表

序号	单位	用户数（年）	估算说明
1	社会公众	80000	以档案馆门户网站每年访问量约 80000 人为例
	合计	80000	

系统应用服务器的信息处理量 TPCC= 同时在线人数 ×M2×M3/（1-M1）×M4。

其中 M1 为 CPU 的闲置率，取为 60%；M2 为联机事务处理所对应的 tpmC 值，一般 M2 取值应该在 5～15 范围内，对业务的联机事务处理做平均估算，按照 M2=10 计；M3 指平均一分钟内的操作业务数，在本系统内采用 M3=8；M4 是预留未来系统扩展的参数，本系统取 M4=1.5。

系统应用服务器的 TPCC：TPCC=80000×10×8/（1%～60%）×1.5=24000000tpmC。

考虑到数字档案馆应用的特点，数据库服务器的 TPCC 约为应用服务器的 2 倍，即 48000000tpmC。

四、系统构建性能需求

（1）档案利用登记时间不超过 3 分钟。

（2）系统单次检索查阅档案目录信息计算机响应时间不超过 1 秒，全文信息不超过 3 秒。

（3）系统有效工作时间：≥ 99.9%。

（4）系统故障恢复时间不超过 30 分钟。

（5）并发数支持指标：≥ 100 个。

（6）事务处理（包含各类信息录入、修改、查询业务、主要页面平均响应时间等）≤ 3 秒（100 名并发用户）。

（7）信息录入、修改：平均响应时间≤ 1 秒。

（8）统计报表形成时间：≤ 1 分钟。

第七节　数字档案馆系统测评

数字档案馆测试主要按照《数字档案馆系统测试指标表》的要求进行测试，整个评估指标体系依托于《数字档案馆建设指南》设计，分为基础设施、系统功能、档案资源、保障体系、服务绩效 5 大块。

一、基础设施部分

基础设施部分主要包括数字档案系统所在机房环境、网络及安全环境、计算存储环境的要求，具体如下：

主机房应达到《电子信息系统机房设计规范》（GB50174-2008）中的 B 级要求。

1. 主机房供电系统应采用双路供电并配备不间断电源

双路供电指同一个机房由两个变电站进来的线路或供电主机房有两条供电线路。

2. 主机房消防系统可配置高压细水雾灭火系统、洁净气体灭火系统

灭火系统不能采用直接水喷淋灭火系统。原则上气瓶间不能设在机房、档案库房旁边或作为机房的一部分。

3. 温湿度记录

主机房温湿度应控制在开机温度 18℃ ~ 28℃，湿度 35% ~ 75%；关机温度 5℃ ~ 35℃，湿度 20% ~ 80% 范围内；应配备专用空调设施：至少应提供近三个月的温湿度详细记录。

4. 局域网主干线路采用光纤铺设，核心交换机等关键网络设备冗余

注意冗余不能采用冷备方式。

5. 接入政务网，并开展数字档案接收、共享利用和在线监督指导等业务

其中“接收”应符合《党政机关电子公文归档规范》(GB/T39362-2020)、《电子文件归档和电子档案管理规范》(GB/T18894-2016)、《电子档案移交和接收办法》。“共享利用”是指通过政务网向政府机关提供开放的档案目录和全文的查档利用。“在线监督指导”指部署馆室一体化系统，通过系统在归档前对立档单位电子文件归档规范性进行指导；对归档之后的电子档案整理规范性进行指导；移交接收指导。形式上可采取在线解答、邮件咨询或在线实时交流等。

6. 配备必要的防火墙、漏洞扫描、入侵检测、安全审计等网络安全设施

安全设施的配备主要根据在三网部署系统在等保或分保的不同要求进行，并不单是局域网要求。不要求每个安全防护功能对应一台设备，安全设备实现相应的防火墙、漏洞扫描、入侵检测、安全审计等功能即可。如政务网和因特网使用了当地的政务云，则视为符合相关安全要求，需提供政务云租赁协议或相关证明材料等。

7. 配备离线备份设备

配备光盘库、光盘、硬盘、备份一体机等离线备份设备中的一种或多种。如申请全国示范数字档案馆，还需重点考核：(1) 全部馆藏数据在同一类介质上有完整备份。(2) 对备份介质的管理需制订管理办法，包括介质存放内容的定期检测迁移转存要求等。

8. 设置数字化工作用房

数字化工作用房需满足防潮、防火、防盗及电力供应持续稳定等方面要求，同时国家也强调数字化扫描临时存放区等同于库房管理。此外，数字化工作用房区域划分要合理，并做好相关制度上墙工作。

9. 使用满足系统正常运行的正版软件

要求提供软件正版授权证明，同时在服务器和客户端应只安装具有相应

授权的软件，确保无盗版软件。

10. 布设局域网，在局域网上开展数字档案收、管、存、用各项业务工作

收集是指通过在线或离线方式接收立档单位产生的电子档案、传统载体档案数字化复制件和重要数字信息资源；管理是对馆藏各类数字档案信息进行整理、比对、分类、著录、挂接、鉴定、检索、统计等操作，使无序信息有序化，并实施有效控制；保存是对数字档案信息采取必要的管理和技术措施进行有效和安全存储，主要从两方面评价：一是长久保存策略是否科学，二是存储技术和载体选择是否合理；利用是指根据档案信息的利用需求和网络条件，分别通过因特网、政务网、局域网等建立利用窗口。

二、系统功能部分

系统功能主要对数据的收、管、用三方面进行了要求，体现在易用性、通用性、规范性、精细化、先进性、集成度，是否稳定高效等方面。具体如下：

1. 能够对接收目录数据、数字档案的准确性、完整性、可用性、安全性进行检测

"四性检测"应符合《文书类电子档案检测一般要求》(DA/T 70-2018)等规范要求。同时，应具备在不同环节对不同类型的档案数据配置相对应的"四性检测"策略。

2. 能接收文本、图像、音频、视频、数据库等不同类型数字档案

其中数据库档案接收是指能接收数据库类型档案并在系统中进行解析，可提供检索和利用。

3. 具备数据组织功能，具备多种分类方式并可定制、可扩展，具备数字档案编目功能

其中多种分类方式是指对数据能进行分类存储，具备一定分类方法，例如具备类别—全宗—案卷—文件或全宗—类别—年度—案卷—文件等；可定

制、可扩展是指系统具备分类方式的配置功能，实现系统导航栏中的目录树按照档案业务管理需要对全宗、年度、保管期限进行分类方案的灵活配置，形成多种分类方式；编目功能是指按照一定规则进行档案著录并将条目组织成目录库的过程。

4. 具备数据编辑、发布功能

一方面是档案信息可根据业务规范要求对进馆目录数据字段项进行增删、纠错等；另一方面是档案信息可根据需要发布到政务网、因特网上，在发布之前需要对数据进行必要的编辑，例如筛选字段、转换格式、压缩、加水印等，编辑完成后系统可以将数据导出。

5. 具备调卷、出入库登记、档案位置指示、保管状况描述等辅助实体档案管理功能

这里的调卷是指导系统可以实施调卷申请与响应，能查阅档案的调阅状况、被谁借阅过、调阅频率等。出入库登记是指系统能提示档案是否被借出、是否超期等。档案位置指示是指系统能显示存放位置、统计排架长度等。保管状况描述是指系统具备对保存的实体档案的在库状态、损毁情况、修裱情况、缩微、数字化、保管期限、载体情况、酸碱度、虫害等的综合记录与描述。

6. 具备分类存储功能

分类存储是指系统具备按照年度、全宗、保管期限、档案门类、格式、类型等不同角度对电子档案进行组织存储的功能，可以指定不同的数据存储在不同的区域，这种位置的指定应该可扩展，以满足海量数据的存储需要。

7. 具备数字档案向标准格式转换功能

可在数字档案馆软件系统中实现，借助调用外部工具软件，完成相应的转换功能。标准格式是指 PDF/A、OFD 格式以及《电子文件归档和电子档案管理规范》（GB/T18894-2016）对文书类、科技类、网页类、元数据类、音频类、视频类、多媒体类提出的格式。

8. 具备档案利用审核、审批功能

对利用者所需档案信息在提供利用之前的把关，根据利用者的申请，接待人员通过系统向相关领导提出请示，领导根据利用规定进行审核、审批，并授权。

9. 具备利用过程记录监控功能

对利用者查阅档案信息的全过程进行监控记录，包括利用档案的调卷、打印、复印、数字档案的下载等。

10. 具备日志记录、操作审计功能

日志记录是指系统对所有操作行为能够自动记录，并可备查检索；操作审计应根据三员分离原则，由专门的安全审计员角色对其他二员的操作日志进行审计。

三、档案资源部分

档案资源部分是对档案资源的来源、存储、安全进行的要求。具体如下：

1. 接收数字档案符合《电子档案移交与接收办法》、档案数字化标准等规定

接收的数字档案以件为单位整理，按每 10 件折为 1 卷，按卷计算比例，数字化质量认定标准主要是指数据挂接错误、数据质量不合规、目录数据或图像文件不完整等问题。要求接收电子档案或档案数字化成果应达 10 家 4 万件 5 种；流程规范、材料完整，有移交手续形成接收清单；接收数字档案种类是指不同的文件格式，如文本、图片、音频、视频、数据库等。

2. 建立涵盖所有数字档案、具备长期保存和安全的资源总库

资源总库是物理或逻辑上涵盖所有馆藏数字资源的一个库，相对于管理库和利用库；长期保存主要是从数据格式（标准化、开放性）、存储方式（减少技术依赖性）等角度考虑。要求对介质检测、格式检测、介质格式迁移等问题，都能在策略中规定，在业务工作中执行。

3. 按照收、管、存、用等不同业务环境，划分安全域并实施边界控制管理

可以按照数字档案馆系统收、管、存、用业务来划分，根据业务设置安全访问控制和边界控制策略，配备满足安全策略的技术设备，形成四个不同的“安全域”，目的是确保不同业务中使用档案资源的安全性。

4. 通过技术手段防止数字档案资源被篡改

可采用水印、封装、版式固定、数字摘要、区块链、哈希等技术手段，防止档案资源被篡改。

四、保障体系部分

保障体系部分通过对制度的要求来达到对系统安全的保障，本次设计不涉及此部分，具体如下：

1. 制度制定与实施

建立完整的、具有可操作性的数字档案馆管理制度，并且在实际的建设和维护过程中，严格按照制度要求，留存各类表单。

2. 档案数字化工作人员通过安全审查

档案数字化外包时，相关工作人员需开具无犯罪记录证明、签订保密协议以及个人背景审查。

3. 数字档案馆运行维护经费保障

运维费包括设备购置、耗材、软件服务费等。

4. 项目建设符合规定，执行国家相关标准规范

分阶段建设的项目，核心系统符合项目验收要求即可。

五、服务绩效部分

对档案业务能力提升和数据共享利用提出如下要求：

1. 实现数字档案全流程管理

数字档案的收、管、存、用都在系统上进行。

2. 实现辅助实体档案管理

实体档案的信息管理都在系统上进行。

3. “按计划向政务网提供数字档案已全部上载”和“按计划向因特网提供数字档案已全部上载”

以前一年的工作记录为测试对象。

4. 能够提供数字档案资源馆际共享

指不同档案馆之间共享档案目录或全文，可异地出具查档证明。

5. 满意度评价

局域网、政务网、因特网用户对数字档案馆系统的操作和服务进行满意度评价。

第二章 数字档案馆管理信息系统架构

第一节 信息系统设计原则

一、系统性原则

项目总体建设应遵循国家档案主管部门有关标准与规范，对标国家示范数字档案馆标准规范（或各省级档案主管部门制定的地方性测评办法），站在顶层设计的全局高度，对数字档案馆（室）一体化进行系统性规划，系统开发过程的控制、开发技术的管理、系统编码、文档编写及提交均应做到规范化，最终形成档案信息化建设规范、标准。

二、先进性原则

项目设计理念、技术体系、产品选用等方面要求先进，便于扩充，在系统的设计中，所有产品（包括软硬件）的选型及配置具有灵活性，满足随着业务的发展而不断增加数据量、用户、软硬件产品的需求。能通过自扩展的方式适应新类型的文件、档案和资料；业务处理功能在一定程度内的增加或变更等不会影响系统的体系结构。

三、安全性原则

落实国家信息安全等级保护制度，确保各类档案信息落实到相应的安全保密措施，确保安全可控。在运行硬件环境、基础支撑软件、应用软件、信息安全等软硬件选型方面应优先选择自主可控的相关软硬件产品，同时保障系统安全平稳地运行，为未来发展奠定坚实的数字基础。系统的稳定性也至关重要，须建立完备的出错处理、备份恢复机制。

四、自主可控性原则

自主可控是我们国家信息化建设的关键环节，是保护信息安全的重要目标之一。在信息安全方面意义重大。建设成果要做到软件知识产权的自主可控，依靠自身研发设计，全面掌握产品核心技术，实现信息系统软件的自主研发、生产、升级、维护的全程可控。

第二节　信息系统总体架构

依据《数字档案馆建设指南》建设要求，结合档案馆实际业务需求总体系统架构设计，数字档案馆总体构架可分为五横四纵。五横为：基础设施层、数据资源层、应用支撑层、业务应用层和用户层共五层；四纵为：政策制度体系、标准规范体系、组织保障体系和安全保障体系，具体描述如下：

一、基础设施层

基础设施层是整个档案馆的支撑平台，包括机房、网络、主机、储存、备份设备、系统软件等信息系统运行的物理场所以及信息资源建设的工作环

境，是任何一个信息系统正常运行所必需的基础设施。（见图 2-1）

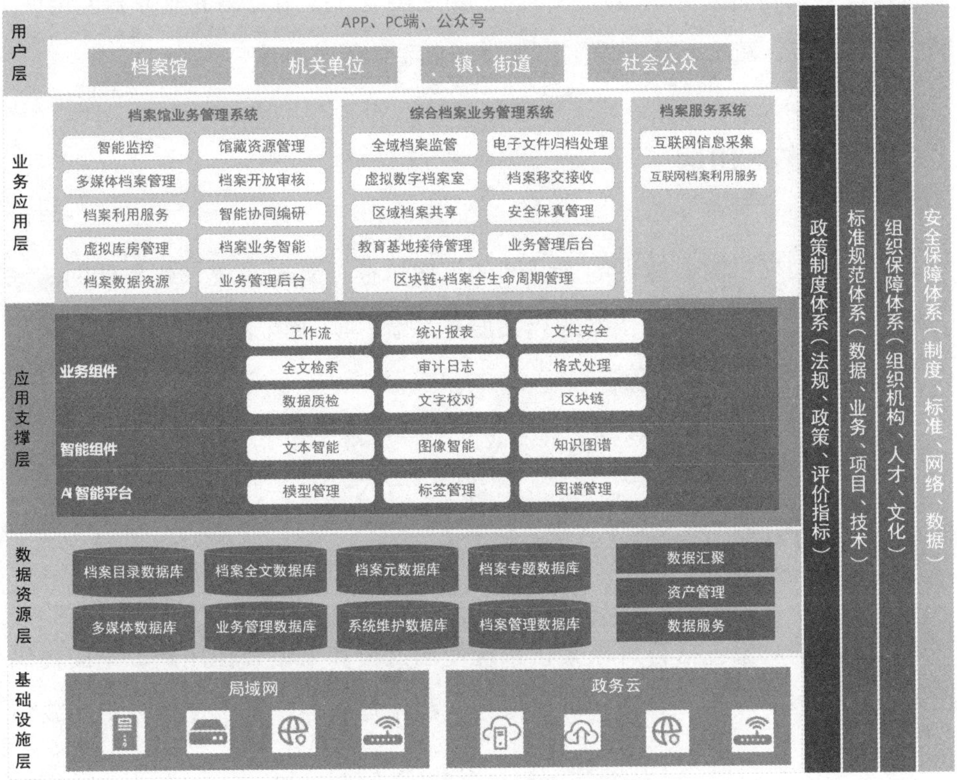

图 2-1　总体系统架构图

二、数据资源层

为局域网和政务网应用系统提供数据支撑能力，包括数据汇聚、数据资产管理和数据服务体系等。通过数据资源建设，打破数据壁垒，统一数据规范，可实现多系统（包括档案馆智能化设备）、多行业的数据分析和利用。同时，可对数据接口进行迭代升级，减少重复开发工作量。

三、应用支撑层

为局域网和政务网应用系统提供业务支撑能力，包括 AI 智能平台、智能组件、业务组件等。通过应用支撑平台，使得相似业务无需重复开发，实现快速迭代接入和业务资源的统一管理，并提供业务应用层相关业务智能组件。同时统一规范，减少系统开发工作量，降低系统维护难度。

四、业务应用层

包含本次项目需要建设的局域网的档案馆业务管理系统、政务外网的综合档案业务管理系统和因特网的档案服务系统，实现档案收集、管理、利用以及档案电子数据的可信保存。

通过数据资源汇集、挖掘、展示，实现一屏观全馆、一屏管全馆。

五、用户层

系统用户对象包括智慧档案馆系统使用人员和来馆查档用户，全面提供档案数字资源的收集、管理、可信保存、利用等服务。系统使用人员主要包括：档案馆人员、机关单位、镇街、社会公众等。

六、四大保障体系

（一）政策制度体系

政策制度体系包括国家、省、市档案工作相关法律法规、政策文件等内容，是项目建设所应遵循的制度。

（二）标准规范体系

标准规范体系是信息系统建设的指导方针，也是数据交换和共享的基础。将在遵循国家档案馆以及地方标准的基础上制定智慧档案馆各项业务标准和管理规范。

（三）组织保障体系

系统建设的同时，应从组织机构、人才、资金、标准化体系和项目管理等方面保证项目的顺利实施。

（四）安全保障体系

完善的安全系统是应用系统成功实现的保障，系统安全保障体系包括网络安全、系统安全、数据库安全、信息安全、设备安全、信息介质安全和计算机病毒防治等各个方面。

第三节　信息系统网络架构

根据国家档案主管部门2010年6月颁布的《数字档案馆建设指南》，2014年11月颁布的《数字档案馆系统测试办法》规划设计标准要求，档案馆网络规划为三大网络：互联网、政务网和局域网。

（1）局域网

档案馆内部网络平台，是档案信息资源存储和管理的核心，是主要部署。

（2）政务网

档案馆和同级党政直属机关单位、企事业立档单位联接办公的主要网络，实现各相关单位文件和档案信息资源的上报、监督、共享和交换，并提供档案信息资源的利用服务。政务网也是主要部署。

（3）互联网

面向广大公众，提供档案信息浏览和网上开放档案利用服务。

一、局域网网络架构图

局域网依照国家规定采用全国产化设备与安全可靠体系建设，使用两层架构核心接入，所有流量通过核心交换区进行转发。总共分为六个区域：运维管理区、安全服务保障区、密码服务区、核心交换区、办公终端区与应用系统服务区。六个区域之间应有防火墙作为隔离。

核心交换区采用两台高性能核心交换机组成，主要承载数据的高速转发，对下作为汇接各区域接入交换机的节点，两台交换机可通过堆叠技术实现虚拟化，逻辑形成一台设备简化管理并提升上行链路带宽。

核心交换机用虚拟化技术将其虚拟成逻辑上的一台，可以减少网络节点、简化网络拓扑，二层网络不需要部署 RSTP/MSTP/RRPP/SmartLink 等复杂的环网协议和可靠性保护协议，实现无二层环路网络构建，提高二层网络可靠性和链路故障收敛性能。（见图 2-2）

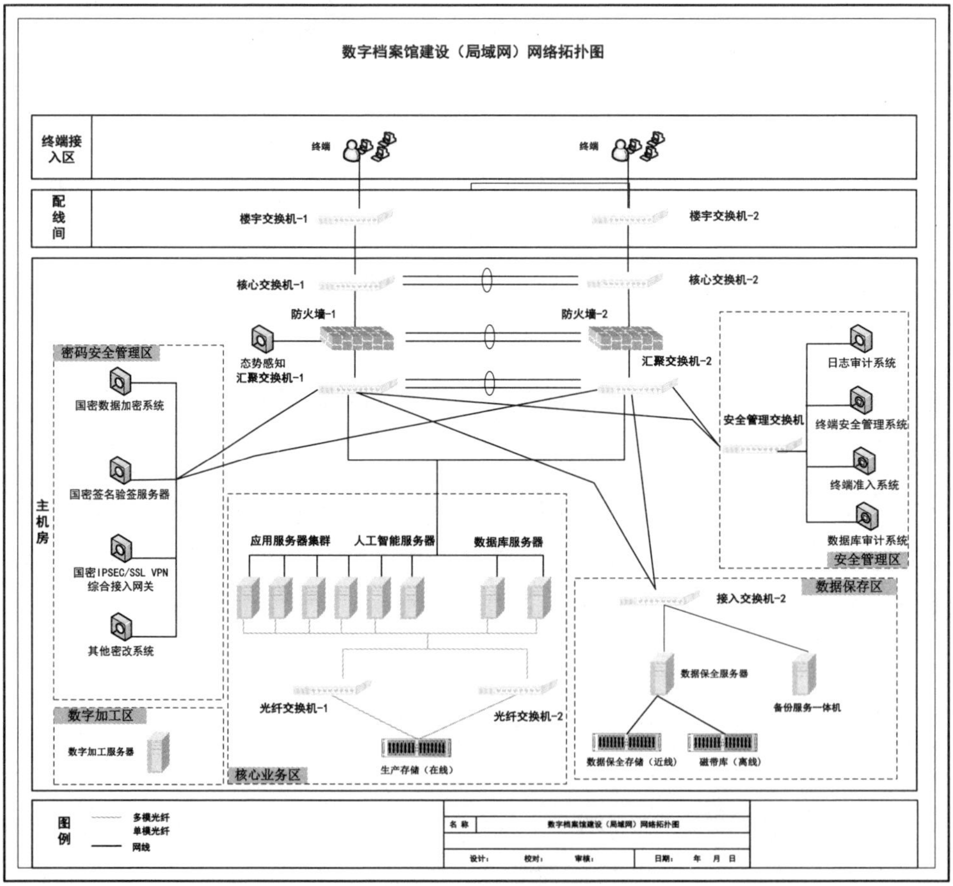

图 2-2　局域网网络架构图

二、局域网、政务外网、互联网架构图（见图 2-3）

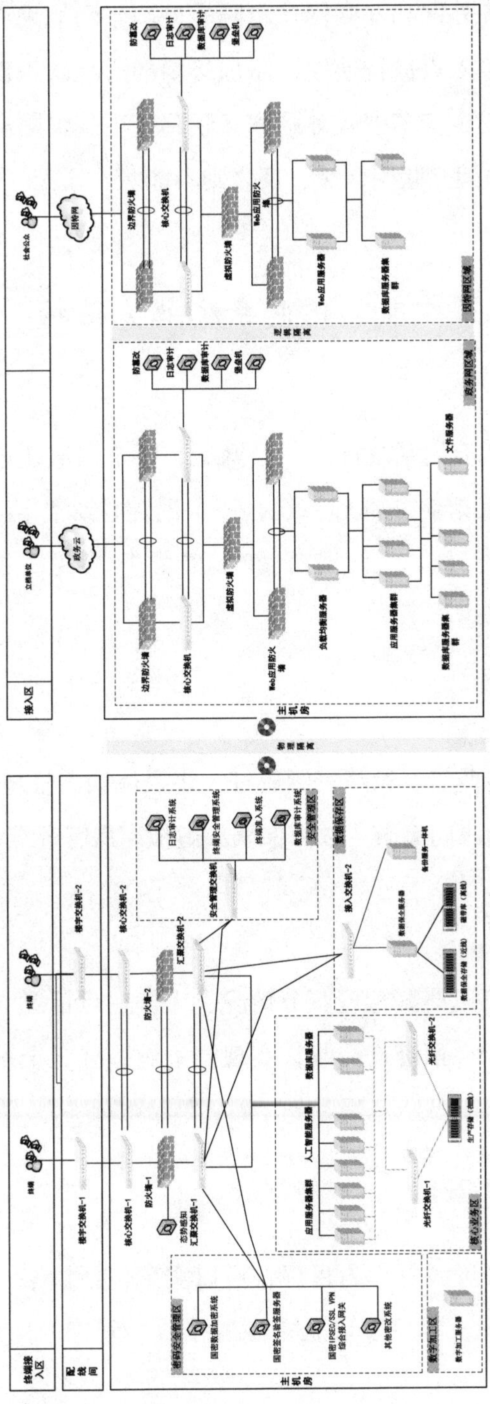

图 2-3 局域网、政务外网、互联网架构图

局域网依照《数字档案馆系统测试办法》中1.2.5局域网与互联网实施物理隔离测试指标，局域网需要与其他网络物理隔离，通过光盘摆渡的方式实现数据传输。政务外网和互联网逻辑隔离，两张网均采用云平台资源进行部署，本地只作为接入点进行使用，添加必要的边界防护设备，保证本地与云资源之间的访问安全。其中政务网和互联网采用逻辑隔离进行业务单向互通，政务外网可以访问互联网区域，反之则不能。

第四节　信息系统业务架构

规划建设的档案应用系统涉及三个网域，每个网域建设一套档案应用系统：局域网建设档案馆业务管理系统，政务网建设综合档案业务管理系统，互联网建设档案服务系统，三网档案整理流程如下。（见图2-4）

一、局域网

局域网建设智能监管、馆藏资源管理、多媒体档案管理、档案开放审核、档案利用服务、智能协同编研、数据保全、虚拟库房管理等管理功能。

（一）智能监管

实现对档案馆馆藏档案管理业务情况、大楼运行情况、监控温湿度等环境情况进行综合展示、预警、控制，实现档案馆一屏观全馆、一屏管全馆的目标。

（二）馆藏资源管理

以建立档案核心资源总库为目标，可以实现包括档案、现行文件、图书资料等多方面的管理，涵盖了信息资源的接收、管理、保存、利用、检索、

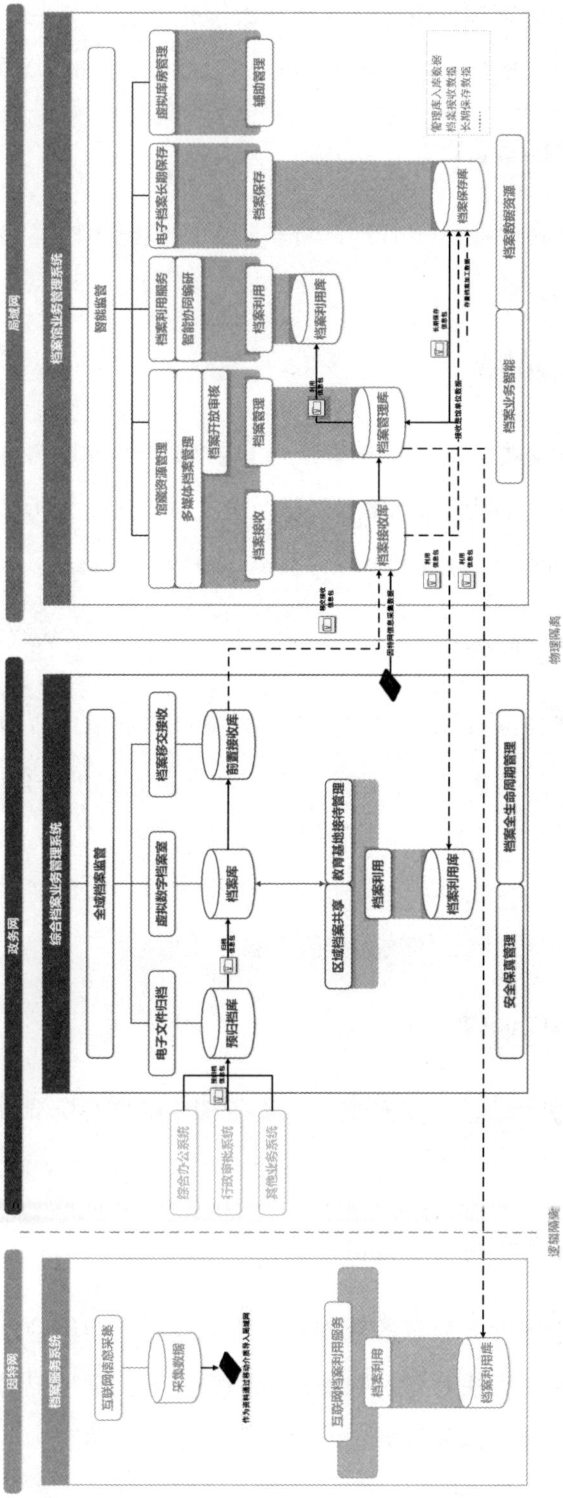

图 2-4 信息系统业务架构图

统计等全过程规范化管理，由此建立档案数字化综合应用平台，提高档案馆业务管理的效率和资源服务的安全可靠性，满足利用者和档案管理者需求。

（三）多媒体档案管理

专门针对多媒体档案进行管理，将整理好的多媒体档案归集到馆藏档案管理中。

（四）档案开放审核

通过构建可开放数据智能审核体系，打造档案开放审核专业化服务，利用开放审核服务提炼的规则库对档案目录以及全文数据进行分析，从大量的文本数据中提炼关键字词句进行辅助审核，提高审核效率与质量。

（五）档案利用服务

通过信息化手段实现档案利用管理，部署在档案馆接待利用大厅，面向来档案馆查询档案的普通市民、政府机关工作人员，提供半自助式查询服务。馆藏实体档案经过数字化后，结合触摸屏或 PC 电脑，面向查档用户可实现自助或半自助查询，减少实体档案磨损，提供全方位、多角度、深层次的档案信息服务，提升接待人员工作效率和接待服务质量。

（六）智能协同编研

通过智能 AI 技术，直接调研馆藏档案管理中的核心资源库搜集符合该主题的所有资源提供档案汇编。

（七）数据保全运用动态备份方式

该方式取代传统大量静态备份方式，解决数据长期保管过程中数据存在状态无法直观监测，无法对备份数据出现丢失、异常等情况时及时发现，无法对异常数据进行及时修复等问题，对备份数据异常情况预警和备份数据及时修复，使数据安全保管实现质的飞跃。最大程度实现电子档案数据的安全监管，确保核心电子数据的安全，避免多种隐患的发生，促进存储和备份数据安全规范化、标准化管理。

（八）虚拟库房管理

将实体库房虚拟到计算机终端，对用户单位库房和实体档案进行信息化管理，主要体现在档案库房管理的智能化、图形化、集成化和安全化。为实现库房的无纸化、自动化管理，虚拟库房管理系统还可以集成电动密集架等库房电子设备，通过软件直接驱动设备，自动获取数据。功能包含实体档案上架、档案出入库、档案盘点等操作。

（九）档案业务智能

基于档案 AI 智能平台，建设针对档案收、管、存和用的智能模型，对档案管理各环节进行赋能。

（十）档案数据资源

档案数据资源提供数据支撑能力，包括数据汇聚、数据资产管理和数据服务体系等。通过数据资源平台建设，打破数据壁垒，统一数据规范，可实现多系统、多行业的数据分析和利用。

二、政务网

政务网建设全域档案监管、电子文件归档、虚拟数字档案室、档案移交接收、区域档案共享、安全保证管理和档案全生命周期管理等管理功能。档案室工作人员将电子文件通过电子文件归档功能进行预整理，然后进入虚拟数字档案室，最后通过档案移交进入档案馆。

（一）全域档案监管

主要是为区域内档案工作者提供重点工作事项、档案基础业务、档案工作检查、重大建设项目档案、档案宣传教育、决策支持分析等业务功能。档案行政管理工作者通过该系统对各单位档案部门监督指导，提高档案治理能力和水平，推动区域内档案事业高质量发展。

（二）电子文件归档

立档单位兼职档案管理工作人员利用该系统实现对办公协同系统、行政审批系统、其他业务系统等已办结文件的收集，对收集的电子文件进行整理、移交、统计的操作。

（三）虚拟数字档案室

立档单位兼职档案管理工作人员利用该系统实现本单位档案的收集、整理、保存、利用、统计、查询、鉴定等操作，接收本单位数字化副本的档案，接收电子文件归档里已经合格的电子文件进行归档，利用该系统实现本单位档案数据的全过程管理。

（四）档案移交

接收政务网主要为各个立档单位与档案馆建立在线档案移交接收的桥梁，立档单位将满足进馆的档案数据进行准备、整理、审查，然后在线移交给档案馆，档案馆通过本系统将各个立档单位移交的数据进行接收，系统提供了在线移交接收和离线移交接收，档案馆将接收到的数据进行接收确认，按照批次进行接收审核，确认档案数据是否存在问题。若存在问题，可退回给立档单位进行整改。若无问题，进行四性检测，对检测“合格”的档案数据可以接收进库并提交给领导审核。对“不合格”文件可以退回，并填写不合格说明。移交单位可以查看退回的电子档案和退回原因说明，分别进行修改处理、重新移交等操作。同时系统还提供了实体和电子档案的移交接收。

（五）区域档案共享

政务网是各机关、企事业单位查档的直通车，各机关单位直接通过浏览器进行访问查阅利用档案。各级各类人员登录以后，可根据各自权限进行相应操作，提供对政务网开放档案、资料、文件和专题等检索功能，即针对利用库的多种方式的检索利用。全域档案共享数据来源于馆藏档案管理大资源库内，通过鉴定后发布到该系统。

（六）档案安全保真

保障电子化归档、接收移交过程中数据的真实性、完整性、可用性和安全性，确保档案数据的原始性及不可篡改性，并明确数据移交过程中产生的责任问题，使档案数据移交接收过程能够被全程追溯，数据移交接收的每个环节能够被记录，所有信息能得到保真。

（七）档案全生命周期管理

通过集成政数局区块链平台，建设区块链 + 档案全生命周期管理，解决电子档案安全可信存证和全生命周期每个节点可回溯认证问题。

（八）教育基地接待管理

政务网面向档案馆业务人员使用，通过系统汇总教育基地预约情况，辅助在线进行教育基地接待工作登记、安排、记录等管理工作。

三、互联网

可分为互联网建设、互联网信息采集和互联网档案利用服务（包括网站和移动应用）等管理功能。互联网上采集和利用的数据全部与局域网馆藏档案管理进行对接，局域网数据库通过鉴定将开放数据发布到网站、移动档案应用、档案利用管理，同时互联网上采集的信息直接归集到馆藏档案管理。

（一）互联网档案利用服务的档案馆网站

该网站主要作为区政府二级网站，嵌入区政府网站中。结合 LHQ 档案馆的职能来建设网站栏目，从而达到提升服务水平，突出服务理念，丰富档案资源建设，提升档案利用水平的目的。网站栏目包括馆藏介绍、利用指南、档案利用、史料编研与出版介绍、专题展览、咨询、用户评价。

（二）互联网档案利用服务的移动档案应用

主要是开拓档案利用渠道，提供在智能终端的档案利用，解决随地、随身、随时查档的要求。

（三）互联网档案利用服务的档案利用管理

主要是为社会公众提供档案利用，提供档案利用管理网站版本，提供统一的便捷网站后台管理服务。包括数据的录入、管理、各栏目版本的利用统计和分析、网站维护工作量的统计、利用库管理和门类设置。

（四）互联网信息采集

主要是为丰富馆藏档案，采用先进数据捕获技术，对政府网站网页、数字报、微信公众号、微博文字、抖音视频等资源进行采集，定频道、定关键字、定时间的自动搜索，对采集的信息进行整理和导出。

第五节　信息系统数据架构

局域网应用系统由智能监管、馆藏资源管理、多媒体档案管理、档案开放审核、档案利用服务、智能协同编研、数据保全、虚拟库房管理等系统组成；政务外网应用系统由全域档案监管、电子文件归档、虚拟数字档案室、档案移交接收、区域档案共享、安全保证管理和档案全生命周期管理等系统组成；互联网应用系统主要用于发布一些重要信息及采集网页信息等。

一、政务外网和局域网数据交互说明

政务外网应用系统主要面向各立档单位使用，各立档单位通过业务系统与集中式档案室管理系统完成对接，实现电子档案的在线移交，经由电子档案移交接收系统移交进馆，后经档案馆工作人员对档案进行管理、鉴定。鉴定后的档案数据通过移动存储介质下载到本地，传输到局域网进入局域网档案数字资源系统进行管理和利用，即存入档案资源总库。需要长期存储的进行打包归档到长期保存库。需要在政务外网利用服务的档案，通过编辑发布移动介质下载到本地，传输到政务外网的进入档案利用库进行政务外网档案利用服务。（见图 2-5）

二、互联网和局域网数据交互说明

局域网将通过档案开放鉴定的档案且需要对公众开放的档案数据通过移动存储介质下载到本地，再拷贝到互联网利用库进行公开发布。互联网应用系统实现与互联网利用库的对接，实现公众在线查询。

三、政务外网和互联网数据交互说明

政务外网和互联网通过防火墙单向导入，将政务外网利用库里的档案传输到互联网利用库。

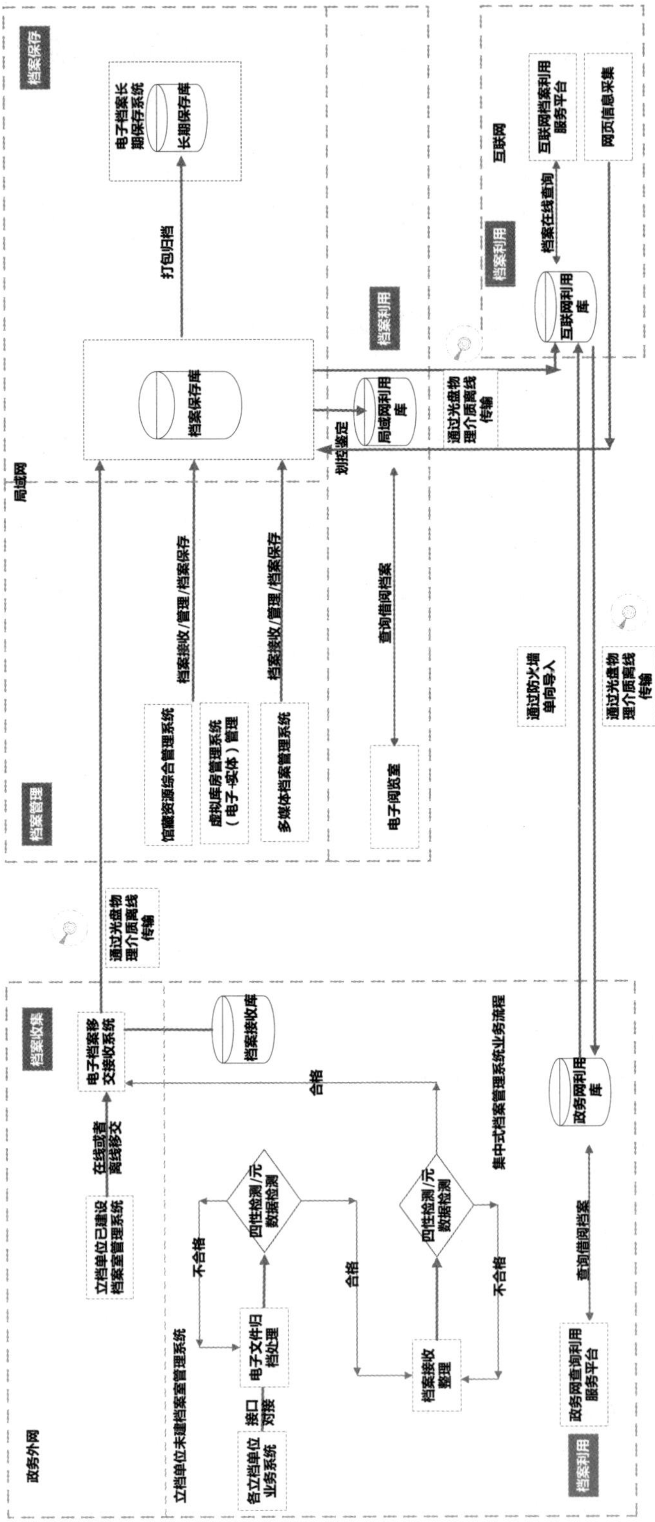

图 2-5　三网业务数据流图

第六节　信息系统技术路线

一、人工智能技术

人工智能包括十分广泛的科学，它由不同的领域组成，如机器学习，计算机视觉等。人工智能主要目标是使机器能够胜任一些通常需要人类智能才能完成的复杂工作。

传统档案馆及数字档案馆的档案管理主要包括档案信息收集、分类、挖掘、保管、利用等环节。在数字档案馆环境中，通过将人工智能有针对性地运用到档案管理各个环节，可以实现智能检索收集档案信息、智能分类与挖掘档案信息、智能保管档案信息以及提供智能档案信息利用服务，使档案管理得以优化升级，实现建设智慧档案馆目标。具体落实到方案中如：进馆档案预测、智能编研、智能档案鉴定、数字化成果质检和智能档案整理等功能模块建设。

二、大数据技术

档案馆中形成了海量的档案信息资源，其中包括大量的非结构化数据，应该基于大数据资源采用文本数据挖掘技术对档案信息资源进行深入挖掘。

文本数据挖掘是以半结构或非结构的自然语言文本数据为对象，从大规模文本数据中发现隐藏的、潜在的、新颖的和重要的规律的过程。其基本思想是从文本数据中提取适当的特征，将文本图像标示成计算机能够理解的形式，采用各种文本数据挖掘方法发现隐藏的知识模式，以用户可以理解和接收的形式输出，成为指导人们实践的有用的知识。

在数字档案馆中需要利用文本数据挖掘技术，根据预先设定条件自动对档案数字资源进行筛选和分类，并对筛选出来的档案数字资源自动进行摘要和相似度分析，将用户感兴趣的信息主动推送给利用者，从而达到知识发现的目标。

（一）用户数据挖掘

利用现代数据挖掘学的技术，通过对用户数据挖掘做到精确洞察、精准服务，提升档案用户认同感，实现档案服务价值。用户数据挖掘包括以下方面：一是对用户信息进行数据挖掘。提取用户的信息需求，查看用户访问服务器时留下的日志文件，跟踪用户行为，推测用户兴趣，提供个性化利用服务。二是对用户统计检索和浏览记录进行挖掘。如，利用统计分析的方法，通过分析用户对档案目录的点击率，选取点击率高的档案进行数字化；通过分析用户检索时使用的档案检索词，充实和完善数据库中的检索关键词，以提高查准率；通过统计分析用户对网页的访问频率，进而开展深层次的信息服务。

（二）关系洞察及趋势分析

无论是档案资源还是用户数据，通过挖掘得到的仅是某一方面的数据，这些数据往往是孤立的数据，要使这些数据集成为一个完整的网络，必须对数据网络后面的数据关系进行深入分析。如单单对档案收集情况进行挖掘，得到的仅仅是档案人员与档案之间的关系，对档案利用情况进行挖掘，得到的仅仅是档案与用户之间的数据关系。要想精准洞察档案之间、用户之间及档案与用户之间的关系，必须将以上各个孤立的数据进行整合，得到一个完整的档案网络，才能使档案发展、社会服务等趋势的预测成为可能。

三、NLP 自然语言处理

通过自然语言处理、知识理解等技术，对一篇文章进行分析后提取出其中的重要信息形成文摘来代表文章的中心思想，从而帮助人们快速、高效地获取价值信息。随着互联网信息量的急剧增加，人们快速浏览信息的需求日益迫切。自动摘要技术的产生有效提高了人们的阅读效率。

自然语言处理（natural language processing, NLP）是计算机科学领域与人工智能领域中的一个重要方向。它研究能实现人与计算机之间用自然语言进行有效通信的各种理论和方法。自然语言处理是一门融语言学、计算机科学、数学于一体的科学。因此，这一领域的研究将涉及自然语言，即人们日常使用的语言，所以它与语言学的研究有着密切的联系，但又有重要的区别。自然语言处理并不是一般地研究自然语言，而在于研制能有效地实现自然语言通信的计算机系统，特别是其中的软件系统。因而它是计算机科学的一部分。

自然语言处理主要应用于机器翻译、舆情监测、自动摘要、观点提取、文本分类、问题回答、文本语义对比、语音识别、中文光学字符识别（optical character recognition, OCR）等方面。

四、区块链技术

区块链（blockchain）是利用块链式数据结构来验证和存储数据、利用分布式节点共识算法来生成和更新数据、利用密码学的方式来保证数据传输和访问的安全、利用由自动化脚本代码组成的智能合约来编程和操作数据的一种全新的分布式基础架构与计算方式。

区块链作为去中介条件下建立信任关系的分布式网络应用协议，具有去中心化、公开透明、开放、协同、共享、防篡改、可追溯等基本特征，是全球公认的具有重要影响力的网络应用发展方向，具有共建信用、重构价值、重构网络生态的颠覆力量。

本方案选择“联盟区块链”作为组织形式。不同于“公共区块链”中任何人可以读取和发送交易，也不同于“私有区块链”仅有核心节点可以操作区块链，表现出中心化控制，联盟区块链的共识过程是受若干个主要节点管理的，这种形式既能够保证组织运作的效率，又可以兼顾系统安全性和成员共同维护的特性。联盟链有若干个机构共同参与管理的区块链，每个机构都运行着一个或多个 Peer 节点，参与的节点数量是有限和可控的，通过授权才能加入和退出，跟公有链和私有链相比，更适合档案凭证应用业务场景。

五、OFD 技术

OFD 标准是由国家主管部门牵头制定的、公开、公正、自主可控的电子文件格式标准，使中国版式文档行业摆脱了对国外技术标准和私有标准的依赖，是对 PDF 标准的替代，对于国家信息资源安全和民族软件产业健康发展有重大意义。

电子档案属于官方正式文件，对于文档的排版格式、打印控制及文档的完整性、真实性都具有较高的要求。随着 OFD 电子文档格式的推广应用，国家及各省市档案馆自己的档案资料数字化系统都有对 OFD 支持的迫切需求。

档案资料数字化系统往往比较专业，也较复杂，对电子档案处理技术的需求主要体现在以下几个方面：

（一）电子档案生成与历史数据再利用

电子档案处理首先需要解决生成问题。原始信息的存储形式可能是多种多样的，包括声音、图像、文字，常见的文件格式有 PDF、TXT、HTML、RFT、DOC、PPT、XLS、BMP、JPG、PNG、TIF、GIF 等。各种类型的资源需要保存成 OFD，同时现有的大量历史数据也需要转换成 OFD。此外，迁移后的文档有必要重新加盖印章，以保证有效性。

（二）电子档案阅读

电子档案阅读是基本需求，一般对环境要求是多样的。比如需要支持 Windows 桌面环境，Android、iOS 等移动设备环境。随着自主可控的国产化设备普及，龙芯 / 飞腾等平台、中标麒麟 / 中标普华 / 中科方德 / 深度等操作系统环境下也有阅读方面的要求。同时要求在网络环境下，阅读器要具有良好的阅读体验。

（三）电子档案归档

电子档案归档是常见的业务环节。在归档过程中，需要向OFD中插入各种类型（文档级别、文件卷级别、对象级别）的元数据，便于电子档案的组织。根据业务规则，在电子档案被借阅利用前也需要进行一定的处理，包括文件合并，页面拆分、插入、删除、顺序调整等。

（四）档案检索

档案检索是指对档案信息进行系统存储和根据需要进行查找的工作，它是开展提供利用工作的基本手段，是开发档案信息资源的必要条件。需要提供基于档案文本内容的提取功能，以支持基于文本内容的检索。亦需要提供元数据的访问方法，以实现非内容信息的检索条件。

（五）档案安全

档案是党和国家宝贵的文化财富和重要的信息资源，具有重要的凭证和参考作用，一旦遭到损坏或泄露，将会给国家的档案事业造成不可挽回的损失。因此，建立档案安全体系是档案工作的根本保障。保证档案实体和档案信息安全完整即是档案部门的基本任务和第一要务，也是档案工作的生命线和底线。文档安全技术方面需要两个基本的功能，一是实现文档打开的密码保护；二是实现部分文档的敏感信息遮蔽，在电子档案被借阅前，将一些敏感信息屏蔽，防止信息外泄。

六、电子印章技术

根据《中华人民共和国电子签名法（2019年修正）》的定义，电子签名，是指数据电文中以电子形式所含、所附用于识别签名人身份并表明签名人认可其中内容的数据。换句话说，就是电子形式的用户签字数据，在电子合同或电子文件中的作用是识别签名人的身份和表明签名人认可该电子合同。在互联网上，合同和文件以电子文件为载体，无法进行传统的签字和盖章，故需要采用电子签名。

电子签名技术能够保证，在网络签约中签署双方身份的真实和文件不被篡改，即使签约没见到本人也能确认是本人签署的。而且电子签名法规定了可靠电子签名与传统签字盖章具有同等的法律效力。

七、微服务技术

微服务架构能够实现由小型自主服务组成一个整体应用，各个组成部分之间是松耦合的，复杂性低，各个部分可以独立部署，修复漏洞或者引入新特性更容易，能够独立扩展，不同技术栈之间可以使用不同框架、不同版本库甚至不同的操作系统平台。

微服务架构具有以下一些特点：

（1）应用程序逻辑分为明确定义的职责范围的粒度组件，这些组件相互协调提供解决方案（粒度细、单一职责）。

（2）每一个组件都有一个小的职责领域，可以完全部署，也就是说一个服务可以跨越多个应用程序复用（独立部署和维护）。

（3）服务之间通信基于一些基本的原则，比如服务采用 http+json 这样的轻量级通信协议，在不同服务之间进行数据交换。这样不同服务可以使用不同的技术栈，互不影响（采用轻量级的通信协议作为通信原则、松耦合）。

（4）拆分为微服务之后，服务的数量变多，因此需要有统一的服务治理平台对各个服务进行管理（服务可治理，可管控）。

第三章 数字档案馆业务管理系统

第一节　局域网业务管理系统

档案馆业务管理系统为实体档案馆内部应用，部署在局域网内，涵盖了信息资源的采集、接收、整理、保管、鉴定、利用、统计等全过程规范化管理，提高了档案馆业务管理的效率和资源服务的安全可靠性，可以满足档案馆内部用户的需求。

一、系统概述

档案馆业务管理系统是基于局域网的档案管理服务系统，也是数字档案馆建设的基础平台。具备馆藏数字档案传输、交换、存储、安全防护的功能，承担档案馆“收集、管理、保持、利用”四项基本功能，满足日常数字档案馆业务管理和提供利用服务的需要。

档案馆业务管理系统包括智能监管、馆藏资源管理、多媒体档案管理、档案开放审核、档案利用服务、智能协同编研、虚拟库房管理和业务管理后台八大功能模块，并且基于AI智能平台创建模型算法，用于档案业务赋予智能，同时提供数据支撑能力，包括数据汇聚、数据资产管理和数据服务体系

等。（见图 3-1）

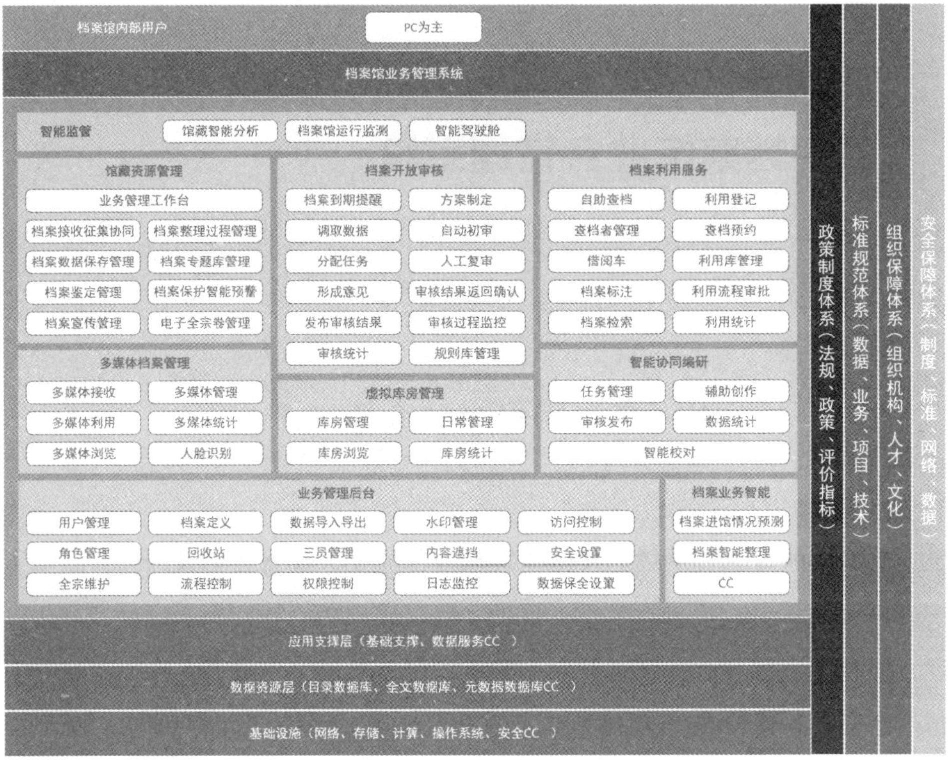

图 3-1　档案馆业务管理系统架构图

（一）智能监管

智能监管是对档案馆馆藏档案管理业务情况、大楼运行情况、监控温湿度等环境情况进行综合展示、预警、控制，实现档案馆一屏观全馆、一屏管全馆。

（二）馆藏资源管理

馆藏资源管理以建立档案核心资源总库为目标，可以实现包括档案、现行文件、图书资料等多方面的管理，涵盖了信息资源的接收、管理、保存、利用、检索、统计等全过程规范化管理，由此建立档案数字化综合应用平台，提高档案馆业务管理的效率和资源服务的安全可靠性，满足利用者和档案管理者需求。

（三）多媒体档案管理

多媒体档案管理实现档案馆形成声像档案的浏览、整理、加工、移交、检索等功能，便于采集人员在浏览过程中快速完成筛选、智能分组、基本信息的自动化整理工作，同时又能利用人脸识别技术解决人物信息标注、检索等难题。具有多媒体、浏览直观、网络易传播的特点。

（四）档案开放审核

档案开放审核通过构建可开放数据智能审核体系，打造档案开放审核专业化服务，利用开放审核服务提炼的规则库对档案目录以及全文数据进行分析，从大量的文本数据中提炼关键字词句进行辅助审核，提高审核效率与质量。

（五）档案利用服务

档案利用服务致力于通过信息化手段实现档案利用管理，部署在档案馆接待利用大厅，面向来档案馆查询档案的普通市民、政府机关工作人员，提供半自助式查询服务。馆藏实体档案经过数字化后，结合触摸屏或PC电脑，面向查档用户可实现自助或半自助查询，减少实体档案磨损，提供全方位、多角度、深层次的档案信息服务，提升接待人员工作效率和接待服务质量。

（六）智能协同编研

智能协同编研是对编研相关的材料、计划、过程、成果进行集中统一管理；虚拟库房管理实现实体库房虚拟到计算机终端，对用户单位库房和实体档案进行信息化管理。

（七）虚拟库房管理

虚拟库房管理将实体库房虚拟到计算机终端，对用户单位库房和实体档案进行信息化管理，主要体现在档案库房管理的智能化、图形化、集成化和安全化。为实现库房的无纸化、自动化管理，虚拟库房管理系统还可以集成电动密集架等库房电子设备，通过软件直接驱动设备，自动获取数据。功能包含实体档案上架、档案出入库、档案盘点等操作。

（八）档案业务智能平台

基于档案 AI 智能平台，对档案管理各环节进行赋能，包含进馆审核预测、档案整理、鉴定、质量控制等智能模型算法。

（九）档案数据资源

档案数据资源提供数据支撑能力，包括数据汇聚、数据资产管理和数据服务体系等。

（十）业务管理后台

具备档案设置、应用管理、系统管理等功能模块。系统管理具备组织管理、权限管理、用户管理、角色管理和日志管理等功能。

二、智能监管

该模块面向档案馆监管人员使用，实现对档案馆馆藏档案管理业务情况、大楼运行情况、监控温湿度等环境情况进行综合展示、预警、控制，实现档案馆一屏观全馆、一屏管全馆的目标。（见图 3-2）

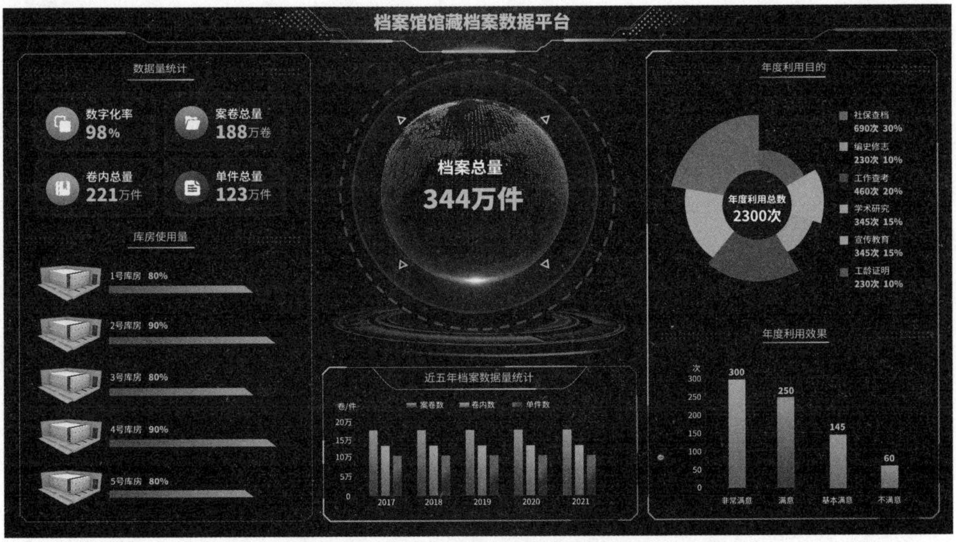

图 3-2 档案馆馆藏档案数据平台

三、馆藏智能分析

从馆藏档案资源数量、类型、保管期限、形成单位、形成时间，以及接收征集、整理入库、档案鉴定、档案（资料）查阅利用、档案编研、档案保护、档案宣传、教育基地接待等各项业务工作开展情况，进行多维度统计分析，辅助档案馆业务人员对本馆基本情况做一个全面了解。支持字段组合自定义统计，并以报表、饼状图、折线图、柱状图等可视化档案数据和分析结果展现。

（一）档案资源建设分析

摸清馆藏家底，实现本馆档案资源一览无余。

1. 档案应收尽收分析

方便直观了解档案应收尽收情况，动态分析档案接收的发展趋势。实现上年度档案接收情况、本年度接收情况与全宗覆盖情况的统计分析。

（1）上年度档案接收情况

包括上年度接收总量、上年度每月接收量（卷）。

（2）本年度档案接收情况

包括本年度接收总量、本年度完成计划数量（卷）、本年度每月接收量（卷）。

（3）全宗覆盖

包括档案形成单位数量（个）、上年度档案接收情况、全宗覆盖率（%）。可查看各全宗馆藏数量（卷）、馆藏数量（件）、起始年度、终止年度等。

2. 馆藏档案分布情况

按照清代及以前档案、民国档案、革命历史档案、新中国成立后档案等进行分类统计，支持类型自定义，可对每一类型档案分别按照卷、件统计，可统计总卷（件）数，计算件数时可自动剔除卷内件，避免重复统计。

3. 电子档案接收情况

支持按件统计本年（新增）接收数量以及历年（累计）接收数量。

4. 专题档案分析

（1）馆藏红色档案、侨批档案以及重大突发事件档案。支持识别馆藏红色档案、侨批档案以及重大突发事件档案并统计数据量（件）。支持按照专题库名称排列显示，并查看库内档案详细数量。

（2）重点档案。脱贫攻坚、疫情防控和百千万工程项目档案等情况分析，支持各类专题库馆藏数量（件）、最近一次推进时间（最近一次接收该类档案的时间）、最近一次增加数量（件）进行分析与展现。

（二）档案管理工作监督

对馆藏档案管理工作进行全流程跟踪，全状态监管，及时把握工作进度，辅助决策。

1. 档案馆馆藏档案数字化情况

综合分析馆藏应数字化量、馆藏已数字化量、馆藏数字化率，把握档案馆数字化总体情况，为制订后续数字化计划提供参考依据。

2. 实体档案接收同步数字化情况

综合分析接收实体数量（件）、同步接收数字化复制件数量（件）、同步数字化率（%）。

3. 档案接收抽检

根据档案接收进馆情况，对抽检次数、合格次数、不合格次数等进行统计，并分析接收合格率，对档案资源建设质量情况做一个了解，分析背后的原因，提升进馆档案质量。

4. 库房管理情况

实现与智能库房系统、库房环境检测系统等智能集成，对各库房恒温恒湿情况（温度、湿度）、安保情况（有无监控、门禁、巡查）、消防设备情况（有无、是否正常）、库区面积、特藏库等进行统计分析，实现纸质档案保管保护的智能预警。实时掌控库房使用及运行情况，便于库房管理人员把控库房全局，科学保管档案。

5. 档案分类统计

（1）全宗卷分析。实时更新全宗卷数量，并智能分析全宗卷完整度情况，包括全宗介绍（%）、收集（%）、整理（%）、鉴定（%）、保管（%）、统计（%）、利用（%）、新技术（%）。

（2）档案目录统计。统计指南编写（年）、案卷级电子目录数量（卷）、文件级电子目录数量（件）。

（3）各类档案比例。实现馆藏档案数量（件）、清代及以前档案数量（件）、民国档案数量（件）、革命历史档案数量（件）、中华人民共和国成立以后档案数量（件）统计功能，方便了解各档案分类比例。

（4）各档案保存方式详情。按照清代及以前档案数量（件）、民国档案数量（件）、革命历史档案数量（件）、中华人民共和国成立以后档案数量（件）分类，对各种类型的长久保存数量、磁带备份数量等进行统计分析。

（5）未来进馆档案数量预测。通过获取和处理历年进馆档案数据，分析主要影响因素，使用多个模型算法进行训练，预测未来进馆电子档案、实体档案情况，为档案馆准备相应的存储空间、库房密集架等提供辅助决策。

（三）档案资源开放情况

1. 档案开放审核情况

（1）档案开放审核总量统计。包括到期档案应审核总量（件）、本年度新增到期档案应审核数量（件）、（截止到上一年度）到期档案应审核总量（件）、累计已完成审核数量（件）、本年度计划审核数量（件）、上一年度已完成开放审核量（件）、本年度实际开放审核量（可按月查看）等细项。

（2）新接收档案预审率。对本年度接收单位数量（家）、本年度开放预审单位数量（家）、新接收档案预审率进行统计。

（3）新接收档案开放率。对本年度新接收数量（件）、本年度新接收档案的开放数量（件）、新接收档案开放率进行统计。新接收档案的开放数量指新接收档案的（预审）开放数量，既包括接收进馆后即时开放的档案，如政府公开信息，也包括到期后开放的档案。

2. 档案开放情况

（1）档案开放率。包括到期档案应审核总量（件）、累计开放数量（件）、本年（新增）已完成档案开放数量（件）、（截止到上一年年底）档案开放总量（件），可对开放率增幅情况进行分析。

（2）馆藏档案分期开放率。分别统计清代及以前档案开放总量（件）、民国档案开放总量（件）、革命历史档案开放总量（件）、中华人民共和国成立后档案总量（件），结合分期的开放档案总量，对分期开放率进行分析。

3. 档案共享情况

包括对婚姻档案、土地承包档案、山林档案、房产档案、移民档案、国有转制企业职工档案、户籍档案、学籍档案、公证档案、独生子女档案、出生医学证明档案等民生专题档案共享情况进行统计分析，包括本年度新增量（件）、截止到上一年度总量（件）、增长率以及民生档案种类数。

（四）档案资源开发分析

结合档案编研、编研成果发布以及档案宣传等业务管理，对档案资政贡献、编研、融媒体等情况进行综合分析。支持各类统计情况的详情查看，可对（上一年度）档案资政期数（期）、（本年度）档案资政期数（期）按月统计，可对各类编研成果、重大专项、融媒体的发布数量、查阅次数等进行统计。

（五）档案抢救保护情况

对纸质档案抢救保护工作情况进行分析。

1. 档案修复动态

包括累计修复数、应修档案总数（卷）、重点特色档案专题数（项）。支持按年度、按月统计。

2. 档案消毒、防虫、去酸

支持根据新进馆档案消毒、馆藏定期消毒、防虫、去酸进行分类统计，可统计累计数，支持按年度、按月统计。

（六）档案宣传教育情况

对举办展览次数、时间、人次、宣传次数、宣传方式、教育基地数量、参观场次数量等进行综合统计。

（七）档案馆运行监测

以计算机网络、智能设备为基础，数据交换体系为核心，以物联网技术为纽带，本期预留接口，可以待设备到位后，整合相关的智能化设备，为档案馆所有环境运行提供统一的指挥操作中心。

（1）综合集成。通过双方约定好的协议，综合获取楼宇、视频监控、会议、门禁、广播、叫号等相关数据的综合集成展示。

（2）报警联动。可通过一屏查看档案馆大楼各项智能化设备的运行状态、预警状态等。支持智能化设备通过接口方式同步设备预警信息，实现通过统一展示平台进行集中管理。

（3）远程控制。档案馆运行环境发生异常时，支持调用智能化设备接口，实现如空调温湿度调整等远程控制操作，监管数据仓管理。

（4）指标配置。对业务监管各级指标进行自定义，对一级分类、二级分类、数据项进行增加、删除、修改，配置各项指标元数据。

（5）模型配置。对业务监管各级指标中涉及的计算模型进行自定义，支持增加、删除、修改，配置各项指标计算公式及展示数据。

（6）数据获取。采集的数据类型包括档案资源数据、档案业务工作数据、档案馆相关智能化设备数据（包括库房、机房等）。系统提供数据自动采集、导入、录入功能，将各类档案数据采集至本系统中。

（7）监管交互。可根据业务类型、年度选择查看各项监管指标和数据详情，包括档案开放、档案开发、档案资源建设、档案管理、档案抢救保护、档案宣传教育等数据。

（八）智能驾驶舱

根据需求定制展现内容，如展示档案馆馆藏数量、馆藏档案各分类占比、档案接收进馆、本年度媒体宣传次数、本年度档案编研成果数、馆藏审核开放情况、档案抢救保护情况等。

（1）可视化展示。借助于图形化手段，实现对档案馆管理工作的一屏掌控，辅助决策。支持多种图形化展示形式，如柱形图、条形图、折线图与面积图、饼图与漏斗图、数据地图等。

（2）指标体系查看。实现指标体系的多层关联浏览查看及菜单下拉、选取等功能。如查看馆藏档案分布情况，支持下拉形式选择清代及以前档案、民国档案、革命历史档案、中华人民共和国成立后档案等分类查看各类档案数量统计情况、增长趋势等。

四、馆藏资源管理

以建立档案核心资源总库为目标，可以实现包括档案、现行文件、图书资料等多方面的管理，涵盖了信息资源的接收、管理、保存、利用、检索、统计等全过程规范化管理，由此建立档案数字化综合应用平台，提高档案馆业务管理的效率和资源服务的安全可靠性，满足利用者和档案管理者需求。该模块面向档案馆业务人员使用，为档案馆档案接收征集岗、档案整理岗、档案保存岗、档案开发利用岗、档案宣传教育岗等业务人员分别提供接收、征集、管理、检索、鉴定、保管、保护等业务在线管理功能。

（一）业务管理工作台

工作台是登入系统后直接看到的页面，按照档案馆各业务科室管理人员、档案馆领导、系统管理员等角色设计不同的工作台，实现不同角色不同管理界面，支持业务管理工作台进行快捷方式设置、页面视觉效果设置等。

1. 工作掠影

支持把个人工作相关、单位文化建设相关照片、图片等上传至该模块，顺序滚动，增添档案工作趣味性，增强文化建设。

2. 快捷检索

在工作台中提供类似百度的档案检索条，可按照分类进行检索，也可根据关键词进行检索，实现档案检索的快捷访问。

3. 待办事项

该模块展示当前用户所有待办事项，包括待审批事项、消息通知、审批通过提醒等，可通过点击待办事项访问具体的操作界面。已办和待办任务通过灰度颜色区分。

4. 系统公告

提供系统公告通知功能，档案馆其他用户发布的公告类信息在该模块进行展示，可点击查看详情。

5. 业务直达

根据当前用户的日常常用，例如，窗口人员可将“查档登记”按钮配置在该模块，登录系统后可点击该按钮直接开始接待登记工作，操作人员可根据自己工作需要，在资源权限范围内自定义。

6. 本岗工作数据展现

该模块主要针对当前用户角色，将和本岗位相关的工作数据进行统计分析后，通过饼状图、条形图等方式进行可视化展示，例如，展示“到期移交进馆率”“档案利用人次、卷次”等。

（二）档案接收征集

1. 接收进馆管理

（1）移交进馆工作记录接收。实现移交接收工作流程数据接收功能，实现移交—接收完整流程延续记录。通过可视化手段展现移交接收进度监管。

（2）数字化成果接收。支持目录导入、全文（批量）挂接、格式包导入功能。调用敏感词检测组件，对档案数据进行检测，确保使用档案数据过程中无敏感词档案或是相关信息。

（3）电子档案接收。支持格式包在线接收、客户端导入、信息包服务器端导入功能。

（4）数据库接收。支持 DBF 文件的导入。能够记录数据库文件版本信息、运行环境等相关数据。

（5）涉密筛查。系统提供敏感词库管理功能，可根据敏感词比对识别带密档案，在导入系统前进行提示预警。

2. 档案征集管理

支持征集档案资料的新增、Excel 导入、电子全文维护、修改、批量修改、删除功能，并可根据保存意义将征集档案资料转档案库或转资料库。

（三）档案整理过程管理

对接收进馆的数据进行管理，管理的是管理库，管理库细分为整理库（即接收库）和保管库。

1. 过程跟踪

以时间轴方式展现每一份档案的整理过程，对系统内档案数据进行全流程跟踪管理，包括对条目修改时间（操作人）、附件上传时间（操作人）、修改内容（时间、操作人）等状态查看。

2. 分库管理

系统支持对档案进行分库管理，可将档案数据分为整理与保管库，可解决用户对档案数据权限管理及档案安全管理的需求，即对档案的整理与保管库分别设置不同的权限，提供给不同的档案管理人员，可提高档案安全需求，在整理中的档案可归入保管库中，也可将保管库的档案退回至整理库。

3. 档案分类

可按多种分类方式进行管理，并支持分类方式切换，支持档案分类数的自定义功能。系统支持档案按件、按卷两种方式进行管理。

调用 AI 组件中文本类智能能力，按照档案分类体系，系统自动阅读文档内容并归属到相应类目。

4. 档案整理

支持档案目录补充著录、修改（批量修改）、附件补充上传、档号规则设定、自动生成档号、删除条目（原件）、全文挂接图标展示、附件阅览、下载打印等功能，支持档案的简单查询、高级查询、组合查询功能。

5. 格式转换

调用格式处理组件，实现对不同电子文件格式的处理。支持将电子文件转换成符合电子文件长期保管要求的格式。如将 OFFICE、TIFF、JPG 文件转换成 PDF 或 OFD 格式，将各种视频格式转换成编码的 MP4 格式，将各种音频格式转换成 MP3 格式，将各种图像格式转换成 JPEG 格式，并支持可扩展。

6. 档案排序

支持根据著录项设置排序内容，如选择年度、保管期限、盒号、件号等。排序方式包括升序、降序。

7. 档案组卷

支持对档案进行重新组卷、拆卷和卷内顺序调整；系统提供了对案卷信息、卷内信息的补充功能，并根据相关规则提供各种方式的辅助整理功能。

卷内目录和案卷目录通过条件设置可自动关联。提供打开关联数据、取消关联等功能。

8. 档案编目

系统内置各类目录模板，可打印进馆档案目录，如，案卷目录、卷内文件目录、归档目录文件目录等，打印样式可便捷配置。

9. 标签管理

（1）档案打标。支持系统根据档案目录分析比对后自动打标，赋予该份档案相关属性标签。支持人工对标签进行审核、补充标注等功能。

（2）标签库管理。系统提供档案标签库，支持在标签库中输入、查询、修改、删除档案标签，支持标签按照静态标签、动态标签、关系标签和场景标签等类型分类管理。

10. 档案数据化

调用 OCR 服务，对进入系统但未识别的档案全文进行数据化处理，形成双层 PDF 或 OFD，提取文字层。利用 NLP 自然语言处理、计算机视觉、机器学习等成熟的人工智能技术，可实现对各类文档的内容关键信息抽取、内容审核、内容风险分析（DLP）、内容差异比对、智能标签生成等智能化处理能力，帮助档案馆更高效地管理文档类内容数据，降低管理风险，提升利用效率。

11. 资料库管理

支持对资料类文件进行管理，提供资料新增、修改、删除、上传全文、在线阅览、下载等功能。

12. 数据导出

支持档案目录数据以 Excel、DBF、Access、光盘等格式打包导出或单条导出功能。支持档案全文数据的打印、导出、下载等功能。

13. 移交保管库

完成整理档案进入保管库，保管库数据不允许修改，可退回整理库后纠正。

（四）档案数据保存管理

1. 档案管理

支持保管库档案浏览、检索、目录打印导出、全文下载打印、数据包整体打包导出等功能。

2. 数据存储管理

（1）分类存储

提供数字档案存放路径配置功能，可按各档案门类进行分类存储。

（2）配置存储规则

提供原件存放路径规则配置功能，例如：全宗\目录号\年度\保管期限\件号；在原件上传挂接时系统就会根据存储路径规则进行分类存放。

（3）原件分类存储

系统根据配置规则及挂接原件时的档案目录，自动创建文件夹把原件存放到对应的目录下。

3. 数据备份

对系统中的数据，提供多种备份方式，包括手动备份、自动备份，支持全量备份、增量备份、备份恢复、备份数据包导出功能，可对档案数据、系统数据库进行备份。

4. 封装入长久保存库

为实现档案数据长久保存，支持封装数据选择、打包封装、下载导出功能。

5. 编辑发布

开放档案数据可以以数据包格式导出后发布至政务外网 / 互联网平台。

（1）发布校验

支持对待发布数据进行校验，只能发布开放鉴定为开放的数据。

（2）数据编辑

可对发布数据提供相应的编辑功能，如添加水印、照片档案生成缩略图等。

（3）发布范围

可根据实际业务需要选择要发布的范围，包括只发布档案条目、条目和全文一并发布。发布以卷整理的档案，可以选择仅发布卷内文件也可选择同时发布案卷和卷内文件。

（4）发布审批

可根据业务需求，设置相关审批流程，并可通过流程监控直观地展示各流程节点的审批信息。

（五）档案专题库管理

对馆藏档案资源进行多维度检索，深入挖掘档案信息，建立档案多维数据集合。实现档案馆主动面向各类用户，响应各类跨行业、目标模糊的系统性复杂档案利用需求，快速精准提供针对性强、内容丰富充实、利用价值高的档案信息资源，服务数字化改革和各项中心工作。

1. 词语解构

（1）建立解构模型

通过人工分析和梳理，建立词语解构模型（样本数据）。

（2）解构模型学习

通过采用机器学习技术，实现词语解构模型（样本数据）的获取学习。

（3）爬取素材

输入词语解构需求，通过网络爬虫技术，自动识别并爬取与主题词相关的词汇、语句、网页、公众号、文章等。

（4）清洗数据

实现系统根据解构模型（样本数据）清洗过滤爬虫素材，实现关联词抽取。初期通过人工介入纠错，建立词库，同时该批数据返回训练库。

（5）定期更新

网络爬虫采用外置服务，定期由人工将新爬虫结果导入系统中，实现更新维护。

（6）词语解构训练

解构训练，输入词语解构模型以及历史词语解构过程及成果作为训练数据，通过自主学习更新优化词语解构模型。

学习并优化解构模型，建立一个学习过程，产出解构认知，将预测结果与“训练数据”的实际结果进行比较，不断地调整预测模型，直到模型的预测结果达到预期的准确率，进行解构模型优化。

人工半监督，人工维护词库的记录自动回流到智能训练数据库中，同时将维护记录细分为补充的、删减的、调整的几种类型，发现需要改进的模型或者知识点。在人工半监督辅助下，在知识库中添加相关知识或对其进行纠错、标注。

自动解构，根据优化后的解构模型，能够根据专题需求自动对采集数据进行提取解构。

2. 智能检索

（1）系统获取到检索需求词，将需求词在“词库”中进行匹配查询，得到“想要查什么”的结论。

（2）根据系统结论，通过“词库”中系列关键词去匹配全库档案条目及全文，从而查找出相关档案。

（3）由人工对检索结果进行“增、删”，支持在原有全宗里进行检索并导入数据集合。

3. 结果聚类

（1）建立分类模型

由人工从现有馆藏档案中梳理出不同维度的、有序的专题分类模型（样本数据）并导入系统中，分类模型包括各专题具体分类以及分类标签，包括静态标签、动态标签、关系型标签。人工可手动维护各专题分类模型。

（2）根据分类标签聚类

根据事先配置好的专题分类标签初步进行聚类，聚类依据为各标签中关联词，将标签中关联词与档案条目或全文内容进行匹配。

（3）成果展示

将聚类结果根据分类结构以树目录形式呈现，点击目录节点查看数据集合。

（4）成果审核

由人工对完成聚类的档案数据集合进行审核，支持对档案数据集合的补充、删除、调整等操作。

（5）学习并聚类

获取分类模型审核后的聚类成果数据进行学习。实现分类样本数据的获取学习，建立聚类知识体系，再根据系统认知实现馆藏档案数据的自动聚类。

（6）结果聚类训练

聚类训练：输入分类模型以及聚类成果作为训练数据，实现系统自我学习。

学习并优化分类模型：建立一个学习过程，组建分类知识体系，将预测结果与“训练数据”的实际结果进行比较，发现需要改进的模型或者知识点，持续优化更新分类模型，提高下一次聚类准确度。

人工半监督：在人工半监督辅助下，在知识库中添加相关知识或对其进行纠错、标注。

自动聚类：根据优化后的分类模型，能够根据专题需求自动对馆藏档案数据进行多维度聚类，并借鉴传统档案分类排序模式，输出有序的数据集。

4. 档案数据集合管理

参考全宗模式，实现档案数据集合的分类、排序、编目，能够对档案数据集合名称、描述、性质等编辑介绍性说明。

5. 档案数据集合利用

实现档案数据集合的分类查看、在线阅览、打印、下载、整体打包导出等功能。实现档案数据集合的跨门类检索、专题库检索、关键字（包括条目及全文）搜索以及条件过滤组合式搜索功能。

（六）档案鉴定管理

各项鉴定都提供鉴定方案维护、鉴定档案调取、档案鉴定结果、提交流程、流程跟踪、结果生效等功能。

1. 保管期限鉴定

支持保管期限鉴定功能。可对保管期限到期的档案进行保管期限鉴定，实现对鉴定结果的记录。

2. 销毁鉴定

可对到期的档案进行处置鉴定，鉴定结果有：续存、销毁。对续存的要保留原保管期限并更新保管期限，鉴定为销毁的加入待销毁列表。支持对到期文件自动提取；鉴定为销毁的记录，自动创建档案销毁流程。

3. 档案销毁

通过工作流程配置，销毁生效后将实体档案销毁，电子档案不做销毁，但是标注已鉴定销毁。

4. 密级鉴定

实现对文件所属密级进行改变，对档案的保密情况进行鉴定，可升密或降密。支持单个条目、批量条目鉴定，支持鉴定方案的制定和记录。

（七）档案保护智能预警

1. 定期消毒、防虫、去酸管理

支持制订工作计划，定期开展消毒、防虫、去酸工作。提供工作任务的发起、流转、工作过程信息记录等功能。

2. 档案数字化加工记录

支持对馆藏档案数字化计划工作管理功能，可制定下一阶段档案数字化工作计划，明确数字化内容、批次、范围、数量等信息，对数字化工作开展进行有效地控制，按计划施行。

3. 档案修复管理

针对馆藏需要进行修复的档案，制定档案修复计划，再开展具体的档案修复工作，系统提供对档案修复过程信息的登记管理、统计功能，能够配置修复难度系数计算公式并自动计算，以及档案修复后档案保管的环境信息的录入功能，以便档案修复后进行更好的保管，提供所有登记管理信息的查询、查看功能。

4. 音视频数字化加工管理

针对馆藏中需要数转模（模转数）的档案，制定工作计划，再开展具体的数转模（模转数）工作。提供对数转模（模转数）过程信息的登记管理功能。

（八）档案宣传管理

1. 制定展览计划

根据宣传需要，支持在线制定工作计划，提供对宣传工作信息的登记管理功能。

2. 筛选数据资源

支持在档案库中检索宣传主题相关的资源，支持音视频档案检索。

3. 打包导出利用

支持宣传资料打包导出的功能。

（九）电子全宗卷管理

建立全宗卷数据库，档案业务流程实现以全宗卷为起点和终点的闭环管理。

1. 档案电子身份管理

对各全宗档案数据及全宗卷数据进行数据化处理，查询和跟踪每份档案唯一编码，可检索至每一卷（件）档案在收集、整理、保管、审核、统计、开放利用、编研等工作流程业务流转详情，以图表形式展示每一卷（件）档案从接收进馆至当前时间全过程管理轨迹。

2. 数据收集

通过自动采集或进馆单位在线移交方式获取全宗（馆藏）介绍类、档案收集类、档案整理类、档案审核类、档案保管类、档案统计类、档案利用类、新技术应用类电子文件，且能够分全宗挂接至系统。

3. 数据整理及固化

实现全宗卷整理分类，可对数据进行补充著录、浏览、修改（批量修改）、删除、检索查询、补充缺失材料等。系统记录整理动作、操作人、操作时间等。汇总归集形成全宗卷目录。

4. 全宗数据实时更新

实现全宗数据实时更新。当全宗发生变更时，能即时记录新的全宗情况；当各全宗内有新的档案接收、开放审核、数字化、消毒去酸、利用等多项业务数据时，可将新的数据信息及时更新至全宗信息中，确保管理人员能随时准确掌握馆藏全宗情况。

5. 全宗卷数据展示

将各全宗的目录数量、各种门类档案数量、进馆时间、各进馆途径、各保管期限档案数量、档案数据总量等全宗卷数据进行全面展示。可导出全宗卷信息并打印，支持独立、连续、间断选择全宗卷信息进行报表导出或打印。

五、多媒体档案管理

可实现档案馆形成声像档案的浏览、整理、加工、移交、检索等功能，便于采集人员在浏览过程中快速完成筛选、智能分组、基本信息的自动化整理工作，同时又能利用人脸识别技术解决人物信息标注、检索等难题。具有多媒体、浏览直观、网络易传播的特点。

该模块面向档案馆业务人员使用，可以接收各类型多媒体档案，可以对多媒体档案进行管理、检索利用、统计。（见图 3-3）

图 3-3　多媒体档案管理图

（一）多媒体接收

1. 上传格式

（1）图片上传格式

可以快速选择本地常用照片格式的照片进行上传，包括 JPG、JPEG、PNG、TIF、GIF、BMP、RAW 等常用格式。

（2）音视频上传格式

可以上传满足《录音录像档案管理规范》（DA/T78-2019）规范要求的格式。格式要求为：录音电子文件归档格式为 WAV、MP3、AAC；录像电子文件归档格式为 MPG、MP4、FLV、AVI、MXF。

2. 元数据自动捕获

根据国家元数据规范，采集过程中由系统自动捕获音像档案文件元数据信息，并生成记录，完成存储。在国家规范要求中，元数据是照片的固有属性信息，为了保持真实性、原始性，必须自动捕获，并且不能修改。

3. 人物自动标注

调用图像类智能能力，辅助识别定位图片中特定的场景、元素，并返回目标区域的位置坐标信息。可以根据后台设置的常用人物，自动标注照片人物信息。该功能的主要目的是减少档案人员人工著录的工作量。系统根据后台设置的常用人物，提取新上传照片的人脸特征值，与常用人物特征值进行对比，如果有对比一致的则自动标注人物信息。

4. 自动生成照片缩略图

自动生成大、中、小三种不同大小的缩略图，方便后续的浏览查阅。在上传照片的时候，后台会自动生成不同规格的缩略图，一方面是提高浏览性能，另一方面是可以提供不同规格的查看。

5. 视频自动截取封面

上传后系统自动截取视频第一帧作为视频封面，封面主要是为了对档案的内容有基本的了解。

6. 移交管理

提供移交管理功能，方便进馆单位全部移交后再统一接收，方便后续档号的连续。

（1）在整理完档案后，进行预归档。

（2）所有档案整理完后，在移交列表，进行移交。

（3）根据条件查询所有要移交的档案，然后进行批量移交。

7. 接收校验

经过接收校验、满足归档条件的方可进行接收。接收之前，必须确保归档所必填的信息、归档生成档号的元素填写完整，包括全宗号、档案馆、档案门类、保管期限等。

8. 档号编制

（1）档号生成

根据自定义配置的档号规则自动生成档号，后台配置档号生成规则。在归档时，自动按照预先配置的归档范围和归档方案进行档号生成，不需要任何人工参与编号。

（2）存储设置

根据档号逐层建立存储路径，电子文件整理后依照档号构成要素在计算机存储器中逐级建立文件夹，分门别类、集中存放电子文件及其组件。并在元数据中自动记录电子文件在线存储路径。

9. 视频归档格式转换

调用格式处理组件，实现对不同电子文件格式的处理。对不符合《录音录像档案管理规范》（DA/T78-2019）规范要求的视频提供格式转换选择。格式要求为：录音电子文件归档格式为WAV、MP3、AAC；录像电子文件归档格式为MPEG、MP4、FLV、AVI、MXF。

10. 视频归档方式选择

能够根据自定义配置的归档方式，自动进行按文件归档，或是按组归档。如果是按文件归档，则归档之后所有视频都会独立拆分归档，没有卷的概念，这个由单位初始化系统时定义，定义好之后不能更改。如果是按组归档，则归档之后有卷的概念，这个由单位初始化系统时定义，定义好之后不能更改。

（二）多媒体管理

1. 音像整理著录

提供对已上传的音像电子文件的筛选、删除、修改、废弃功能；提供对已上传的音像电子文件进行件/组信息（标题、时间、拍摄者、人物、地点、内容等）整理著录。在浏览过程中，直接筛选没有归档价值的档案，进行删除。对组信息进行修改、补充，包括组基本信息、归档信息。在浏览具体电子文件时，对点击文件信息进行修改、补充。

2. 信息智能继承

在已整理完组信息的情况下，要求不需要重复整理组成员信息，可以直接继承组的信息（标题、拍摄者、人物、地点）作为音像档案信息。如照片档案，上传照片后，先整理组的信息。照片信息除了时间是自动读取的，其他元素都是空的，在保存组信息的时候可直接继承组的信息，不用逐个编辑照片信息。

3. 标题批量替换

当声像文件已经在本地进行重命名的情况下，可以通过替换功能，直接读取文件名作为对应标题。此功能主要是针对本地已经标准命名的照片档案，可以直接读取文件名作为电子文件档案标题，减少单个照片著录修改的工作。

选择已经重命名的本地文件，未标题批量替换前为空。勾选“读取文件名作为照片标题”，可以缩小读取文件的范围，如包含 DSC 关键字的就不替换，因为一般都是相机自动命名的，读取作为照片标题没有意义。替换后，标题自动变为电子文件名。

4. 自动排序

可以根据拍摄时间自动排序声像组的所有声像电子档案，在进行档案增删查改时，文件顺序会产生断号、不连号的情况，自动排序可以自动把当前的文件重新排序，满足后续归档要求。

5. 新照片组

能够自动建立一个新分组，然后把该组选择的照片移至新的分组下。此功能主要是针对一次性上传多个活动，需要进行活动分组拆分的业务场景。选择要移动到新分组的照片，进行新分组。新分组后，复制选择组信息自动新建一个新分组。

6. 拆分照片组

可以设置该组照片的拆分开始照片拆分，然后从该张照片开始一直到最后的照片拆分为一个新的照片组。选择要拆分组的第一张照片，进行拆分。拆分后，从选择照片往后全部拆分一个新的分组。

7. 批量编辑

可以选择多个照片，然后批量编辑照片的基本信息，包括标题、时间、摄影、地点、人物等。选择要批量编辑的照片，勾选要批量编辑的信息项，进行编辑。

8. 重置人脸特征

如果在第一次导入上传时，后台提取人脸特征异常，要求可以重新提取照片人脸特征值，提高后续的人像搜索成功率。

9. 绑定加工照片

可以上传该照片后续加工处理过的照片，这个照片仅作为后续的利用和作为档案的一个参考副本。选择需要绑定加工照片的照片，添加加工照片，照片会自动关联到该文件中，后续可通过其他文件信息查看、查阅利用。

10. 视频截取封面

可以随意截取视频当前播放帧作为视频封面。如果对系统自动截取的封面不满意，需要截图视频其他帧作为封面，则可以通过此功能进行截取。截取后会自动更新封面信息。

11. 音视频分段整理

提供对视频的某个分段的增加、编辑修改、删除功能。要求能够快速进行分段，分段时间能够通过拖拉的方式直接更改。此功能主要是为了后续利用方便，一般活动的音视频比较长，利用的只是其中部分内容，分段就可以把活动的不同场景进行标注，后续就可以根据分段直接进行下载利用。

（三）多媒体浏览

1. 浏览模式

提供多种不同的浏览模式，包括可展开列表模式、缩略图列表模式、横向图文卡片模式、竖向图文卡片模式，满足不同用户需求。

（1）可展开列表模式

以列表的方式显示组信息，可展开直接查看文件信息。此模式偏向著录数据的展示。

（2）缩略图列表模式

可以查看到该组第一张照片，对该组活动有基本了解，并且兼顾著录信息的显示。

（3）横向图文卡片模式

重点在于缩略图的显示，并提供简单的著录信息显示，左右布局。

（4）竖向图文卡片

重点在于缩略图的显示，并提供简单的著录信息显示，上下布局。

2. 树形检索模式

提供所有档案的检索树，可以根据以下检索模式快速检索：年—月—日—档案组；年度—门类—档案组；年度—部门—档案组。在档案馆库内的所有档案，要求提供树形检索模式，可以根据树节点快速定位档案，提供检索查阅效率。

（1）“年—月—日—档案组”模式

在需要查找某年，或者某月，或者某个时间节点的具体档案的时候，此模式比较方便。

（2）“年度—门类—档案组”模式

在需要查找某年，或者某个门类的具体档案的时候，此模式比较方便。

（3）“年度—部门—档案组”

在需要查找某年，或者某个部门的具体档案的时候，此模式比较方便。

3. 组合查询

提供根据年份、根据关键字（组号 / 档号 / 题名 / 人物、备注）等快速查找数据功能。年份过滤查询，可以直接选择具体年份的档案。关键字查询，支持档号、组号、题名、人物、备注等关键字。组合查询，根据各种常用组合条件如拍摄者、人物、机构、标签、时间、地点等进行组合条件查询。

4. 人脸检索

根据上传的头像进行快速人脸检索。人脸检索就是为了解决照片利用难题的，可以直接根据头像进行人脸搜索。

5. 照片浏览尺寸设置

提供大、中、小三种不同的照片浏览尺寸，可以根据需要设置自己合适的浏览尺寸。

6. 元数据浏览

可以直观查看每张照片的所有元数据信息，每张照片都包括基本信息、照片元数据信息、电子文件信息。为了方便浏览，每类信息都独立 tab 页，分类清晰明了。照片元数据信息主要是参照国家档案馆《照片类电子档案元数据方案》（DA/T54-2014）进行自动捕获和展示。

7. 管理过程跟踪

可以直观查看每个档案的核心环节管理活动过程，如移交、归档、鉴定等核心环节的操作人、操作时间等。

8. 视频播放

提供整个视频播放、分段视频播放、随意标记起终点播放功能。在整理的过程中，可以通过播放的方式浏览视频内容。点击播放，可以顺序播放视频内容；选择具体分段，可以播放分段视频内容；可以自动拉动播放进度条，定位到具体的起点进行播放。

（四）人脸识别

1. 自动匹配人物信息

检索事先设置的人物姓名和人脸特征信息，当有新的照片进入系统后，自动标注每张照片中的人物信息。后台设置常用人物信息（姓名、职务、头像），如果已经设置好了则不用重复设置。上传照片，自动读取人物信息。

2. 人脸智能检索照片

针对未标注人物的照片，允许输入要检索的人物头像，匹配检索已有的档案库，返回所有跟头像相似的照片。允许自定义搜索精度，通过精度检索档案。此功能主要是单个头像的人脸智能检索，一次上传一张头像照片。

进入人脸搜索页面，上传搜索对比头像。可以调整匹配精度、定义人物、精确搜索范围。匹配精度越高，匹配的准确率越高，如想要区分双胞胎，那么匹配精度就要达到90%～95%。定义人物主要是为了后续可以进行人物信息补录，后续可以通过人物字段直接进行搜索。精确搜索范围，比如归档年度、档案门类、档案状态等。点击搜索，搜索完毕后显示搜索结果。

3. 多人智能检索照片

针对多人同时参加过的活动业务场景，提供同时搜索多人的功能。上传、选择搜索头像，并且按照单个头像搜索的方式进行参数定义，显示搜索结果。

4. 基于人脸识别的人物信息补录

提供对检索结果的档案人物批量人物补录功能，方便后续直接根据人物进行检索。定义人物姓名，按照搜索步骤搜索出相关照片，选择要补录的照片，直接添加人物信息。

5. 手工快速头像搜索

可以在浏览过程中手工截取照片头像，根据截取的头像直接检索。此功能方便在浏览照片时自动查找和照片头像相关的所有照片。可以在任何地方通过快捷键调出截图功能，然后可以调整截图大小，确定后通过【人脸搜索】【取消】选项按钮选择触发检索功能，或是取消功能。

6. 人脸智能检索视频

根据头像检索包含头像的视频，并且针对搜索结果视频打开播放时自动定位到头像的第一帧，从第一帧进行播放。此功能的主要目的是根据头像检索视频中是否出现该人物，以及出现的具体时间节点。

（五）多媒体利用

主要是在档案利用时进行登记，方便记录档案被哪个单位利用以及利用次数。

1. 建立利用记录

记录每一次利用的详细信息。新建利用，主要是记录利用单位、利用时间、利用类型、利用目的等基础信息。添加相关的利用档案，如照片、视频、音频等。编辑每个利用档案的利用信息，如标题、顺序号、利用说明等。

2. 利用导出

根据利用需求导出不同档案。在建立好利用记录后，可以进行利用导出下载，下载时可设置下载参数，如档案大学、档案水印、档案 EXIF 信息等。

3. 人脸检索利用

根据头像检索档案，批量提供利用。在建立利用之后，如果在添加照片档案的时候没有著录人物信息，无法检索照片，那么可以借助人脸检索功能进行人脸检索。

4. 电子相册

针对特殊的利用“电子相册”提供独立的管理，可以快速生成某个人物、某个专题或其他电子相册。定义电子相册基本信息，如相册名称、相册编码、所属分类、相册说明等。添加照片，可以通过档案目录或是人脸识别功能添加对应的照片到电子相册中。

（六）多媒体档案统计

按照档案管理要求，输出档案相关的工作报表。

1. 馆藏多媒体统计

可以统计当前档案馆的所有馆藏情况，包括照片、音频、视频，统计可以细化到案卷、件、电子文件、大小。并且支持多维度统计，如按移交部门统计、按年份统计。提供导出功能，可以 Excel 格式导出到本地。

2. 档案利用统计

可以统计具体时间范围内档案馆的所有利用情况，包括照片、音频、视频，统计可以细化到利用的次数、利用的文件数量。并且支持多维度统计，如按利用单位统计、按所属分类统计、按利用年份统计等。提供导出功能，可以 Excel 格式导出到本地。提供图、表多种统计样式。

3. 档案移交归档统计

可以统计具体时间范围内档案馆的不同移交部门的档案移交归档的情况，包括照片、音频、视频，统计可以细化到卷数、件数、电子文件数、电子文件大小。提供导出功能，可以 Excel 格式导出到本地。提供归档登记表生成功能，可以直接查看每个移交部门的归档登记表，并进行导出，方便后续纸质版签字确认。

4. 档案元数据统计

可以根据档案的元数据项，如门类 / 机构 / 责任者 / 著录者 / 密级 / 保管期限 / 格式名称等统计档案馆档案情况，方便后续分析，统计范围包括照片、音频、视频。统计可以细化到卷数、件数、电子文件数、电子文件大小。提供导出功能，可以 Excel 格式导出到本地。提供图、表多种统计样式。

5. 馆藏变化统计

可以查看近 5 年以来档案馆藏数量的变化情况，以及每年从不同采集端移交的数据对比情况。

6. 采集来源统计

可以查看所有档案的不同采集渠道的档案数量，如移动端采集、客户端采集、服务端采集等。此功能可以分析档案的采集渠道，为后续提供精准服务提供数据支撑。

7. 利用榜单

可以查看当前利用次数最多的 TOPN 数据，支撑后续的利用服务质量。

六、档案开放审核

通过构建可开放数据智能审核体系，打造档案开放审核专业化服务，利用开放审核服务提炼的规则库对档案目录以及全文数据进行分析，从大量的文本数据中提炼关键字词句进行辅助审核，提高审核效率与质量。该模块面向档案馆业务人员使用，可以对到期馆藏档案进行开放审核和结果发布。

（一）档案到期提醒

时间阈值设置，按照馆藏档案中档案保管期限，系统提供各类型的档案到期时间设置。到期提醒，采用置顶、高亮等前端展示方式提醒工作人员开展档案审核工作。

（二）方案制定

确定开放审核方案，包括填写方案名称、设定审核范围、确定时间计划、指定小组成员及负责人、选定规划方案。修改方案，修改开放审核方案。删除方案，删除开放审核方案。

（三）调取数据

根据设定的审核规划方案进行待审核档案数据调取，数据交接完成后按批次生成交接记录，并支持在线查看数据明细。

（四）自动初审

调用智能档案鉴定组件，通过文本分析中的相关词分析及文本分类技术对档案内容进行理解、深度学习，利用规则库按照划分控制使用范围进行甄别。

（五）初审结果记录

记录初审结果，并支持历史记录查看。

（六）分配任务

分配审核任务，根据待审核业务量以及审核小组成员工作角色分配审核任务。通过全宗、目录号检索方式批量分配给审核小组。支持任务撤回以及任务删减，可对任务进行手动设置增量。

（七）人工复审

审核人对接收的审核任务进行详细审核，可查看已审核和未审核的任务情况。在线阅读档案全文，在线阅读档案全文内容，支持下一份档案直接切换。支持标注限制规则并返回规则库，不断迭代鉴定规则库。

（八）形成意见

结合自动审核和人工复审结果，根据制定的审核流程提交审核，审核通过后形成初步鉴定意见。

（九）审核结果返还确认

对于审核为可开放的档案，档案馆拟对这部分档案进行开放，需由档案原单位确认。系统提供拟开放档案自动批量导出功能，将档案目录和全文导出，提供给立档单位确认。

（十）发布审核结果

根据立档单位返回确认结果后对原审核结果进行修改调整，最终审核结果将开放档案放入开放成果库中分门别类进行树状图展示，可对审核成果"一键发布"或根据审核级别发布导出。

（十一）审核过程监控

对使用系统过程留痕，形成工作台账。监控所有审核计划的全过程记录（状态、进度、是否超期等）。留下个人操作过程信息，以便责任分工明确，审核过程信息可追溯。

（十二）审核统计

审核统计数据实时更新，可通过饼状图、柱状图、折线图进行翻转可视化展示，界面清晰直观。支持多维度统计，包括审核完成成果情况统计、满期档案情况统计、年度开放档案审核统计、计划开放档案审核统计、开放审核任务进度统计、已开放档案统计、未开放档案统计、各单位开放档案统计等。

（十三）规则库管理

1. 建立中心词库

根据档案馆实际情况，管理人员可对词库进行自定义修改，如添加责任者库、敏感词、开放级别等。建立关键词、敏感词规则清单，按照敏感词清单进行限制审核。

2. 开放级别管理

根据开放需求设置开放方案，支持多级方案管理，如限制、阅览室开放、政务外网开放、互联网开放等，供制定方案时引用。

七、档案利用服务

档案利用服务致力于通过信息化手段实现档案利用管理，部署在档案馆接待利用大厅，面向来档案馆查询档案的普通市民、政府机关工作人员，提供半自助式查询服务。馆藏实体档案经过数字化后，结合触摸屏或PC电脑，面向查档用户可实现自助或半自助查询，减少实体档案磨损，提供全方位、多角度、深层次的档案信息服务，提升接待人员工作效率和接待服务质量。在接待利用时，即能满足普通市民，民生档案利用时，直接由档案利用人员登记出证，也能满足政府机关工作人员因工作查考批量授权到查阅机上进行查阅。同时还提供开放档案、照片档案、视频档案及音频档案的查阅。该模块面向档案馆业务人员使用，可以为来馆群众提供档案查阅利用服务，帮助来馆群众查档登记、检索、打印出证等。

（一）自助查档

查档用户可通过窗口接待人员授权的IC卡或用户名密码，登录电子阅览室客户端，查看当前用户授权的档案，对授权档案可进行打印申请，并可指定打印的页数。

1. 开放档案

提供开放档案查询功能，开放档案的范围由档案管理员后台统一发布。

2. 照片档案

提供已发布的照片档案的浏览功能。

3. 音频档案

提供已发布的音频档案的浏览功能。

4. 视频档案

提供已发布的视频档案的浏览功能。

（二）利用登记

提供档案接待利用功能，档案馆接待人员通过该模板完成日常接待工作，包括电子和实体的利用。提供利用单登记查档者身份信息、查档者历史查阅信息查看、电子利用提交审批、实体利用提交审批、实体利用通知库房出库、流程跟踪、利用完毕填写利用效果、利用记录导出、利用登记单打印功能。外设集成模块可以实现与IC卡识别仪、二代身份证识别仪、高拍仪等外设的集成，可以实现身份授权和身份识别（人脸识别、人证对比等）等功能。

（三）查档者管理

提供查档用户信息维护功能，记录所有到馆查询用户的信息，可查看每个查档者历次利用档案记录。撤销授权，对已授权到电子阅览室客户端的查档者，可撤销授权。

（四）查档预约

为减少查档人员的排队等待时间，系统提供查档预约功能，即查档人员在进馆查档之前可先通过电话预约或网络预约等方式进行查档预约，接待利用人员的工作人员根据实际工作情况回复。

（五）借阅车

提供类似购物车功能，主要方便接待利用人员对多次检索结果进行统一借阅登记操作。查档者可从借阅车选择档案填写利用登记单，也可从借阅车中作移除操作。

（六）导入利用库

将档案利用信息包导入利用库。

（七）利用库管理

对导入利用库中的数据进行集中管理，是电子阅览室客户端的后台。数据来源包括档案信息资源总库在线发布的数据、手动维护的数据，支持对电子阅览室系统中展示的开放档案、视频档案、照片档案、音频档案、资料进行维护管理。

（八）档案标注

管理档案利用过程中标注的有错误的档案，可查看利用过程中标记为有错误档案的修改情况。在档案管理员对错误档案修改后，可对修改情况进行确认。

（九）利用流程审批

对档案接待利用过程中，电子利用和实体利用流程的管理。查看当前用户待审批的流程记录；查看当前用户完成审批的流程记录；查看已经办结的流程记录；可以图形化方式查看流程的审批过程。

（十）档案检索

综合检索包含一体化检索、基本检索、高级检索、图谱检索、智能联想等。

1. 一体化检索

支持跨档案类型跨字段的条目一体化检索及全文检索；调用全文检索组件，直接对数据库表进行索引，检索到相应业务的内容。检索结果支持关键字标红；全文检索时，可在全文中对检索关键字进行定位；支持结果中搜索；提供类似电商搜索的筛选标签功能；提供类似百度的搜索结果展示列表；检索方式支持基于索引库检索，同时也支持基于数据库检索；可记录个人历史检索关键字；可记录个人历史浏览记录。

2. 基本检索

用户通过关键字段的输入，确定检索范围，检索所需档案。

3. 高级检索

高级检索需要先选择档案类型，可逻辑组合查询条件对档案条目进行检索。

4. 图谱检索

调用知识图谱智能能力，基于主题（以文书类为试点）全景图谱，用户可进行自主探索式搜索，让用户搜索成为一种挖掘性知识发现。

5. 智能联想

提供词语联想功能，可以在用户输入词语时，系统自动给出联想提示，以方便用户能够更精准地确定检索关键词，调用语料学习组件，通过语料训练、在线学习功能，提供分词的准确性，提高智慧推荐的准确性。

（十一）档案统计

提供档案利用过程中，利用统计报表的展示功能，支持人次、目的、效果、件次、时间等利用统计和用户使用评价功能，满足数字档案馆测评要求。统计结果支持表格、饼图、柱状图、折线图等不同的展示模式，可根据用户需求灵活配置，可形成一个 XLS 格式数据文件。

八、智能协同编研

智能协同编研管理提供完整的档案编研工作流程管理工具，以任务分配形式，提供多人协作共创能力，集众人专业知识力量，提高编研成果质量，同时提供关键段落智能提取和组装功能，减轻编研人员负担，提高效率。该模块面向档案馆业务人员使用，提供馆藏档案以及各类资料，辅助业务人员开展档案编研工作，在线编纂并发布期刊、汇编、相册等多种成果。

（一）任务管理

1. 任务制定

通过任务管理，进行编研任务的制定，将编研人员和编研范围进行设定。支持编研材料的添加 / 取消以及模板的选择，对已添加的编研任务在待办事项中进行体现，建立任务列表展现多个编研任务。

2. 任务监控

对已开始的编研任务进行监控，包括过程、进度、结果等情况。

（二）辅助创作

1. 模板库管理

实现在系统中对各类编研成果的模板配置管理，如期刊、龙华方志等，实现对模板封面、大纲、文体、视频结构等进行配置。

2. 智能摘要与推送

根据主题在模板库中进行模板的匹配筛选，调用自然语言处理组件，通过自然语言处理、知识理解等技术，对一篇文章进行分析后提取出其中的重要信息形成文摘来代表文章的中心思想，结合神经网络算法、聚合算法等技术，根据编研模板的内容要求与规范，在档案库、资料库中提取相应的关键词和信息摘要，将有价值的信息组合形成较为符合编纂规范的文档、视频、相册等，自动生成初稿。

3. 在线编研

可在线按照编研任务、篇目对系统自动生成初稿进行编研，系统自动记录编研人员、编研时间。

4. 同屏编研

在线编撰实时协作，团队共创实时保存。保存的数据作为可借鉴材料，供档案编研人员进行参考。

5. 痕迹对比

随时查看修订记录，并且修订人也能同时查看到，如果对新修订的内容不满意，还可以还原到之前的内容。

（三）审核发布

1. 内容审核

针对编研成果进行内容审核，按照审核流程提供初审、终审。审核不通过内容可以及时反馈编研人员，进行修改后再次审核。

2. 成果发布

实现对专题内容审核后的浏览式查阅，并组织符合条件发布的数据专题对外发布。

3. 成果展示

提供专题条目信息、基本信息等基础数据的浏览，根据访问权限可对各种格式（PDF、TIFF、JPG 等常见文本，图像格式，影像格式）的内容进行浏览。

（四）数据统计

1. 篇目统计

可对编研任务中篇目总数进行统计，可查看具体篇目名称、编研字数、编研人、开始时间、结束时间等。支持编研成果名称或任务名称的检索功能。

2. 总量统计

可对编研总量进行统计，支持可视化展示，可对正在编研的数据、已完成编研的数据等进行统计，可按照时间段进行区间统计。

（五）智能校对

从一份带格式的文书（DOC、HTML）识别出文书头在规格样式、信息格式等方面的错误，并提出修订建议。其中，规格样式包括字体、字体大小、字体颜色、行间距、对齐方式，信息格式包括数据格式和是否必填等。

1. 文书要点比对

自动识别文书体裁，抽取文书要点，发现两个版本之间的要点差异信息，并以二维表展示差异信息。

2. 文书段落比对

分析文书各版本的篇幅内容，将碎片化文书形成结构化段落。识别两个版本之间相同段落在文本上的差异（删除、新增、修改的内容和位置）、各版本删除或新增段落。

3. 段落颠倒比对

计算两个版本之间对应段落的相似度，找到两个版本的“相同”段落及显示次序，发现这两个版本显示顺序颠倒的“相同”段落，并提出修订意见。

4. 表格内容比对

识别文书中的表格，支持表单、列表形态，也可识别无表格框线，行、列位置明确的表格。分析表格内容，发现同位置单元格中文本差异信息。调用文字校对组件，针对内容错别字、专业术语不当、领导称谓排位错误、段落重复、病句、标点符号不正确、样式规格、信息格式等错误进行识别，并给出修订意见。

九、虚拟库房管理

虚拟库房管理将实体库房虚拟到计算机终端，对用户单位库房和实体档案进行信息化管理，主要体现在档案库房管理的智能化、图形化、集成化和安全化。为实现库房的无纸化、自动化管理，虚拟库房管理系统还可以集成电动密集架等库房电子设备，通过软件直接驱动设备，自动获取数据。功能包含实体档案上架、档案出入库、档案盘点等操作。该模块面向档案馆业务人员使用，辅助业务人员对实体档案进行管理，包括库房档案的出入库登记、上架下架管理、盘点、库房环境设备管理等。

档案实体出入库的典型流程。（见图 3–4）

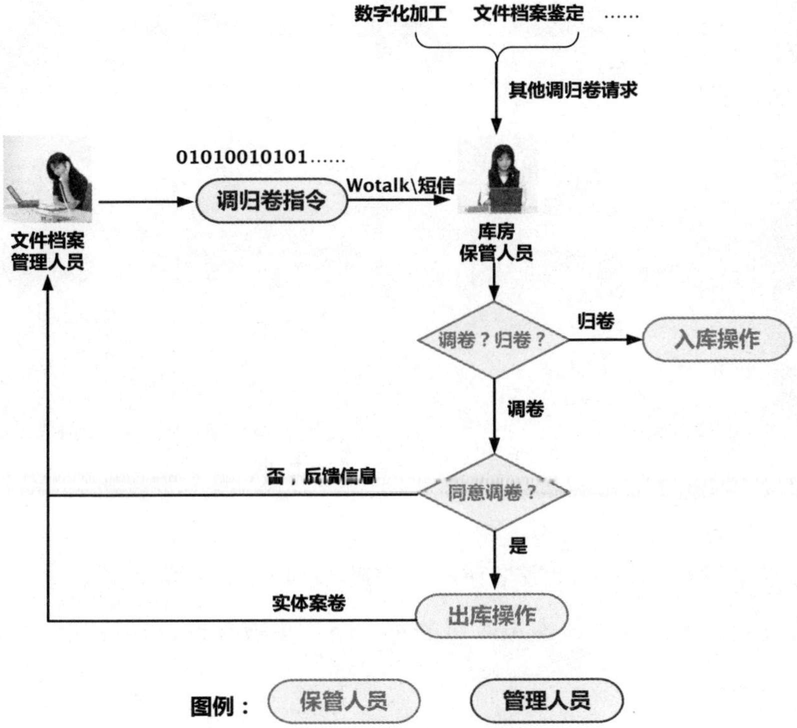

图 3–4　虚拟库房管理图

档案管理人员需要进行调归卷操作时，系统根据调归卷的相关信息，检查该档案所处库房，通知该库房的管理人员，由管理人员进行出库入库操作。

（一）库房管理

1. 库房设置

库房管理员可根据本馆实体库房情况进行虚拟库房的创建，包括密集架的层数、节数和格位容量等基础信息的设置，库房创建完成后自动生成 2D 库房平面图，实现虚拟库房与实体库房的 1:1 还原。可根据用户单位实际的库房情况，创建虚拟库房。支持设置库房区域的初始化工作，包括密集架的层数、节数和格位容量等基础信息的设置。根据虚拟库房设定的初始值，自动生成库房 2D 平面图，支持库房平面图和列表两种展示方式。（见图 3-5）

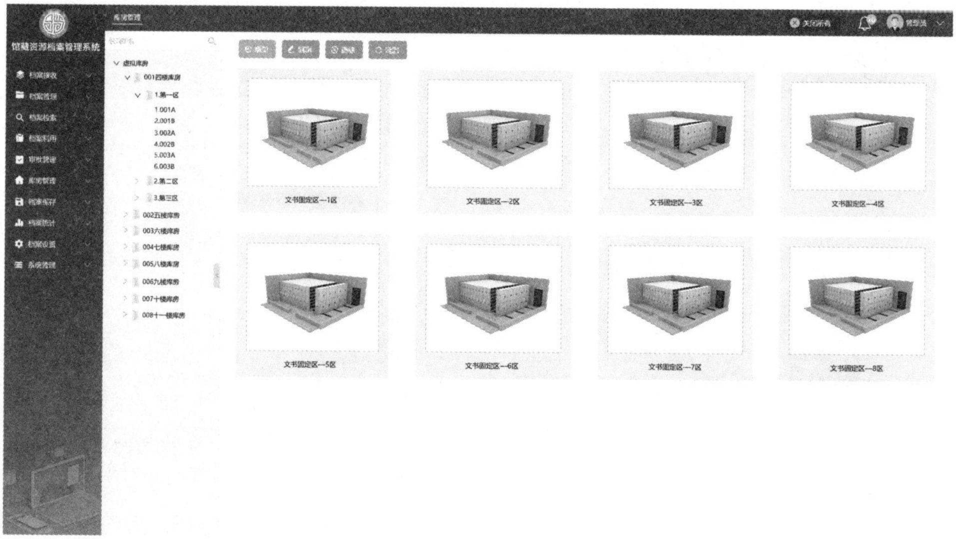

图 3-5 库房管理 2D 平面图

2. 存址设置

通过本模块可设置库房格位存址的生成规则，虚拟库房创建时，模块会根据设置的存址规则给虚拟库房的每个格位生成存址，模块预设多种存址规则。

3. 档案上架

该模块主要用于档案上架操作。库房管理员根据库房位存放档案的实际情况，提供图形上架、快速上架、Excel 导入批量上架方式，将档案目录上架到虚拟库房的对应格位中，实现档案位置指示，便于库房管理员快速定位到档案存放位置。提供通过档案目录指定存址快速上架；提供批量上架，上架时可以设定档号区间范围；提供图形化上架。（见图 3-6）

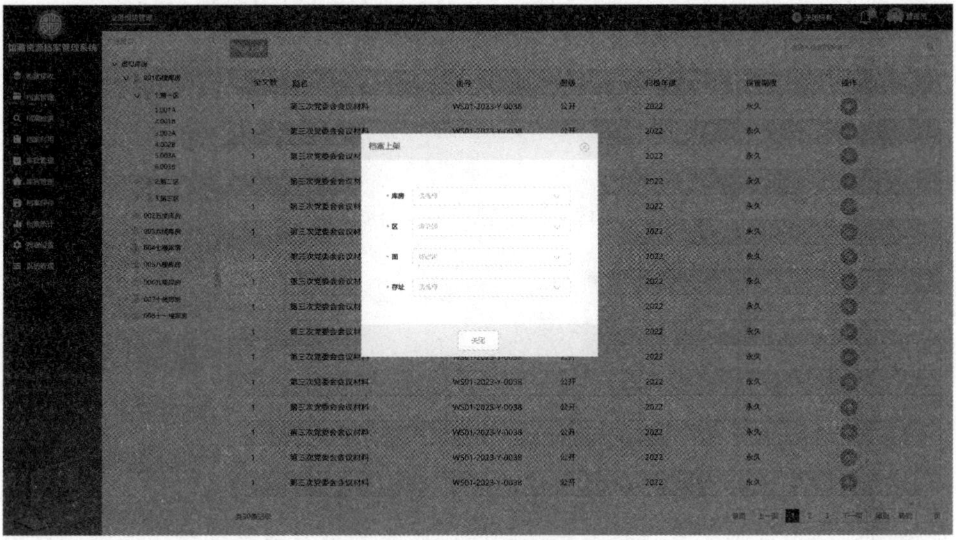

图 3-6　档案上架界面图

4. 档案出入库

该模块主要用于档案出入库操作。对档案实体因业务工作需要如档案利用、档案修复、档案编研和数字化加工等需要出库，支持图形出库、检索出库和批次出库三种出库方式，对已出库的记录可执行入库操作。

（1）图形出库

在二维图形中点击档案进行出库操作。

（2）检索出库

通过检索方式对需要出库的档案进行出库。

（3）批次出库

创建出库单明确出库原因后，调取要出库的档案目录进行出库。

5. 档案移库

该模块主要用于档案移库操作。随着进馆档案数量的日益增加，档案的实际存放位置可能有所调整，针对这种情况，可根据库房实际情况，同步进行虚拟库房档案存址的调整。支持档案同架、不同架、不同库房之间的移动。库房管理员可通过图形移库、快速移库和批次移库三种方式进行移库。

（1）图形移库

以图形化浏览的方式进行档案移库。

（2）快速移库

通过输入新的存址号更新档案存址，实现快速移库。

（3）批次移库

通过 Excel 导入进行批次移库。

6. 库房盘点

该模块主要用于库房盘点操作。库房管理员可对库房中的各类档案的盘点情况进行记录和维护，对库房信息进行查询和盘点，确认档案实体的具体存放位置是否正确。支持基本检索和库房检索两种方式添加盘点明细。支出盘点明细导出，用于人工线下盘点，导出时默认导出档案存址、档号 / 盒号字段，可选择其他导出字段。盘点结束后，可生成盘点报告，更新盘点结果，打印报告。

7. 保管状况管理

对库房实体档案保管状况的辅助管理，以便库房管理员能够及时对保管状况有问题的档案进行消毒或修复处理。可对实体档案保管状况检查情况维护，如破损、脱页、脆黄、霉变、虫蛀和褪色。同一实体档案支持多种保管状况问题维护，如，同一个档案目录同时存在脱页、霉变问题。可根据保管状况同步生成消毒和修复的批次，便于库房管理员进行线下档案消毒处理、档案修复处理。在库房浏览时，可查看各格位档案的保管状况情况。

（二）日常管理

1. 安全检查登记

该模块主要提供库房安全的检查登记功能。库房管理员可以记录各个库房的安全检查登记情况，如检查类型、检查描述等情况。

2. 设备检查登记

该模块主要提供库房设备的检查登记功能。库房管理员可记录各库房的设备检查登记情况，包括设备的名称、型号和检查情况描述。

3. 保管状况管理

对库房实体保管状况的辅助管理，如，可对有破损、霉变、脱页、脆黄等保管状况有问题的档案进行修复管理，修复完成后在系统中登记修复记录及修复结果。

4. 人员出入库管理

该模块主要用于对人员出入库信息进行管理。库房管理员可对人员进出库房情况进行记录，如人员信息、出入库房时间和原因等。

5. 库房灭菌杀虫管理

系统支持对灭菌杀虫的数据报表进行导出，手动登记库房灭菌杀虫记录，通过设定灭菌杀虫管理频率如周 / 次、月 / 次等，并支持提醒功能，并且可根据记录的库房灭菌杀虫记录登记日报、周报、月报、季报、年报。

6. 温湿度管理

支持与库房温湿度传感器设备集成获取温湿度数据、手动登记库房温湿度数据，通过设定温湿度的阈值，提供警示功能；并且可根据记录的温湿度数据自动生成温湿度统计数据。

（三）库房浏览

提供二维库房浏览功能，不仅可以通过库房二维平面图直观地查看各库房、区、面、密集架、格位的容积率，还可查看库房的基本信息、上架记录

和出入库记录。支持直接对格位中存放的档案进行在线浏览。（见图 3-7）

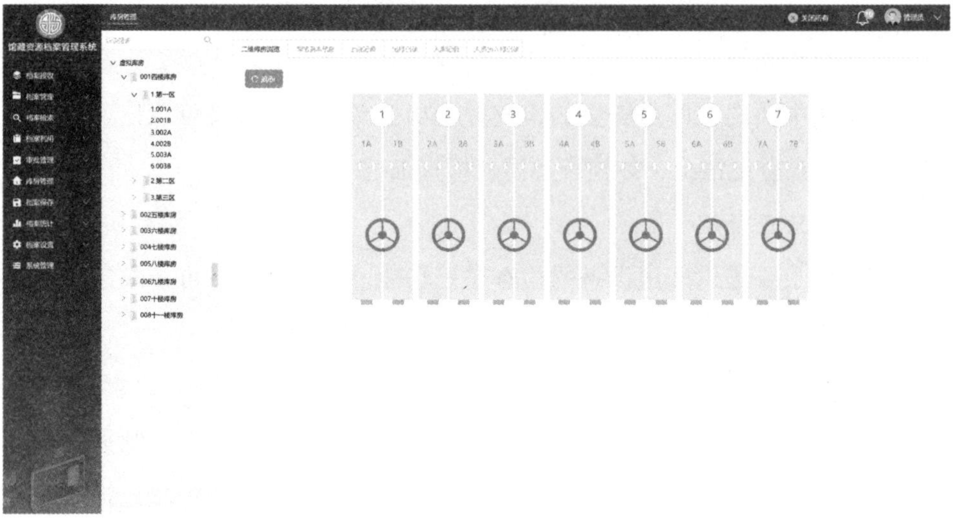

图 3-7　库房浏览界面图

（四）库房统计

提供库房相关统计功能，如库房的出入库情况统计、库房的容积率统计和档案保管状况统计等。统计形式支持表格、饼图、柱状图和折线图等不同的展示模式，并可进行扩展和调整。（见图 3-8）

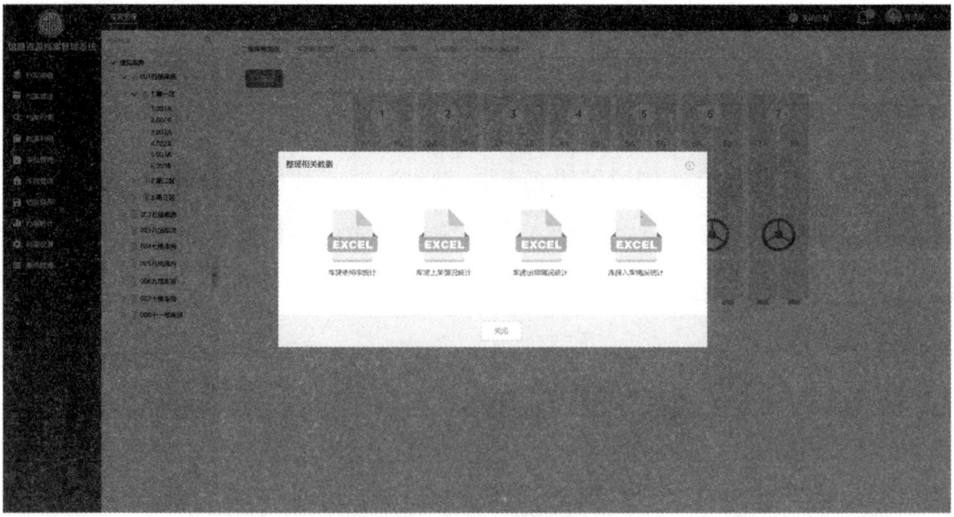

图 3-8　库房统计界面图

十、档案业务智能化管理

（一）档案进馆情况预测

基于档案AI智能平台，新建进馆档案预测模型算法，通过获取和处理历年进馆档案数据，分析主要影响因素，使用多个模型算法进行训练，预测未来进馆电子档案、实体档案情况，为档案馆准备相应的存储空间、库房密集架等提供辅助决策。根据进馆档案预测模型，可以按照案卷、文件、资料、图书等分类对未来几年内各类档案资料的进馆数量进行预测，也可以按照年份，预测未来几年内，每年各类档案资料的进馆数量。同时，也可在现有进馆档案预测模型的基础上，用新进馆的档案数据来充实数据模型，完善数据模型，提高数据预测的准确率。

（二）智能档案整理

基于档案AI智能平台，智能档案整理模型算法，基于人工智能辅助档案整理，将档案整理人员从枯燥、繁重的整理工作中解放出来。通过自然语言处理技术对档案内容进行理解，并通过不断训练和学习，实现档案自动排序、分类、摘要和关键词自动提取，实现档案整理自动化和便捷化，有效提升档案整理工作的效率和准确性。

1.建立辅助整理模型，便于经过分析提出整理意见

（1）建立训练分类模型

通过分类聚类计算+机器学习训练技术对规则表的分析与模拟训练，对于文本不同类别进行模型训练、分析、优化及最终的构建。在提取规则模型创建后，在档案业务场景中实现系统对电子档案内容识别，对档案进行自动分类。档案管理人员在档案整理业务中，可以使用智能提取来快速地得到系统分析计算后推荐的分类结果，从而大幅减少档案管理人员通过手工分类并

输入的烦琐步骤。该模型不限以下维度构成：全宗属性，档案门类，公开属性，互联网属性，内容敏感性等。支持授权用户手工新增整理模型维度及其值域，授权用户手工删除整理模型维度；通过机器学习自动新增、授权用户手工新增全宗属性维度的敏感全宗，授权用户手工删除全宗属性维度的敏感全宗。支持授权用户手工新增内容涉敏类别维度的敏感类别，授权用户手工删除内容涉敏类别维度的敏感类别。

（2）建立辅助整理规则

通过自然语言处理分析，为辅助整理对象的整理模型各个维度赋值，根据辅助整理规则给出辅助整理意见。一个辅助整理规则由一个或多个维度组成。系统应支持用户设定、新增、修改、删除辅助整理模型维度，支持用户设定、新增、修改、删除辅助整理规则，支持在每个规则内维度之间使用逻辑运算。

2. 辅助整理成果自动推荐

辅助整理成果包括档案的门类、编号、关键词、摘要、参考鉴定意见等，该成果将以条目方式自动推送至系统，便于用户直观判断和处理。

3. 辅助整理成果库的检索、展示

授权用户可多途径检索、查阅辅助整理成果库条目，支持根据授权用户的检索、选择等进行全量、批量或单条目录式展示。支持根据用户选择全量或批量、单条打印输出为纸质文档。

4. 辅助整理成果的分析验证

系统形成的辅助整理成果可不断与之前形成的相应辅助整理成果进行比较、验证，并在辅助整理成果库中的分析验证元数据中记录比对结果：一致、不一致等，并报告批次、总的辅助整理与实际整理一致的比率。

（三）智能档案鉴定

基于档案 AI 智能平台，新建智能档案鉴定模型算法，通过文本分析中的相关词分析及文本分类技术对档案内容进行理解、深度学习，自动推荐该档案的保存价值及保管期限，进行档案辅助鉴定，改变传统人工鉴定的方式，将档案鉴定人员从重复、繁重的脑力判断工作中解放出来，有效提升了档案鉴定的效率和准确性。通过电子档案元数据以及原文的信息与敏感词信息的相关性，自动识别密件，避免敏感词信息泄露的风险，通过对于鉴定相关的规范标准内容进行相关词分析及文本分类的模型训练，协助档案管理员进行档案鉴定，档案管理员只需对档案鉴定标准进行把控，系统将自动鉴定分析，推荐鉴定结果，保证鉴定结果的准确性。（见图 3-9）

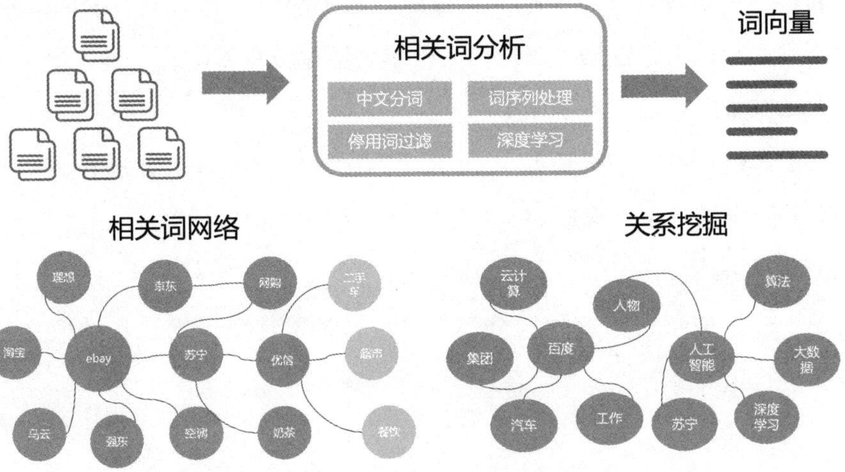

图 3-9　智能档案鉴定图一

相关词分析结果查看。（见图 3-10）

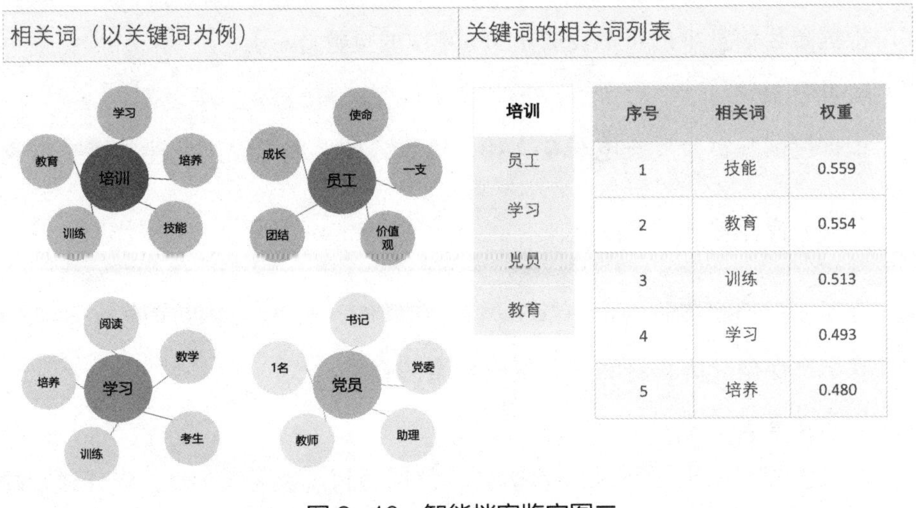

序号	相关词	权重
1	技能	0.559
2	教育	0.554
3	训练	0.513
4	学习	0.493
5	培养	0.480

图 3-10　智能档案鉴定图二

（四）智能质量控制

基于档案AI智能平台，新建档案著录检测模型算法，通过题名、责任者、文号、日期、页数等信息点，检测著录项，以提高档案著录质量。

1. 题名

抽取条目信息中的题名与OCR文本中的信息进行比对，第一次全量抽取，若不包含则进行第二次抽取，按照题名中间后半部分进行抽取，若还是比对不到，则认为不合格（照片档案中题名不包含左或中或右进行提示）。

2. 责任者

抽取条目信息中的责任者与OCR文本中的信息进行比对，第一次全量抽取，若不包含进行第二次抽取，按照4个汉字进行抽取比对。

3. 文号

第一步抽取条目信息中的全部文号进行抽取比对，第二步抽取文号前4个汉字进行比对。

4. 日期

抽取条目信息中的全量日期进行抽取比对（8位数字自动转换为带年月日的日期）。

5. 页数

根据条目信息中的页数反查PDF/OFD的页数。

6. 挂接错误

根据题名、页数反查电子全文相关信息，如发现错误则标注并提交修改。

（五）智能接收识别

为了实现档案接收去重，基于档案AI智能平台的文本搜索能力，新建档案接收识别模型算法，目的是对接收档案的查重。

1. 目录查重

对接收档案的电子目录元数据项，包括题目、文号等信息点与已接收档案电子目录作比对，重复率在设定值以上的给予提示。

2. 全文查重

基于文本搜索能力，对电子全文进行查重，重复率在设定值以上的给予提示。

十一、档案数据资源

提供数据支撑能力，包括数据汇聚、数据资产管理和数据服务体系等。通过数据资源平台建设，打破数据壁垒，统一数据规范，可实现多系统、多行业的数据分析和利用。

（一）数据库建设

1. 档案来源

包括部门数据仓和长久保存库，部门数据仓为各立档单位室藏档案数据资源，存储立档单位档案原生数据、过程数据和衍生数据；长久保存库存储区档案馆馆藏档案数据、过程数据以及衍生数据。

2. 档案属性

根据档案属性，档案基础数据包括：档案目录数据，全文数据，多媒体数据，元数据。

（1）档案目录资源数据

档案目录资源数据包含着文书、科技、会计、照片、音视频、专题等档案目录，此外还包括现行文件、开放目录等目录数据，从长远看，图书、情报、文献以及人口、法人单位、基础地理信息、工商、税务、土地、农业资源等基础数据库等也可纳入目录资源总库的建设。

（2）全文数据

包括各类文本等以二进制形态存在的数据文件，其存在的格式多样，包含着文书、科技、会计、照片、音视频、专题等档案文件。全文数据的收集、存储、管理、利用都可以在网络上借助于计算机、存储系统等数字设备和数字技术来完成。全文数据是非结构化数据，通过封装和内容管理体系实现存储。

（3）多媒体数据

包括录音、录像、影片等以二进制形态存在的数据文件，以及字画、照片等电子信息化后以二进制形态存在的数据文件。

（4）元数据

描述电子档案数据属性的数据，包括电子档案的内容、结构、背景、文件处理软件、文字处理软件及其整个管理过程等数据。元数据专门用于电子档案的管理，以保证电子档案的真实性、完整性、可用性和安全性。

过程数据：档案管理数据、系统维护数据库、业务管理数据库。档案管理数据：档案从产生到消亡有一个过程，这就是档案的“生命周期”。在这个过程中不同阶段会对应产生反映档案存在的多种数据，如档案接收信息、整理维护信息、利用编研信息、鉴定销毁信息、保管迁移信息等，将这些信息保存起来就形成了管理过程数据库。系统维护数据库：系统维护数据包含组织机构、系统用户、角色权限、业务编码、日志审计等维护类数据，为系统正常运行提供基础支持。业务管理数据库：用户利用档案等行为记录，用于大数据分析等。

衍生数据：共享数据、专题数据、分析结果数据。共享数据：共享数据为各单位经过档案鉴定为可开放的档案数据，开放等级分为条目开放、条目及全文开放两种；此数据库数据可根据权限供各单位查阅利用。专题数据：专题数据为按照专题进行分类后的档案数据，如婚姻专题档案、出生医学专题档案、不动产专题档案、疫情专题档案、政策专题档案等。分析结果数据：根据档案管理业务过程数据分析产出的结果数据，如利用高频档案、档案接收年增长率等。

（二）数据采集

1. 数据接入

（1）数据接口采集

通过数据接口，在线采集档案数据信息。

（2）批量数据接入

具备离线数据的全量、一次性增量、周期性增量数据的数据采集能力。

（3）全量采集

在配置数据采集任务时，选择数据源及库表，不设置相应的过滤条件，即可实现对源端数据表全量数据的采集。全量采集一般用在一次性批量数据采集。

（4）增量读取

在配置数据采集任务时，选择数据源及库表后，通过对对象及时间周期等通过设置过滤条件，来选择性的实现数据增量采集。同时通过设置任务的调度周期为一次性任务还是周期性任务来实现灵活的数据采集，以满足不同场景的需求。

（5）实时数据接入

可以满足数据库、消息队列等场景下业务数据的实时采集，包括对接库房环境监控系统等，实时接入库房环境监控数据。

2. 数据源管理

通过数据源管理，可以快速访问数据源的数据对象，数据源管理为不同类型的数据源提供模板，进行统一、标准化管理，为调度夯实基础能力。

（1）目录管理

为了方便对数据源进行管理和使用，系统提供对数据源按照目录进行分类管理的功能，支持多级目录的构建，添加的数据源归属到对应的目录中，方便查询和使用。所有的数据源都需要归属到某个目录中，用户可以按需自定义根目录及相应的子目录。

（2）数据源配置管理

系统提供模板化、向导式的方式帮助用户更方便、快捷地创建数据源信息。提供新增数据源、数据源查询、数据源复制功能。

（3）数据源维护管理

对已创建的数据源，在数据源列表中，系统提供测试连接、修改、删除及刷新等功能，方便用户对数据源进行日常维护和管理。

（4）系统数据来源

主要有归档信息包、档案室移交信息包、数字化加工成果、征集档案、其他监控数据等。具体可获取数据项如表 3–1 所示：

表 3–1　系统数据来源分析表

序号	数据类型	数据项	来源	更新方式
1	归档信息包	条日数据、全文数据、元数据……	业务系统	实时
2	档案室移交信息包	条目数据、全文数据、元数据……	数字档案室系统	实时
3	数字化加工成果	条目、全文	离线导入	实时
4	征集档案	条目、全文、过程信息	离线导入	实时
5	其他监控数据	温湿度监控数据等	监控系统	实时

3. 任务管理

（1）任务管理视图

系统提供统一的数据采集任务管理视图，实现对任务的集中管理和维护。

（2）任务配置

包括创建任务、任务复制、调度配置、参数配置、依赖关系配置。

（3）任务维护管理

包括任务查询、任务维护。

4. 四库分离

主要建设电子档案接收临时库、电子档案管理库、电子档案利用库和电子档案长期保存库。（见图 3–11）

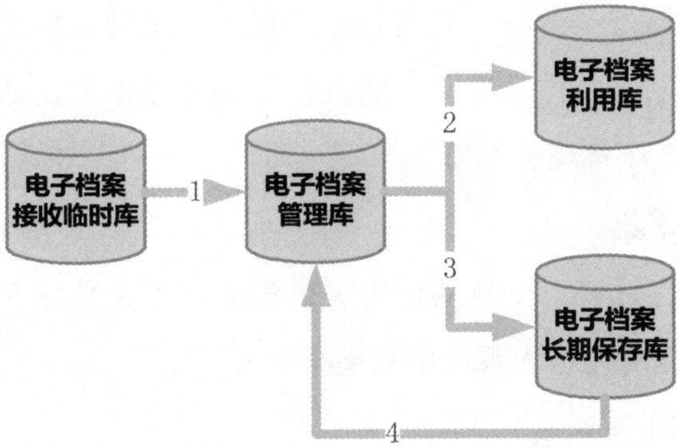

图 3-11　电子档案四库分离图

立档单位移交电子档案后，电子档案首先进入电子档案接收临时库中保存，当电子档案通过接收检查、四性检测后，进入电子档案管理库中。电子档案管理库中的电子档案经数据发布后，进入电子档案利用库提供检索利用。电子档案管理库中的电子档案通过数据封装、格式转换后，同时进入电子档案长期保存库进行长期保存。为了实现电子档案的长期保存，须定期对长期保存库中的数据进行检测，对于不再符合长期保存要求的数据须进行迁移，迁移时须将长期保存库中的数据取出重新进入管理库，完成迁移之后再回到长期保存库。另外，电子档案管理库中的电子档案若由于某种原因遭到破坏或者数据丢失，可以通过电子档案长期保存库进行数据恢复。电子档案长期保存库中的电子档案若需要发布利用，也可以通过电子档案管理库的相关操作发布到电子档案利用库中提供利用。

（三）数据治理

1. 元数据治理

（1）元数据配置

可以配置不同类型数据的元数据方案编号、中文名称、英文名称、约束性、重复性、数据类型、值域、数据长度等。

（2）元数据捕获

采集档案数据过程中，系统可以将电子档案和元数据一起采集到系统中。

元数据的捕获采集一方面利用通用数据采集工具实现元数据的采集，另一方面系统自动判断电子文件类型，并捕获相应的元数据（比如文件名、文件类型、文件大小、系统环境，等等）。

（3）元数据采集

能够适应异构环境，支持从传统关系型数据库、数据产生系统、数据加工处理系统、数据应用报表系统中采集全量元数据。

（4）元数据识别

从本身不包含元数据信息的数据（比如非结构化数据）中提取特征，并以此识别元数据。针对不同类型的电子文件，系统支持捕获的元数据也不同，比如，对于符合标准公文格式的版式文件，通过分析文件格式和内容，可以自动提取题名、文件编号、主题词等信息；对于数码照片，可以自动提取拍照日期、色彩空间、像素、高度、宽度等技术性元数据及标题、作者等文件摘要内容；对于音频文件，可以自动提取比特率、采样精度、采样率、声道数、时长等技术性元数据；对于视频文件，可以自动提取编码标准、色彩空间、帧速率、比特率、帧大小、采样精度、画面长宽比、音频编码标准、音频比特率、音频采样率、声道数、时长等元数据；对于扫描文件，可以自动捕获扫描分辨率、扫描色彩模式、图像压缩技术等元数据。

（5）元数据维护

建立档案元数据管理，统一管理元数据库，对系统的各类数据进行规范控制，包括元模型维护、元数据采集、元数据维护、元数据分析等。

（6）元数据分类

根据业务特点和管理的需要，动态分类元数据（包括技术元数据、业务元数据和管理元数据等）。

（7）元数据展示

根据类别、类型等信息，展示各个数据实体的信息及其分布情况，数据实体间的组合、依赖关系，以及数据实体加工处理上下游的逻辑关系。

（8）元数据搜索

根据数据源的库、类型等搜索元数据信息。

（9）元数据应用

利用元数据发现数据之间的关联性，通过数据地图、数据字典、数据血缘三个方面保证元数据标准。同时对主题、维度、指标进行一致性定义和管理解决数据生产过程中的质量问题。

2. 标签维护

提供 ETL 数据清洗功能，实现档案数据纯净化的同时进行结构化处理。经过结构化的数据，拥有静态标签、动态标签、关系标签和场景标签等多类标签。可通过标签快速进行组合筛选，查找相关档案数据。

（1）标签建立

标签的建立是从大数据应用落地点出发，帮助档案管理者从业务需求的角度有效地整合各类档案数据，大大降低搭建大数据应用系统当中绝大部分的系统工程工作。

（2）标签支持的资源类型

标签主要包括：静态标签、动态标签、关系型数据库、场景标签等，以上电子数据资源通过实体对象的导入，可以人工定义各类标签模型，进行标签同步以及制作衍生标签。

3. 标签模型

根据档案数据资源常用的标签分类。通过考虑数据情况、分析数据内容，将数据进行结构化处理，适应数据内容定制化，生成基础标签、类型标签、通用标签、特殊标签及关系型标签等，结合专业词库和规则库建设，运用大数据算法形成自动分类模型，使数据定位更精准，匹配更智能。

4. 标签服务

标签组合在前端保存为标签计算的逻辑，生成一张虚拟表。在大数据环境下提供快速计算，新标签并不实际生成物理表，不同的新标签在页面可以快速嵌套使用，创建更贴近业务的标签组合。标签组合在实际业务中被高频使用或成为核心标签，则推荐发布为新的标签，将虚拟表标签化，在前端页面直接发布成为新标签。业务人员能自主生成标签、使用标签。大量临时生成的新标签并不会落到物理表上，减少了系统的冗余，而且在每次虚拟表使用时，实时计算虚拟表逻辑，获取详情，也可以发布成为API供其他系统使用。

5. 词库维护

在档案利用中需要建立词库，即根据档案数据特性，对搜索引擎词库进行维护，方便用户查档利用时实现便捷高效检索。

6. 词库建设

通过知识图谱技术，对现有档案数据进行分析，建立全面的、专业的辞海词库。

7. 新词发现

支持通过人工智能技术，快速绘制全网知识图谱，将与新词中相关的词汇进行智能推荐，形成新词词库。支持将新词词库导入现有词库。

8. 人脸库

实现图片、视频等数据中大量人脸的结构化处理。人脸图片特征提取，从人脸图片中检测人脸，并提取各个人脸的特征向量和抠取的人脸图片。人脸视频解析，通过解析视频，检测、跟踪并抓取人脸，并提取抓取人脸的特征值。人脸聚类库录入，将人脸图片或者特征录入到指定的聚类人脸库，通过聚类算法，将同一个人聚到一起，并归档为同一个ID。

（四）数据分析

按照档案业务监管要求，根据计算公式从系统中抽取计算因子并进行计算，将整体智治需要的数据指标产出。

（1）馆藏数字化率

结合馆藏应数字化数量（件）、馆藏已数字化数量（件），计算馆藏数字化率（%）。

（2）实体档案接收同步数字化率

结合接收实体数量（件）、同步接收数字化复制件数量（件），计算同步数字化率（%）。

（3）档案接收抽检

结合抽检次数、合格次数，计算合格率。

（4）全宗卷管理，即档案馆的全宗卷数量及完整度情况

按全宗卷内容（全宗介绍、收集、整理、鉴定、保管、统计、利用、新技术、综合全宗）计算各项完整率。

（5）新接收档案预审率

结合年度接收单位数量（家）、年度开放预审单位数量（家），计算新接收档案预审率。

（6）新接收档案开放率

结合年度新接收数量（件）、年度开放数量（件），计算新接收档案开放率。

（7）档案开放率

结合到期档案数量（件）、开放档案数量（件），计算档案开放率（%），并结合截至本年度档案平均开放率和截止上一年度档案平均开放率计算开放率增幅（%）。

（8）馆藏档案分期开放率

结合分期的开放档案总量、分期的档案总量，计算分期开放率。

（9）档案共享率

结合本年度新增量、截止到上一年度总量，计算增长率。

（10）全宗覆盖率

结合档案全宗单位数量（个）、档案形成单位数量（个），计算全宗覆盖率。

（11）数据分析

对馆藏档案数据、档案接收数据、档案数字化、库房管理、档案接待利

用、服务质量、用户查档倾向、档案利用大数据等进行综合分析，辅助决策。

（五）数据利用

1. 数据访问

数据访问层主要是实现读写分离，将偏向应用的查询等能力与计算能力剥离，包括实时查询、多维查询、常规查询等应用场景。

2. 数据调用

根据档案的特点不同划分不同类别的应用，结合数据分析向相关部门主动推送专题档案数据，提供精准化服务。

3. 数据共享交换

包括组织内部和组织之间的数据交换，共享方式分为库表、文件、API 接口三种共享方式。库表共享比较直接，文件共享方式通过 ETL 工具做一个反向的数据交换，API 接口方式能够让中心数据仓库保留数据所有权，把数据使用权通过 API 接口的形式进行了转移。API 接口共享可以使用 API 网关实现，提供自动化的接口生成、申请审核、限流限并发、多用户隔离、调用统计、调用审计、黑白名单、调用监控、质量监控等功能。

4. 数据封装

一般采用基于 XML 的封装方式组织档案数据，按照《电子档案移交与接收办法》要求，对待移交电子档案数据进行封装打包，移交电子档案的存储结构如图。（见图 3-12）

（六）历史数据迁移

对档案馆原有系统历史数据进行迁移，是异构系统、异构数据结构的数据迁移。数据迁移内容包括：结构化数据的档案目录数据、非结构化的影像数据。

1. 数据迁移目标

（1）保证系统正常运行

历史数据迁移是异构系统和异构数据结构，因此在数据转换过程中，由于原有的系统数据的复杂性，给数据转换工作带来了很大的难度，为了在迁移目标系统启动后不影响原系统正常的业务，因此数据转换完成后，必须保证迁移目标系统的正常运行。

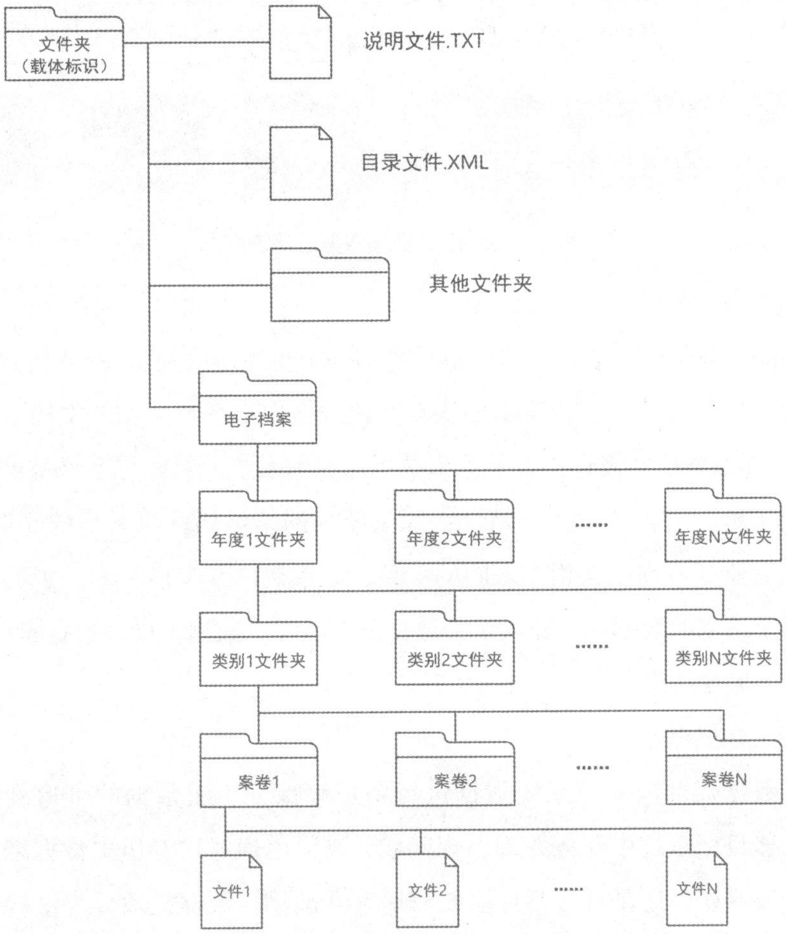

图3-12　电子档案数据封装图

（2）保证原有系统在迁移目标系统中的独立性

原系统是独立运行的系统，数据在迁移目标系统中虽然是集中存放的，但是各个系统由于存在业务上的差别，数据在逻辑上应当保持一定的独立性。

（3）系统整合的目标

保证数据迁移无遗漏，保证档案查档业务的正常办理。

2. 数据迁移步骤

数据迁移包括前期准备、迁移设计、提取整理、数据转换、数据导入、数据核对六个阶段。数据迁移的整个工作流程见图 3-13。

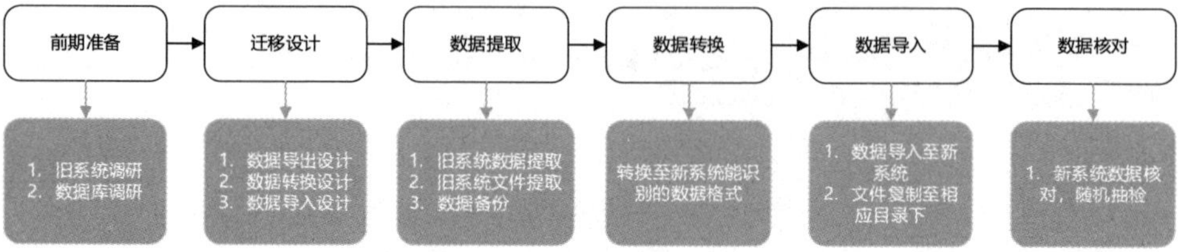

图 3-13　电子档案数据迁移流程图

（1）前期准备

前期准备是整个数据迁移中最重要的一个步骤，也是至关重要的一部分。在进行数据提取工作前，需要先认真阅读或梳理出系统的相关文档，如《数据字典》《系统概要设计报告》等来熟悉原有的系统。对原有系统做一次彻底的全面了解，主要了解如下情况：原系统的网络结构；原系统的业务范围、存在几套业务系统以及相互之间的关系；原系统的开发商、开发工具、开发平台以及采用的数据库；原系统的数据分布状况、数据范围、数据量大小等；原系统的数据结构。

（2）数据提取

在数据提取前对原系统数据进行备份以保证历史数据的可追溯性。一旦在迁移目标系统中业务办理出现问题，则可以通过追溯历史数据来判断是数据转换错误，还是迁移目标系统程序存在漏洞。数据提取分为结构化数据提取，即现行文件目录数据提取和影像文件数据提取（不同数据库可以使用 Excel 导入导出）。完成目录数据提取后，根据数据库中目录数据和文件数据的对应关系提取影像文件数据。提取完成存放在单独的离线移动存储设备中。提取完成后，需要完成数据核对工作，即目录数据和档案实体数据的核对工作，确认无误后再进入下一环节。

（3）数据转换

数据转换就是将整理后的数据，依照前期准备工作将原系统的表字段进行准备，并写入到迁移目标系统。此步骤主要是将数据进行转换，将原系统获取的所有字段新建至迁移目标系统中的对应表里。

（4）数据导入

将提取的数据导入至相应的表中（可直接在后台数据库中进行导入），并检查相应的数量、结构是否正常，将文件复制到相应目录中。

（5）数据核对

将导入迁移目标系统的数据与原系统进行核对，包括现行文件目录数据和影像文件数据是否准确，以及相应的关联关系。

（七）迁移保障措施

1. 数据备份

在数据提取前对原系统数据进行备份以保证历史数据的可追溯性。一旦在迁移目标系统中业务办理出现问题，则可以通过追溯历史数据来判断是数据转换错误，还是迁移目标系统程序存在漏洞。

2. 迁移前后校验

通过接口实现系统间数据迁移传输，在发送时对每一份档案进行摘要计算，在接收时进行摘要校验，确保迁移数据的真实性、可追溯性。

3. 切换选择

系统切换有两种方式，一种是新旧系统并轨运行，一种是迁移目标系统单轨运行。

（1）新旧系统并轨运行

方法一以旧系统为主，迁移目标系统为辅，在时机成熟的时候再切换到迁移目标系统运行。方法二以迁移目标系统为主，旧系统为辅，旧系统只是验证迁移目标系统业务办理的正确与否。

（2）迁移目标系统单轨运行

由于直接采用迁移目标系统，存在一定的风险，可以通过加大测试力度来降低风险。

综上所述，我们建议采用第二种方式，就是迁移目标系统为主，原系统为辅的方式。

（八）迁移关键技术

1. 档案目录和文件数据提取软件

档案目录数据提取软件是通过对档案馆现有馆藏系统的数据结构进行分析的基础上，针对文书、音视频等各类档案数据的规律和数据存储规则来开发批量数据提取软件。（见图 3-14）

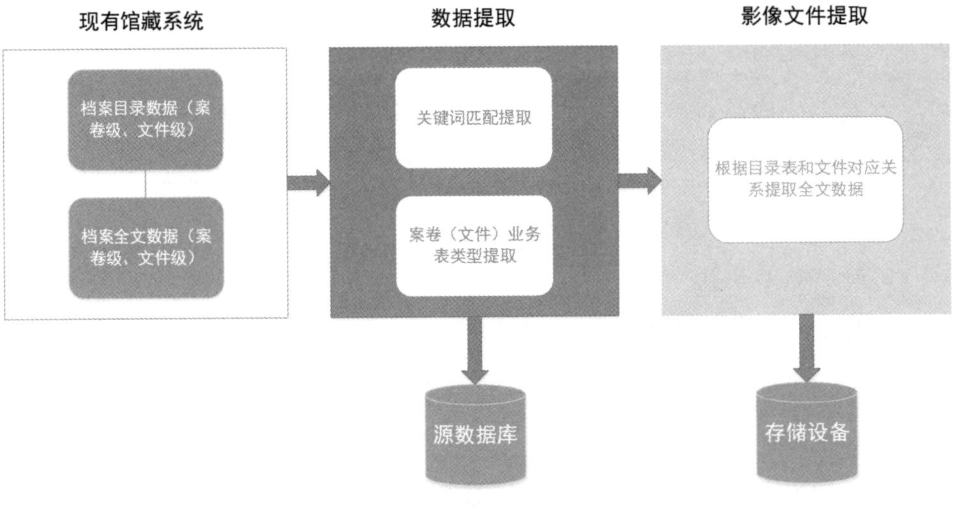

图 3-14　档案目录和数据提取图

2. 数据转换软件

数据转换软件是通过异构数据库设定的数据对应策略来完成大数据量的批量转换工具，可以提高效率。（见图 3-15）

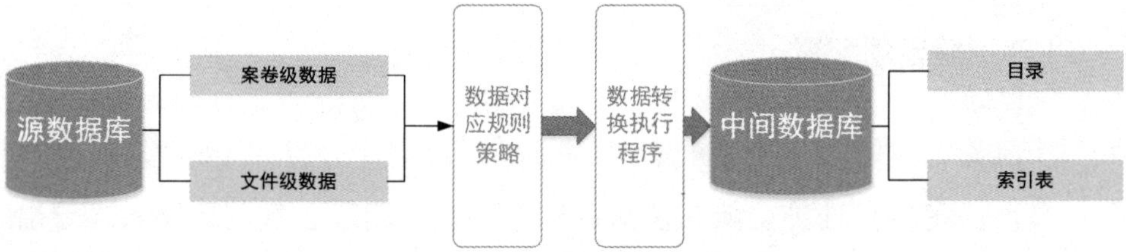

图 3-15 档案数据转换图

十二、业务管理后台

档案馆系统管理人员使用业务管理后台模块，设置系统管理员、安全员、审计员三个角色。三个角色相互制约，对整个系统进行初始化、参数配置、用户、角色、日常系统维护、日常安全和保密管理、审计跟踪、分析和监督检查。该模块具备档案设置、应用管理、系统管理等功能模块。系统管理具备组织管理、权限管理、用户管理、角色管理和日志管理等功能。

（一）用户管理

提供用户管理，对系统用户进行维护，包含新增、修改、删除、授予角色、改变组织等操作；可进行 Excel 导入导出操作。

（二）角色管理

提供角色管理，对系统角色进行维护，包含新增、修改、删除操作；可进行 Excel 导入导出操作。

（三）全宗维护

对全宗信息进行维护，记录每个全宗单位的基本情况信息。当全宗发生变更（如撤销、合并、分离等）时，能及时记录新的全宗情况，保持现有全宗和历史全宗之间的对应关系。

（四）后台项配置

1. 门类

提供档案门类维护功能，包括创建、修改、删除、复制、导入、导出。提供档案元数据维护功能，包括电子目录信息、文件属性信息、业务行为信息等。提供档案门类著录界面、列表项、检索项、排序项的自定义设置功能。

2. 档案树

提供以档案树的方式支持分类定义功能，包括新增、修改、删除、复制功能。分类方式支持扩展，如根据立档单位、档案门类、年度、保管期限等。

3. 档案分类

结合分类模板的层级设置各单位的归档范围。

4. 分类模板

定义各档案门类的分类层级。

5. 报表

调用统计报表组件，提供报表自定义配置功能系统。系统中预置一套常用（标准）报表样式。

6. 公共字典

提供档案门类中公共元数据字典维护功能。

7. 统计

提供统计自定义配置功能，包括新增、修改、删除、图形定义等功能。统计表流程配置包括选择报表样式、选择数据表、设置条件、选择字段、选择查询字段、报表预览。

8. 统计数据源

确定统计定义时的数据源，如哪些表、字段可在统计定义中被使用。

9. 同义词

提供同义词组设置功能，检索时可将一组同义词都检索出来。

10. 文号责任者

提供用户新增立档单位的文号责任者信息，支持对文号责任者信息的删除和修改以及相关检索。

（五）回收站

为防止误删除，保证数据的安全，在系统内设计一套数据回收站功能。对系统内的数据删除后，执行的是逻辑删除，删除的数据保存在数据回收站内，只有对数据回收站的数据进行确认删除，数据才会真的从数据库或文件服务器上删除掉。用户可以通过回收站进行数据恢复。

（六）流程控制

调用工作流组件，实现业务流程的快速定制和跨部门的流程协作。系统支持工作流的自定义，用户可以定义流程每个节点的操作人或操作角色及权限。定义好的流程可以发布到服务器与需要进行审批的任务进行结合。

（七）数据导入导出

支持数据导入导出模块，包括业务数据和系统数据。

（八）三员管理

系统分为系统管理员、安全员、审计员三个角色，三个角色相互制约。

（1）系统管理员主要负责系统的日常运行维护。

（2）安全员负责系统的日常安全和保密管理，包括对系统用户权限的授予与撤销，用户操作行为的安全设置，系统安全事件的分析、处理等。

（3）审计员主要负责对系统管理员和安全员的操作行为进行审计跟踪、分析和监督检查，及时发现违规行为等。

（九）权限控制

针对系统中的用户或角色赋予相应的权限，包括功能权限、数据权限，使之能够从系统操作和数据访问两个角度来定义系统的权限，为系统进行的严格访问控制提供了可能。根据用户级别赋予不同的访问权限，用户只能依据权限对特定的文件、数据进行访问、下载、修改等操作。支持系统级、模块级、界面级、表级、字段级、记录级等各种层级、粒度的权限控制。系统提供一个完整统一的安全访问机制，通过基于角色的访问控制以及分类方案下电子档案的数据权限控制进行安全管理。

（十）水印、防拷屏

调用数字水印组件，系统支持对数字化副本、电子档案等各类档案数字资源的在线阅览功能，支持阅览过程中防止用户拷屏、下载、拍摄。系统提供水印浏览和打印水印控件，系统配置好浏览水印后浏览默认添加，管理员账户不显示浏览水印，浏览水印只针对对外利用窗口。

（十一）内容遮挡

系统有档案利用内容遮挡工具，实现敏感信息档案电子文件拆分、遮挡处理、版本权限管理等功能。通过对多层格式处理，可对文档进行文件内容的遮挡，可在鉴定管理功能中，实现文档内容的遮挡管控，可对每页档案中的敏感信息（词组或一段文字信息）进行遮挡操作。遮挡版本为原始档案的复制件，可对每页档案中敏感部分内容（可以框选词组或段落）进行显示遮挡，可制作多种不同权限的遮挡版本，依照不同的权限赋予查看不同遮挡版本的阅览权限。

（十二）日志监控

调用审计日志组件，对各系统相关审计数据提供采集服务。对登录用户的操作进行实时的记录，确保数据的安全性。需要跟踪的信息用户可以设置拦截器自定义要监控的内容。对设置好拦截器的操作都自动进行日志记录，管理人员对日志记录进行查询、管理、统计和分析。对于用户误操作删除的档案信息可以通过日志进行恢复。管理员能够实现对日志的详细管理，对工作流程详细记载每一项目、每一流程节点的操作细节，包括处理时间、操作者、操作等。系统能够对用户的所有操作进行日志记录，以此分析用户行为，对其中的安全风险进行评估和审计。为了保证安全和预防破坏行为，也便于系统运行历史的监视审查，系统提供一种跟踪所有动作的可选手段。系统将必要的操作记录在案，并且提供一种工具（日志审计）去浏览和分析系统的行为。安全日志可以进行查询和统计，用于系统分析。提供日志的 Excel 导出功能。

（十三）访问控制

除了权限管理中基于用户角色的功能控制和资源控制以外，系统还可以从访问时间、访问客户机的 MAC 地址和 IP 地址、访问服务器等方面进行访问控制。

（十四）安全设置

提供设置登录身份验证和密码安全相关设置。

（十五）数据保全设置

系统支持档案出入库设置，提供数据源设置、载体库设置、档案类型设置、档案层级设置、模板解析、检测设置等各类自定义设置功能。支持预警设置，提供盘匣空间不足预警、磁盘可用空间不足预警、当前温度不在正常范围值预警、设备故障预警、巡检周期提醒等各类预警规则设置。支持消息管理，提供系统消息、日志管理、光盘库消息、设备消息等各类消息管理功能。支持系统设置，提供用户管理、任务管理、设备管理等各类系统管理功能。支持手动出入库，提供数据上传、数据接收、数据保存、数据出库等功能，通过手动的方式完成档案出入库操作。

第二节 政务网业务管理系统

综合档案业务管理系统部署在政务网上，支持立档单位的档案归纳及各项档案馆业务。

一、系统概述

政务网连接各立档单位，是档案馆和立档单位连接办公的主要网络，在政务网部署综合档案业务管理系统，实现机关单位电子文件归档和档案移交接收，实现馆室之间资源共享利用。同时打通档案馆与立档单位的网上业务办理链条，实现在线业务指导和全域档案监管，以更好地发挥档案价值。

（一）全域档案监管

通过统一门户，完成档案核心业务流程上线以及核心指标数据的可视化展示和监管。

（二）电子文件归档处理

实现与政务系统、办公自动化系统等无缝集成，通过制定相关的归档接口标准、数据结构标准等，采用一键式归档的方式进行统一归档管理。

（三）虚拟数字档案室

实现对机关单位电子文件的收集、鉴定、保存、发布利用以及室藏档案统计分析，并对机关单位进行业务指导和监管，实现馆室一体化、室室一体化的能力。面向一级立档单位档案管理人员、二级立档单位档案员使用，实现档案收集、整理、检索、鉴定、利用、统计等档案日常工作在线管理。（见图 3-16）

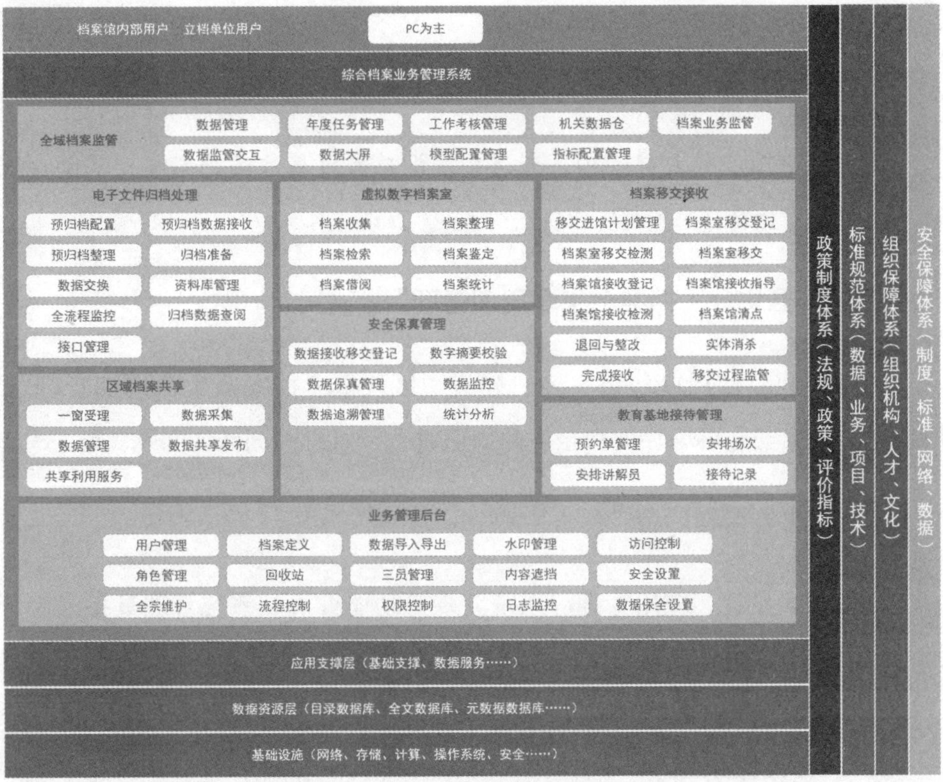

图 3-16 综合档案业务管理系统架构图

（四）档案移交接收

实现电子档案从档案室向档案馆的规范化移交，保证电子档案的真实、完整、可用和安全。

（五）区域档案共享

通过档案智能检索和推荐等手段，实现档案数据内部借阅利用和民生档案利用。

（六）安全保真管理

保障电子化归档、接收移交过程中数据的真实性、完整性、可用性和安全性。

（七）教育基地管理

面向档案馆业务人员使用，通过系统汇总教育基地预约情况，辅助在线进行教育基地接待工作登记、安排、记录等管理工作。

（八）“区块链+档案全生命周期管理”

通过集成政数局区块链平台，建设“区块链+档案全生命周期管理”，解决电子档案安全可信存证和全生命周期每个节点可回溯认证问题。

（九）业务管理后台

具备档案设置、应用管理、系统管理等功能模块。系统管理具备组织管理、权限管理、用户管理、角色管理和日志管理等功能。

二、全域档案监管

档案主管部门对本地区档案事业发展进行监督管理，包括对馆室业务进行全面指标化统计分析，对数字档案共建共享情况进行全方位把控，对数字档案共建共享平台运行状况进行精细化管控等。

面向档案馆监管人员，展现立档单位档案信息化、资源等建设情况。面向立档单位档案管理人员，一是向档案馆上报年度任务完成情况、工作考核数据、档案信息化建设、资源建设等情况，二是对辖区立档单位档案信息化、资源建设等情况进行监管，实现多节点监管。完成全域立档单位档案管理核心业务流程的上线与各业务环节的核心指标数值的展现与监管，能够实时反馈办理情况，展示各业务办理的成果，实现整体智治，打造政令“一屏全览、整体监管”的网上协同工作场景。

（一）数据管理

数据管理模块是根据需要监管的数据内容，通过 Excel 导入、接口获取等方式，采集数据值。

1. 数据导入

（1）文件手工导入

支持 Excel 文件导入功能。

（2）导入文件管理

支持导入文件的删除、内容查看以及下载功能。

（3）数据采用

在查看文件数据内容后，可选择采纳与否，被采纳的数据才能在系统中生效。

（4）导入文件列表

可查看历史导入文件、导入时间、是否被采纳以及其他备注等详细情况。

（5）已导入文件查询

支持按照文件名、导入时间检索已导入文件。

（6）Excel 模板下载

系统内置数据模板，可下载按照模板填写数据后导入系统。

（7）API 获取数据管理

可手动选择获取最新数据并导入系统。

2. 档案监测

档案馆用户可根据业务类型、年度选择查看档案馆各项监管指标和数据详情，包括依法归档接收、档案资源归集、优化馆藏结构、数字化管理、资源保护、馆藏开放、社会共享、资政育人、监督监察等数据。

（二）年度任务管理

年度任务管理是指档案馆对各单位进行年度任务的下发和传达，各立档单位接收到任务后可填报完成进度情况，包括证明附件材料管理等，档案馆可根据各立档单位填报及反馈情况查看各项年度任务完成进展，可催办督办。

1. 年度任务总览

以列表方式对全年度任务进行总览，包括：展现任务清单、任务年度、任务类型、任务责任单位、任务指标体系、任务指派时间等内容。支持按照人物所属年度、任务清单名称、责任单位进行筛查、检索年度任务。

2. 任务新增及指派

支持年度任务新建，包括任务名称命名、选择任务所属年度、类型。可将任务指派给指定单位，支持任务指标体系的建立。

3. 任务管理

可查看任务详情，支持年度任务编辑功能，可对其任务内容进行编辑修改。支持任务删除功能，删除后不可恢复。

4. 年度任务办理情况监管

根据档案馆创建的年度任务，可查看各项任务办理情况，包括接收读取情况、办理完成情况等，可查看各项任务办理内容详情。

5. 任务状态更新

各单位可对本单位年度任务状态进展情况进行状态更新，包括“已读，未开始”“办理中”“已完成”。

（三）工作考核管理

工作考核管理是指档案馆根据档案工作考核要求，下发工作完成情况表至各单位填报，各单位填报后档案馆可在线查看工作完成详情。

1. 考核模板管理

系统支持考核表模板上传、下载等维护功能。

2. 考核管理

各立档单位根据实际情况进行填报后将考核表上传至系统中，档案馆可在线查看考核表内容。系统保留有日志记录，包括上传单位名称、上传时间、文件说明等。

（四）机关数据仓

机关数据仓是各立档单位档案业务开展情况数据汇集仓，各单位在此模块查看本单位的基础信息、档案分类及数量、日常工作开展情况，如库房情况、档案开发利用情况等，具体要查看的内容可在系统中配置设定，由系统自动获取或单位档案员填报。档案馆可查看一级立档单位，一级立档单位可查看二级立档单位。

1. 单位基础信息监管

支持查看单位基础信息，包括单位名称、单位负责人、联系电话、单位地址、邮政编码、统一社会信用代码、组织机构代码等。

2. 单位核心业务数据监管

各立档单位可在该模块填报本单位核心业务数据，实现对系统无法获取的指标在线手工填报功能，根据权限进行填报。支持查看立档单位核心业务数据，包括对库房情况、开发利用情况、室藏电子档案、纸质档案、其他载体档案、数字化成果等概况进行查看。支持查看不同年度的核心业务数据。

3. 单位年度任务完成情况监管

支持档案主管部门工作人员查看单个立档单位年度任务完成情况，包括任务清单、指标体系、完成情况、最近一次任务状态更新时间等。一级立档单位档案管理员可查看二级立档单位。

（五）档案业务监管

1. 电子文件归档情况监管

对各立档单位电子文件的归档情况进行监管，用户可对归档文件类型、保管时间、归档时间、合格率等情况进行监管，支持历史时间段不同档案类别统计及同比、环比分析。

2. 室藏档案管理情况监管

可对各立档单位室藏档案收集、管理、保存、利用等业务情况进行监管；系统能根据实际目录，全文及页数等情况自动生成各类报表；能及时反映各类档案的情况，可以按照专题、档号、文件、保管期限、年度等不同维度进行分析，以简单扼要的方式表述分析结果，反映研究对象在数量方面的具体表现和有关联系。

3. 档案年检数据分析

支持对档案业务工作年度检查情况进行分析，包括各单位档案移交进馆数、电子文件的归档记录数、查档直通车查档数等，以便辅助优化档案工作制度。

4. 档案共享情况监管

可对立档单位档案共享利用情况进行分析，包含各单位共享数据情况、办理业务统计、评价情况统计等。

（六）数据监管交互

1. 可视化展示

借助于图形化手段，实现对档案馆管理工作、立档单位档案管理工作、档案利用工作的一屏掌控，辅助档案管理者进行决策。支持多种图形化展示形式，如柱形图、条形图、折线图与面积图、饼图、漏斗图、数据地图等。

2. 指标体系查看

实现指标体系的多层关联浏览查看及菜单下拉、选取等功能。

（七）数据大屏

1. 区域数字档案总况

展示档案馆馆藏数量、馆藏档案各分类占比、档案接收进馆、本年度媒体宣传次数、本年度档案编研成果获奖次数、馆藏审核开放、档案抢救保护。

2. 档案协同管理情况

展示机关单位总况及各立档单位情况，数字档案室创建、室藏档案数量、纸质档案、其他载体档案、档案数字化成果、库房情况、档案开发、档案利用。

3. 查档和网上出证概况

展示查档来源、查档数量、查档类型、查档人员户籍、查档人员身份。

（八）模型配置管理

1. 模型定义

对数据仓管理各级指标中涉及的计算模型进行自定义，支持增加、删除、修改。

2. 模型设置

配置各项模型中指标计算公式及展示数据，设定数据源、更新时间。

（九）指标配置管理

对数据仓管理各级指标进行自定义，对一级分类，二级分类，数据项进行增加、删除、修改，配置各项指标元数据。

三、电子文件归档处理

该模块面向立档单位业务部门档案员使用，在线收集各类属于归档范围内的办结电子文件，初步整理后归档，辅助收集工作中产生的各类文件资料，存储利用。电子文件归档处理系统将实现与政务系统、办公自动化系统等无缝集成，通过制定相关的归档接口标准、数据结构标准等，采用一键式归档的方式进行统一归档管理。

（一）预归档配置

在归档前，机关单位根据本单位的档案分类方案、文件材料归档范围和档案保管期限表，在系统中预先配置好电子文件的档案门类代码、保管期限和机构（问题）代码、元数据及组成材料、电子文件号生成规则等归档要素。

1. 电子文件号规则设定

基于电子文件号设定标准和规范，结合前端业务系统的数据标准和技术规范，使各个部门能够自定义本部门的电子文件号生成规则。

2. 归档范围和保管期限表配置

各部门能够设定每个业务事项需要归档的表单、材料，默认情况下所有事项列出的材料全部需要归档。电子归档材料设定主要实现材料目录范围设定和目录来源电子档设定。设定内容包括归档范围的名称、必要性（必要/非必要）、归档方式（电子/纸质）、是否容缺及对应容缺原因。各部门能够针对每个业务事项，根据本单位经档案主管部门审定的归档范围和保管期限表，设定该业务事项电子文件归档材料的保管期限。

3. 事项清单配置

根据全宗和业务类型，配置事项清单。用户选择归档模板和事项类型，填写事项名称、事项编号。

4. 基本信息配置

针对每个事项，设定对应事项基本信息元数据字段，设定对应事项归档材料目录、容缺归档情况和实际采集归档的电子文件组件。填写基本信息名称和是否必要。

5. 流程信息配置

针对每个事项，设定对应事项办理流程信息元数据字段，填写环节名称和是否必要。

（二）预归档数据接收

1. 数据接收

业务办结后，由业务系统根据预先设置的归档范围和归档材料目录自行完成数据采集工作，最终将数据推送至系统中。数据接收接口，调用防篡改组件，接口使用数字签名技术对原始档案文件进行哈希（hash）计算，计算结果参与签名，防止档案在传递过程中被非法篡改。业务系统将归档元素中的归档文件上传到存储服务器后，主动调用预归档平台的数据接收接口，将归档元素相关参数信息（如基本信息、流程信息、数据路径等）提交给系统。接收鉴权接口可实现数据接收接口服务正式对接前的信息鉴权处理，包括接口鉴权对接时间戳、参数、校验码、密钥等信息。归档数据对接接口可实现与预归档平台对接，将归档元素相关参数信息提交给预归档平台。对接结果回传接口可返回对接处理结果，返回接口处理返回结果集、返回码、返回信息等信息。系统根据接口参数对业务系统上传的归档元素进行采集。

2. 清点检测

对业务系统推送的电子文件及元数据完整性进行自动检测。包括对电子文件归档总件数相符性检测、电子文件归档总字节数相符性检测、电子文件内容数据完整性检测以及电子文件元数据必填著录项目检测。预归档平台通过数据接收接口实时向业务系统反馈数据接收结果消息。检测不合格，不完整的拟归档数据，可在预归档平台进行数据整理操作，补齐缺失数据。检测合格的数据自动入库整理。

3. 数据筛选

根据预归档配置，对拟归档的电子文件进行筛选，只归档符合条件的数据。待筛选清单能够显示所需要办理的待筛选的归档数据，系统自动将已接收的拟归档数据推送至待筛选数据目录。归档人员可筛选数据，对拟归档数据标记是否归档和取消归档。

（1）元数据筛选匹配

归档人员对拟归档元数据标记是否归档和取消归档，确保准确完整获取业务系统中产生的属于归档范围的元数据。

（2）材料筛选匹配

归档人员对拟归档文件材料标记是否归档和取消归档，确保准确完整获取业务系统中产生的属于归档范围的文件材料。

4. 账外文件收集

（1）电子文件对点上传

实现账外文件单个文件上传、文件夹上传、在线新建文件夹功能，实现账外文件快速归集管理。

（2）电子文件管理

实现文件下载、文件删除、文件预览、文件重命名、上传新版本、查看详情等功能。

（3）部门审核

实现各业务部门对上传的电子文件审核功能，通过审核的文件才能归档。

（4）团队管理

支持根据各单位实际组织结构定义团队结构，支持在团队下建立文件夹，按照文件种类分类管理。

（三）预归档整理

能够将筛选的拟归档电子文件及元数据有序地存放至归档文件夹中。根据配置归档事项、归档范围和电子信息、基本信息对数据进行整理。可根据权限手工著录、修改元数据，上传缺失文件、鉴定保管期限和开放范围。根据业务类型，以树节点、列表形式展示通过接口接收过来的拟归档数据。系统支持对数据的浏览、查询操作。

1. 手工著录

支持著录元数据、电子文件上传挂接、脱机数据包导入等多种方式进行电子文件数据录入。内置标准的电子文件目录信息著录模板，允许归档人员对著录项目进行调整。在著录过程中支持多条记录连续著录、上一条值自动继承、批量修改等功能。

2. 修改元数据

允许归档人员手工修改部分元数据项目的值（在该项目允许修改的前提下）。

3. 归档文件清单展示

以缩略图的方式展示所有文件，包括缺失的文件，必要不容缺为红色，必要可容缺为黄色，红色一定要补充，否则无法推送归档。归档人员可上传补充关联对应的电子文件内容数据。因特殊原因无法补充的文件在归档材料信息中记录原因后容缺归档。

4. 排序

根据需要，进行排序调整操作，但不得修改电子文件的原始内容。

5. 分类

系统支持按照保管期限表、分类方案对电子文件进行分类。可对电子文件进行分类调整，保持分类方案的一致性和稳定性。

6. 格式转换

调用格式处理组件，实现对不同电子文件格式的处理。可设置各类内容数据的源格式、目标格式以及转换策略，根据设置对内容数据执行转换操作。常见的文本类、图像类文件转换成 PDF、OFD 格式时要求做到所见即所得，保持版式固定。可记录转换过程中的出错信息，并可输出日志以便查看。

7. 保管期限鉴定

系统可根据内嵌的《电子文件归档范围和保管期限表》对拟归档材料半自动地划定归档材料保管期限，可人工修改。

8. 开放鉴定

系统支持人工手动划定归档材料开放控制属性（如控制利用、开放）。

9. 数据导出

提供数据导出功能，可以 Excel 格式导出元数据，以 PDF 格式导出附件，以条目为单位导出文件夹。

（四）归档准备

1. 归档信息包

能够将完成整理的电子文件及元数据以归档文件夹为单位进行压缩打包形成归档信息包。

2. 归档信息包设置

提供信息包结构设置模块，系统可按照归档人员设置归档信息包结构，可将整理好的拟归档电子文件及其元数据封装成归档信息包。

3. 归档信息压缩

可设置归档信息包的存储位置，支持采用公开压缩算法将归档信息包制作成压缩包。

4. 导出下载

支持归档信息包的导出功能，并可按照一定的筛选条件选择性导出下载至本地电脑。

（五）四性检测

调用四性检测组件，对归档信息包的四性检测功能，在系统中记录和保存详细检测信息。按照有关规范要求对归档信息包进行真实性、完整性、可用性、安全性等技术检测和验证，在系统中记录和保存详细检测信息。

1. 检测清单

提供友好的查询和显示界面，方便用户记录检测相关信息，形成检测报告。可浏览检测结果的统计报告，包括不合格的详细信息，便于检查检测情况，提供检测报告的详情下载功能。对检测结果不合格的待归档电子文件及其元数据，可以进行人工补录，否则无法推送归档。

2. 检测报告

在系统中记录和保留完整详细的检测信息，形成检测报告。用户可查看和下载检测报告。提供多种检测结果检索方式，包括条件检索、高级检索等多种检索手段对检测结果进行查询，确保找得到所需的数据。检测结果展示信息包括检测时间、检测结果（检测是否合格）、部门单位名称、检测状态、归档电子文件包名称、电子文件号、事项名称等。

3. "四性检测"配置

（1）检测方案

根据本单位归档业务类型，维护"四性检测"方案，方案包括方案名称、检测类型、元数据方案、所属单位、匹配方案及备注信息。

（2）检测配置

可根据归档业务类型，提供不同的检测方案配置功能，在电子文件归档的各过程中直接根据配置的检测方案进行四性检测。四性检测配置可对检测方案的四性检测项目定义，包括检测项编号、检测项目、检测目的、检测对象、检测依据和方法、检测参数。支持对检测项目、检测目的、检测对象进行模糊查询和精准查询。

（3）检测任务管理

以进度条形式展示系统内最近的四性检测任务信息。如有正在执行或等待的任务，则实时展示正在执行任务的执行进度，如所有任务均执行完毕，则展示最近的已完成任务，并以颜色区分任务执行结果，点击任务进度条，显示任务详情，包括任务执行步骤详情、相关数据包等信息。一种为未完成任务，提供状态为"正在执行"的任务，详情查看功能，包括：相关数据包、任务执行步骤详情；提供状态为"等待"的任务运行优先级调整功能，包括：提前、延后、终止。另一种为历史任务，提供历史任务的详情查看功能，包括：相关数据包、任务详情、检测报告。

（六）数据交换

1. 数据推送

通过数据接口，将四性检测合格的归档信息包推送给虚拟档案室系统。

2. 推送结果查看

可在推送状态查看推送状态（包括推送中、推送成功、推送失败）。当推送归档包出现异常等情形时，系统记录推送状态为“推送失败”，同时给归档操作员发送消息提醒，归档操作员根据推送失败原因处理后再次触发推送。

（七）资料库管理

通过构建以资源建设为基础、规范管理为保障的电子文件资料中心，方便各立档单位归集管理文件资料，实现文件管理、权限控制、分类归档，促进各类电子文件应归尽归，电子档案应收尽收。

1. 个人文件（未共享文件）管理

实现个人文件管理及利用。支持个人文件移交到团队功能。

2. 团队文件（单位内可共享）管理

实现团队新建、删除等管理，实现团队内文件权限控制管理。

3. 文件上传

实现单个文件上传、文件夹上传、在线新建文件夹功能，实现文件快速归集管理。

4. 文件管理

实现文件下载、文件删除、文件预览、文件重命名、上传新版本、查看详情等功能。

5. 权限控制

对文件浏览、共享、打印、归档权限进行控制，实现账外文件安全管理。

6. 分类归档

将达到归档要求的账外文件进行整理、分类归档，便捷实现文件到档案的过渡管理。归档时自动填充部分条目元数据，如年度、题名以及操作人员等信息。

（八）全流程监控

1. 全流程进度查看

提供归档进度时间轴展示功能，可查看该条目归档进度信息（文件收集—清点—整理—封装电子文件包—四性检测—推送归档）。

2. 各环节详情查看

查看该条目归档全过程记录信息，包括所属单位、数据来源、归档时间、归档进度、电子文件号等基本信息。

3. 归档统计

支持对归档过程中的电子文件按需求进行分类统计，对归档配置及归档数据进行在线监管。

（1）归档总体情况统计

针对业务系统当中，各部门电子文件的归档总体情况统计分析。根据业务类型（政务服务事项、电子公文、业务）展示累计归档的待补充、已归档、已处理 / 归档失败的统计数据，以及近 10 日累计归档、今日归档、待补充的归档情况的统计数据的曲线图。支持归档管理员对归档总体情况统计报表的导出下载操作。

（2）归档明细情况统计

归档管理员可查询所有各级部门业务的归档明细情况，并查看归档材料，下载归档材料。归档管理员可以通过业务类型、名称、保存期限、归档目录和归档日期等关键字进行组合查询。归档查询结果，支持归档管理员对归档材料进行下载操作。

（九）归档数据查阅

每一个归档数据列表栏后面都有查看按钮，点击查看可以看到里面的详细信息，形成归档数据与目录信息的关联，便于管理。包括条目信息、全文数据、过程信息和元数据。数据检索可提供多种格式的归档材料的阅览功能。系统根据分类提供归档材料的列表查看，支持多种格式归档材料的阅览功能。提供对归档数据查阅功能，包括一体化检索、条件检索、全文检索等功能。

（十）接口管理

对接系统查询，根据类型、系统名称对接口配置信息进行查询。配置新增可添加接口配置信息，包括类型、系统名称、存储表、接口地址、接口配置、备注。配置修改可提供接口配置信息修改功能。配置删除可提供接口配置信息删除功能，类型、系统名称、存储表、接口地址、接口配置、备注信息一并删除。

四、虚拟数字档案室

面向一级立档单位档案管理人员、二级立档单位档案管理人员，实现档案收集、整理、检索、鉴定、利用、统计等档案日常工作在线管理。主要通过“数据物理集中、权限逻辑分离”的基本思想，构建起集中式档案室的完整框架，实现“大档案”管理模式。应用范围包括区直各类档案室各种门类档案目录的管理、归档电子公文及数字化处理后的图像影像档案管理。该系统兼具各单位电子文件、公开现行文件收集、鉴定、保存、发布功能，是今后电子档案移交进馆、提供档案信息资源利用的基础。（见图 3-17）

（一）档案收集

1. 目录导入

支持多种格式导入（Excel、Access、DBF 等），提供源数据和目标数据自动匹配、查看日志、导入数据查看、导入批次记录、重复数据检查、涉密检查、导入时不规则数据检测等功能。支持大规模数据导入，如按分表设计，必须支持跨库、跨全宗导入。

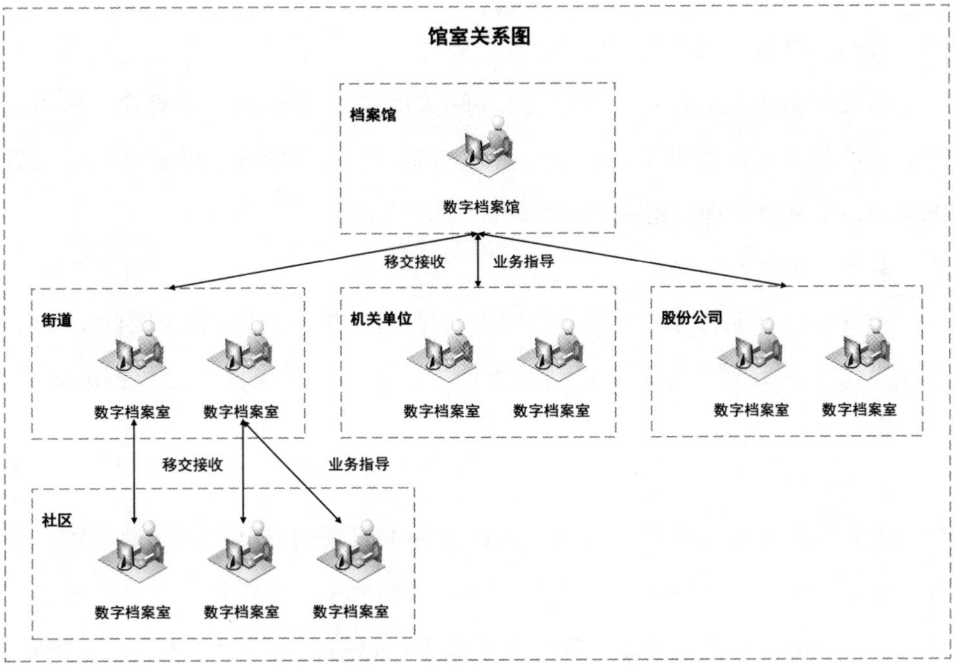

图 3-17 数字档案馆室关系图

2. 全文挂接

能以 FTP 多用户的形式批量上传不同文件格式的档案数据，根据不同的档案类型可以定义不同的挂接规则，上传后能自动与目录形成关联关系，支持按档号匹配、多字段匹配等方式挂接，提供未挂接目录检索、客户端挂接、服务器端挂接、历史数据迁移、查看日志、删除批次和全文等功能。

3. 信息包导入

提供符合纸质档案数字复制件、电子文件移交进馆等组包要求的信息包导入、启动任务、查看日志、查看记录、删除批次和数据功能。

4. 在线接收

对电子文件归档信息包进行采集归集，电子文件包括：行政审批电子文件、电子公文及其他业务系统电子文件。该模块从电子文件归档处理系统中获取数据，包括条目数据、全文数据、过程信息及元数据。

（二）档案整理

1. 档案分库管理

系统支持对档案进行分库管理，可逻辑划分出接收库、管理库，解决用户对档案数据权限管理及档案安全管理的需求。在接收库中的档案可归入管理库中，也可将管理库退回至接收库。

2. 电子文件归档整理

系统按照设定的分类方案进行归类与排序的功能，按内置规则自动命名、存储电子文件及其组件，并自动赋予档号，保持电子文件与元数据的关联，维护文件内在的有机联系。

3. 容缺补充

在实际电子文件采集过程中，如政务服务事项的某些归档材料只能以非电子形式（如纸质）形成，在该政务服务事项电子文件归档时就会存在不完整状态，此时需要进行容缺补录。对于缺少信息的，支持业务人员手工填报，补足完整信息。对于有证明材料的，支持对证明材料电子文件上传，以附件形式挂接，可点击直接查看。完成信息补录和材料上传后，须进行审核确认，确保信息完整准确，以及附件材料正确匹配等。

4. 传统档案整理

支持多立档单位档案管理，具备门类扩展。支持立卷方式和以“件”为单位的整理方式。提供灵活多样的数据组织形式，包括分类、分组、分卷等。

（1）分类

支持电子档案（如文书、科技、会计、特种载体档案等传统档案）的管理，并支持用户自定义档案分类，通过档案目录树方式满足不同立档单位档案分类管理需求。可按多种分组方式进行管理，如按全宗、档案门类、年度、保管期限等，支持多种分组方式切换。支持通过关键词搜索定位档案目录，方便快速检索管理。

（2）组卷

按档案之间的关联将文件组织在一起，包括自动批量组卷和人工组卷。案卷调整可调整案卷的先后顺序，对案卷信息进行补充，如案卷标题、主题词、关键词等。卷内调整可调整卷内文件的先后顺序，自动形成卷内序号、页号、页数、卷内件数等；对卷内信息进行补充，补充卷内元数据、卷内文件等。取消组卷可对已经组卷完成的档案进行拆卷，形成一份份可重组卷的独立文件。

（3）排序

各门类档案数字资源的目录数据可依据类目设置进行自动排序和分类排序。

（4）编号

根据不同档案类型，可定义不同的档号规则，支持一文一件和组卷等管理模式；根据定义好的档号规则进行档号自动编制。

（5）编目

满足“卷”和“件”两种不同整理方法形成的不同编目要求，实现自定义编制各种目录。支持案卷封面、卷内目录、归档文件目录或全引目录、案卷目录、备考表等自定义制作，并支持多模板批量生成和打印功能。

（6）整理

支持对案卷目录、卷内目录、一文一件条目信息进行新增、修改、合规删除、完善补充条目元数据等。支持拖拽式调整保管期限、机构、档号，提供档案所属门类修改功能。对档案全文进行补充、修改、合规删除等。支持多个档案条目进行批量修改，提供多种修改方式（固定值、栏目替换、子串替换、查找替换、补足长度、删除空格、重排序号、合并栏目、拆分栏目、原件名称等）。

（7）多媒体管理

支持多媒体档案上传、元数据捕获、自动生成缩略图、视频截取封面、档号编制、格式转化等接收功能；支持著录、排序、编辑、分段等整理功能；

支持多媒体播放浏览、检索等功能。

5. 正式归档

将整理后电子文件正式归档，由接收库归入管理库进行电子档案管理。正式归档到管理库的数据不能进行修改，当档案数据需要进行修改时，由管理库退回接收库。

6. 在线浏览

提供档案在线浏览及打印功能，可按数据包结构方式进行浏览、数码照片档案可按组进行数码照片及文字说明浏览。调用数字水印组件，支持通过自定义添加水印功能，实现在线浏览安全管理。为了双套制并轨管理的实体档案一致，可以直接从系统中打印电子档案作为数字化副本保存，支持在线添加电子档号章功能，为不破坏档案原始性，档案章仅在电子档案打开时以图片形式悬浮在档案首页。提供对接收库、管理库的条件检索，提供对检索结果进行排序、勾选。提供全文打印，界面支持单页、多页、选页打印，打印页面自动适应纸张大小（A4 纸为主）。

7. 批量导出

支持档案数据按条件导出、目录导出、目录全文打包导出、光盘制作导出等多种导出方式，支持 Excel\DBF\Access 等常见的导出格式。档案全文导出支持单个文件导出下载及打包导出，打包导出自动压缩成 ZIP 格式的压缩包。

8. 数据迁移

支持对正式归档的电子档案数据进行数据位置迁移，将数据从一个目录下迁移到另一个目录下，方便数据管理。

9. 数据存储配置

系统提供数字档案存放路径配置功能，可按各档案门类进行分类存储。配置存储规则包括系统在参数配置中提供原件存放路径规则配置，例如：全宗 \ 目录号 \ 年度 \ 保管期限 \ 件号，在原件上传挂接时系统就会根据存储路径规则进行分类存放。系统根据配置规则及挂接原件时的档案目录，自动创建文件夹把原件存放到对应的目录下，实现原件分类存储功能。

10. 备份恢复

支持手动备份、自动备份等多种备份方式，确保系统及数据备份安全，还支持备份数据的还原恢复功能。

11. 专题库管理

（1）建立档案专题库

利用档案检索引擎查找符合条件的档案数字资源，将符合条件的档案数字资源与相应专题进行关联。

（2）创建专题

支持专题创建功能，可根据实际情况建立不同类型的专题，系统提供专题名称、类型以及专题相关描述信息的录入、修改、删除等功能。

（3）专题数据归集

筛选全库档案数据，将符合专题要求的数据批量迁移至新创建的专题库，方便专题检索利用。

（4）发布

对创建好的专题提供专题数据发布功能，可将专题数字档案资源打包导出至自助查档机或互联网。

12. 全宗卷管理

提供全宗卷管理功能，包括新增、修改、删除、附件上传、查看、全宗卷目录打印等功能。

（三）档案检索

调用全文检索组件，直接对数据库表进行索引，检索到相应业务的内容，包含一体化检索、基本检索、高级检索。

1. 一体化检索

支持跨档案类型跨字段的条目一体化检索及全文检索，检索结果支持关键字标红。全文检索时可在全文中对检索关键字进行定位，支持结果搜索。

提供搜索筛选标签功能、类似百度的搜索结果展示列表。检索方式支持基于索引库检索，也支持基于数据库检索，可记录个人历史检索关键字和个人历史浏览记录。

2. 基本检索

用户通过关键字段的输入，确定检索范围，检索所需档案。

3. 高级检索

高级检索需要先选择档案类型，可逻辑组合查询条件对档案条目进行检索。

（四）档案鉴定

支持各单位对档案的开放鉴定、到期鉴定功能，各类鉴定都包括创建任务、鉴定档案、鉴定审批、结果发布功能。

1. 创建鉴定任务

支持自定义创建鉴定方案名称、鉴定小组、鉴定方案、鉴定流程、鉴定方案描述。支持手动分配及系统自动分配鉴定小组成员。按照组长、成员组成鉴定小组。鉴定方案包括开放鉴定、处置鉴定、密级鉴定。

2. 鉴定档案

从系统中关联数据进行鉴定，支持逐条或批量对档案条目进行鉴定。支持查看已鉴定记录及已鉴定数据结果并进行统计。

3. 鉴定审批

按照设置好的鉴定任务进行鉴定审批，审批人填写鉴定意见。审定通过后，由组长进行鉴定生效，生效后，根据鉴定结果修改档案开放字段内容。

4. 结果发布

（1）开放鉴定

对非涉密档案提供开放鉴定功能，根据开放程序程度可分为：条目开放、条目和全文开放、控制。

（2）处置鉴定

对保管期限到期的归档电子文件进行鉴定，需考虑其价值因素和所依存的软硬件环境因素进行处置鉴定，鉴定结果有：移交、续存、销毁。对续存的档案要保留原保管期限，鉴定为销毁的加入待销毁列表。

（3）密级鉴定

对文件的查阅范围进行确定，让具有相关文件查阅权限的人在系统中进行电子文件的浏览。密级鉴定是对文件所属密级进行改变。如果确认不再涉密，可以进行解密。

（4）档案销毁

在处置鉴定的基础上，对被标识为销毁的档案进行销毁操作，做上销毁标识。输入销毁登记信息并打印销毁清单。

（五）检索利用

1. 借阅登记与检索

在管理库中进行检索，添加到借阅车里，进行借阅登记。登记信息包括借阅人信息、借阅目的、借阅内容。

2. 借阅审批

按照借阅审批流程，审批人对借阅申请进行审批，填写审批意见。将审批结果反馈给借阅人。审批会严格控制档案借阅利用权限，包括控制查阅次数，包含单次、一天、截止日期等；控制查阅内容包含目录查阅、电子档案全文查阅、实体借阅；控制查阅方式包含电子档案全文在线查看、电子档案全文打印。

3. 归还

借阅人选择要归还的档案，对于电子原文，系统收回其阅览权限。对于档案实体，将归还申请发送档案室，归还档案实体。

4. 催还

系统根据档案借阅时间，在借阅期限到期前，自动发送到期通知进行归还提醒。到期自动收回电子原文的阅览权限。

5. 续借

借阅人可以在借阅期限到期前，提交续借申请单，按照借阅的流程进行续借审批，通过后继续享受档案的借阅权限。

6. 借阅管理

支持借阅人通过我的借阅单查看管理个人借阅记录。支持档案管理人员查看管理所有历史借阅记录，并且可以根据申请时间、审批时间、借阅目的、审批意见、审批类型、到期时间、审核人等信息进行查询。

7. 数据发布

支持将本单位档案数据定向发布至其他立档单位，实现机关与机关之间的共享利用，发布数据时可控制条目或全文发布，其他单位在查询共享数据时若要打印下载，支持审批流程。

（六）档案统计

1. 档案统计

可以查看根据统计源自动生成的统计结果，系统按照收集、管理、保存、利用等维度展示对应的统计表或统计图。可对本单位档案进行统计，如室藏档案统计、业务指导情况统计等。统计结果支持表格、饼图、柱状图、折线图等不同的展示模式。统计报表可根据用户需求灵活配置。统计报表可形成一个 XLS 格式数据文件。

2. 年报统计

系统提供年报管理功能，档案年报的格式参照国家档案馆的标准格式。提供档案年报填报功能，满足“国家制〔2019〕8 号”。

3. 自定义档案统计

调用统计报表组件，根据业务后台管理系统中的报表定义功能，用户可自行定义档案报表。

五、档案移交接收

面向立档单位档案管理人员使用，通过系统完成本单位档案向档案馆移交，完成档案移交登记、检测等工作。面向档案馆业务人员使用，接收立档单位提交的档案，完成档案接收登记、检测、审批等工作。主要建立健全相关管理系统、制度规范、技术标准，规范电子档案移交接收的工作流程、功能需求、系统接口以及电子档案的接收范围、数据格式及其技术构成等，保障电子档案在移交接收阶段的可靠性，实现立档单位同系统间的无缝连接，确保电子档案在全生命周期中的真实、有效、可用。

（一）移交进馆计划管理

根据《档案法》规定，机关、团体、企业事业单位和其他组织应当按照国家有关规定，定期向档案馆移交档案。到期需移交档案应保管满一定年限并符合综合档案馆相关进馆要求。到期需移交档案包含各种门类、各种载体，包括文书档案、专业档案、科技档案、照片档案、音像档案、电子档案、实物档案等。制定移交进馆计划，是确保各机关单位到期档案顺利交接入馆的保证。支持档案馆和档案室制定移交进馆计划。档案馆负责对进馆档案的业务指导、派发移交通知书，并上门指导，使到期档案规范化进馆。各移交单位负责做好本单位到期档案移交进馆的各项具体工作，确保档案齐全、完整，整齐规范。

1. 档案馆接收进馆计划管理

（1）移交进馆申报

在制定接收计划前，各进馆单位可在线提交移交进馆的申请，对需要进馆档案的基本情况进行申报，档案馆同意后可以进入接收计划。

（2）接收进馆目标制定

确定接收进馆的目标，包括接收进馆的单位、时间、需接收的档案类型、数量等。

（3）接收进馆措施制定

为完成接收进馆目标，制定具体的措施。确认档案接收进馆涉及的负责人员、指导人员、执行人员等，确认接收进馆的具体时间，并下发各档案室。提出对接收进馆档案的要求、标准等。接收进馆档案须以全宗为单位整理编目，做到分类科学、保管期限划分准确，案卷组卷合理，卷内文件目录项目填写正确完整。同时，制定文书档案、会计档案和专业档案等接收进馆档案标准。

（4）接收进馆流程制定

根据接收进馆需求，制定从档案室移交到档案馆接收进馆的业务流程，包括档案室需要准备的资料如，移交档案的案卷目录、全宗介绍、组织沿革、大事记等，包括接收档案整理规范如，封面要求、装订要求、卷内目录、备考表等要求。

（5）接收进馆执行

对档案接收进馆的具体执行，包括人员分工、时间安排等。

2. 档案室移交进馆计划管理

（1）移交进馆计划制定

根据档案馆接收进馆计划，各档案室制定本单位移交进馆的具体目标，包括移交档案范围、类型、数量、时间、负责实施人员等。

（2）移交进馆计划审批

对已经制定的移交进馆计划，先由档案室管理人员进行审核，后交由档案馆进行审批。审批没通过的，退回重新制定计划，以确保计划可执行。

（3）移交进馆计划实施

根据移交进馆计划，开展具体实施工作。

（4）移交进馆计划调整

在移交进馆过程中，如发现问题或不合理之处，及时上报管理人员，对移交进馆计划进行调整。

（二）档案室移交登记

（1）创建移交单

新建移交登记单，包括交接工作名称、内容描述、档案类型、载体起止年度范围以及移交载体类型、规格。

（2）数据打包

对待移交档案数据进行打包处理。

（三）档案室移交检测

调用四性检测组件，对需要移交的电子档案进行准确性、完整性、可用性和安全性检测，可在线对本单位待移交数据进行“四性检测”，应符合《文书类电子档案检测一般要求》（DA/T 70-2018）等规范要求。

1. 真实性检测

（1）电子档案来源真实性检测，如表 3-2 所示：

表 3-2　电子档案来源真实性检测

检测项目	检测目的	检测对象	检测依据和方法
固化信息有效性检测	保证电子档案的来源真实	电子档案	系统对移交电子档案中包含的数字摘要、电子签名、电子印章、时间戳等技术措施的固化信息的有效性进行验证，如发现固化信息失效，则电子档案被篡改

（2）电子档案元数据真实性检测，如表 3-3 所示：

表 3-3　电子档案元数据真实性检测

检测项目	检测目的	检测对象	检测依据和方法
元数据项数据长度检测	检测元数据项数据长度是否符合要求	电子档案元数据	系统依据 DA/T46-2009 中的元数据项和自定义的元数据项进行自动检测（检测规则来自标准规定或用户自定义）： 对数据库中电子档案元数据项进行数据项长度检测； 对移交信息包中元数据项进行长度检测

续表

检测项目	检测目的	检测对象	检测依据和方法
元数据项数据类型、字段格式检测	检测元数据项数据类型、字段格式是否符合要求	电子档案元数据	系统依据DA/T46-2009中的元数据项和自定义的元数据项进行自动检测： 对数据库中电子档案元数据项进行数据类型和字段格式的检测； 对移交信息包中元数据项进行数据类型和字段格式的检测
设定值域的元数据项值域符合度检测	检测设定值域的元数据项的数据是否符合值域要求		系统依据DA/T46-2009中的元数据项和自定义的元数据项进行自动检测： 对数据库中电子档案元数据项进行值域范围的检测； 对移交信息包中数据项进行值域范围的检测
元数据项数据合理性检测，元数据项数据范围检测	检测元数据项数据值是否在合理范围内		系统依据DA/T18-1999中的著录项目、DA/T46-2009中的元数据项和自定义的元数据项进行自动检测： 对数据库中电子档案元数据项进行数据值是否在合理范围内的检测； 对移交信息包中元数据项进行值是否在合理范围内的检测
元数据项数据包含特殊字符检测	检测元数据项数据中是否包含特殊字符		系统依据GB18030-2005和自定义的元数据项进行自动检测： 对数据库中电子档案元数据项进行数据值是否包含特殊字符的检测； 对移交信息包中元数据项进行值是否包含特殊字符的检测
档号规范性检测	检测电子档案编制的档号是否符合规范	档号	系统依据DA/T13-1994和用户自定义的档号编制规则进行自动检测： 对数据库中的档号进行检测； 对移交信息包中的档号进行检测
元数据项（全宗号、目录号、分类号）与档案馆要求的一致性检测	保证移交单位和接收单位元数据项规则的一致性	全宗号 目录号 分类号	系统依据DA/T13-1994和用户自定义的全宗号、目录号、分类号编制规则进行自动检测： 对数据库中全宗号、目录号、分类号的编制规范性进行检测； 对移交信息包中全宗号、目录号、分类号的编制规范性进行检测

续表

检测项目	检测目的	检测对象	检测依据和方法
元数据项数据重复性检测	避免立档单位重复移交电子档案	用户自定义重复性检测元数据项，比如档号、文号、题名等	系统依据用户自定义的元数据项（如档号、文号、题名）进行数据库记录和移交信息包的数据重复性检测

（3）电子档案内容真实性检测，如表 3-4 所示：

表 3-4　电子档案内容真实性检测

检测项目	检测目的	检测对象	检测依据和方法
电子档案内容数据的电子属性一致性检测	保证电子档案内容数据电子属性的一致性	电子档案内容数据	系统自动捕获电子档案内容数据的电子属性信息（计算机文件名、文件大小、文件格式、创建时间等），与电子属性信息中记录的数据进行比对

（4）元数据与内容关联真实性检测，如表 3-5 所示：

表 3-5　元数据与内容关联真实性检测

检测项目	检测目的	检测对象	检测依据和方法
元数据是否关联电子档案内容	保证电子档案元数据与内容数据的关联	元数据关联的电子档案内容数据	系统依据元数据中记录的文件存储路径自动检测电子档案内容数据，如果没有找到对应的电子档案，则进行错误提示

（5）移交信息包真实性检测，如表 3-6 所示：

表 3-6　移交信息包真实性检测

检测项目	检测目的	检测对象	检测依据和方法
说明文件和目录文件规范性检测	保证移交信息包信息组织结构和内容符合移交要求	说明文件 目录文件	系统依据《电子档案移交与接收办法》附件 2 的规定，自动检测说明文件和目录文件信息组织是否符合规范
移交目录结构规范性检测		电子档案文件夹名称 移交信息包目录结构	系统依据《电子档案移交与接收办法》附件 2 的规定，自动检测移交信息包内的文件夹结构是否符合规范

续表

检测项目	检测目的	检测对象	检测依据和方法
移交信息包一致性检测	保证信息包在移交前后完全一致	移交信息包	系统采用数字摘要比对的方式对移交信息包的一致性进行检测。移交前计算移交信息包的数字摘要，接收时重新计算数字摘要并和移交前的数字摘要进行比对，如果不一致，则移交信息包不符合要求

2. 完整性检测

（1）电子档案数据总量检测，如表 3-7 所示：

表 3-7　电子档案数据总量检测

检测项目	检测目的	检测对象	检测依据和方法
电子档案移交总件数相符性检测	保证电子档案总数和实际移交数量相符	电子档案总件数	系统依据《电子档案移交与接收办法》：采用在线移交方式时，由系统自动检测；采用离线移交方式时，系统自动统计总件数，由人工与附件 3《电子档案移交接收登记表》中登记的数量进行比对
电子档案移交总字节数相符性检测	保证电子档案总字节数和实际移交字节数相符	电子档案总字节数	系统依据《电子档案移交与接收办法》：采用在线移交方式时，由系统自动检测；采用离线移交方式时，系统自动统计总字节数，由人工与附件 3《电子档案移交接收登记表》中登记的字节数进行比对

（2）电子档案元数据完整性检测，如表 3-8 所示：

表 3-8　电子档案元数据完整性检测

检测项目	检测目的	检测对象	检测依据和方法
电子档案元数据必填著录项目检测	保证电子档案元数据必填项的完整性	电子档案元数据	系统依据 DA/T46-2009 中的元数据项和自定义的元数据项进行必填项的自动检测（检测规则来自标准规定或用户自定义）
电子档案过程信息完整性检测	保证电子档案过程信息的完整性	电子档案元数据中的处理过程信息	系统逐一检查电子档案元数据中包含的处理过程信息，如果没有处理过程信息，系统自动提示

续表

检测项目	检测目的	检测对象	检测依据和方法
电子档案连续性元数据项检测	保证电子档案元数据的连续性	具有连续编号性质的元数据项	系统依据 DA/T22-2015 以及用户自定义的具有连续编号性质的元数据项（档号、件内顺序号等）和起始号规则进行检测：具有连续编号性质的元数据项是否按顺序编号，是否从指定的起始号开始编号

（3）电子档案内容完整性检测，如表 3-9 所示：

表 3-9　电子档案内容完整性检测

检测项目	检测目的	检测对象	检测依据和方法
电子档案内容数据完整性检测	保证电子档案内容数据完整	电子档案内容数据	用户在系统中打开电子档案内容数据进行人工检测
电子档案附件数据完整性检测	保证电子档案内容数据中附件内容不丢失、不遗漏	电子档案内容数据中的附件部分	用户在系统中打开电子档案附件数据进行人工检测

（4）移交信息包完整性检测，如表 3-10 所示：

表 3-10　移交信息包完整性检测

检测项目	检测目的	检测对象	检测依据和方法
移交信息包元数据完整性检测	保证移交信息包中元数据必填项的完整性	移交信息包中的元数据	系统依据 DA/T46-2009 中的元数据项和自定义的元数据项进行必填项的自动检测
移交信息包内容数据完整性检测	保证移交信息包中内容数据齐全、完整	移交信息包	系统依据移交信息包元数据中记录的文件数量检测移交信息包中实际包含的电子文件数量，比对两者是否相符

3. 可用性检测

（1）电子档案元数据可用性检测，如表 3-11 所示：

表 3-11　电子档案元数据可用性检测

检测项目	检测目的	检测对象	检测依据和方法
移交数据包中元数据的可读性检测	保证电子档案元数据可正常读取	移交信息包中的元数据	系统自动检测移交信息包中存放元数据的 XML 文件是否可以正常解析、读取数据

续表

检测项目	检测目的	检测对象	检测依据和方法
目标数据库中的元数据可访问性检测	保证电子档案元数据可正常访问	数据库中的元数据	系统自动检测是否可以正常连接数据库，是否可以正常访问元数据表中的记录

（2）电子档案内容可用性检测，如表 3-12 所示：

表 3-12　电子档案内容可用性检测

检测项目	检测目的	检测对象	检测依据和方法
电子档案内容数据格式检测	保证电子档案内容格式符合移交要求	电子档案内容数据	系统依据 GB/T18894-2016、GB/T33190-2016 等标准对电子档案内容数据格式进行检测，判断其是否符合移交要求
电子档案内容数据的可读性检测	保证特定格式的电子档案内容数据可读		人工打开文件进行检测

（3）电子档案软硬件环境检测，如表 3-13 所示：

表 3-13　电子档案软硬件环境检测

检测项目	检测目的	检测对象	检测依据和方法
电子档案软硬件环境合规性检测	保证电子档案环境信息符合移交要求	电子档案元数据中的电子属性信息	系统对电子属性信息中记录的软硬件环境信息进行检测，判断其是否符合移交要求

（4）移交信息包可用性检测，如表 3-14 所示：

表 3-14　移交信息包可用性检测

检测项目	检测目的	检测对象	检测依据和方法
移交信息包中电子档案合规性检测	确保移交信息包中的电子档案可读、可用	移交信息包中的电子档案内容数据	系统对移交信息包是否包含特殊压缩算法、是否加密、是否包含不符合移交要求的文件格式等进行检测

4. 安全性检测

（1）移交信息包病毒检测，如表 3-15 所示：

表 3-15　移交信息包病毒检测

检测项目	检测目的	检测对象	检测依据和方法
系统环境中是否安装杀毒软件检测	检测系统环境是否安装杀毒软件	系统环境	系统自动检测操作系统是否安装国内通用杀毒软件，如果没有安装进行提示
电子档案病毒感染检测	保证移交信息包中电子档案数据没有感染病毒	电子档案移交数据包	系统调用国内通用杀毒软件接口，自动检测电子档案是否感染病毒

（2）移交载体安全性检测，如表 3-16 所示：

表 3-16　移交载体安全性检测

检测项目	检测目的	检测对象	检测依据和方法
载体中多余文件检测	检测载体中是否包含多余文件	移交载体	系统对载体进行读取操作，判断载体内是否含有非移交文件
载体读取速度检测	检测载体读取速度是否正常	移交载体	系统对载体进行读取操作，和常规的读取速度进行比对判断载体是否安全可靠
载体外观检测	判断载体外观是否正常	移交载体	人工判断载体外观是否正常

（3）移交过程安全性检测，如表 3-17 所示：

表 3-17　移交过程安全性检测

检测项目	检测目的	检测对象	检测依据和方法
移交过程安全性检测	判断移交和接收过程是否安全、可控	系统环境	按照国家安全保密要求从技术和管理等方面采取措施，确保移交信息包在移交和接收过程安全、可控

（四）档案室移交

档案室将已完成四性检测的档案进行移交。移交人员发起移交审批，将需要移交的电子档案和登记表提交给审核人员进行审核。

1. 档案馆接收登记

接收登记是指档案馆工作人员对档案室进馆项目的登记，主要是对进馆登记的批次、批次类型、登记时间、登记人、档案年度范围、申请时间、计划进馆时间、计划接收量、描述、全宗号、全宗名称、进馆单位、档案员、联系电话等信息的录入。

2. 档案馆接收指导

进馆指导是档案馆工作人员对进馆批次的进馆指导，批次登记信息由接收登记环节流转过来。进馆指导批次工作记录、工作完成都在进馆指导列表页完成。

（1）普通批次变更

在档案登记过程中进行，即登记状态为“已登记”的，可以进行修改，批次状态为“整理中”时只可对联系人信息进行修改。

（2）联系人变更

档案馆工作人员对当前批次里的联系人进行变更，包括档案员、联系电话等。

（3）接收进度消息提醒

由当前业务人员发送，通过消息的形式，通知该环节业务人员进行处理。

（4）历史记录

历史记录列表，可记录展示对档案员、联系电话等信息的变更情况。

3. 档案馆接收检测

（1）四性检测

调用四性检测组件，参照《文书类档案一般检测要求》，对待进馆档案数据的真实性、完整性、可用性、安全性四个方面进行检测，可在线查看待进馆数据四性检测结果报告。

（2）质量检测

调用数据质检组件，对大量的档案数字化成果数据的可用性进行检测，确保能及时地发现被损坏、不符合标准、无法正常阅读的电子数据，对待进馆档案数据的目录结构规范性进行检测，包括著录项、字段长度、格式是否规范、是否有缺失项、有没有空值、档号是否唯一等进行检测。

（五）档案馆清点

档案清点是对电子和实体类型的档案进行移交确认，确认当前批次全宗号、全宗名称、年度、数据条目、影像页及全宗介绍、大事记、组织机构沿革等数据的统计确认，确认立档单位进馆项目的数据清单是否正确且合格。批次信息主要由接收批次号、登记人、登记时间、计划完成时间、档案年度范围、描述、全宗号、全宗名称、进馆单位、档案员、联系电话组成。

1. 档案批次状态变更

可对当前批次状态进行变更，包括“已登记”“清点中”。

2. 档案批次信息变更

档案馆工作人员可对档案批次信息进行变更，对清单中的联系人、联系电话进行变更。

3. 历史记录

可查看档案清点批次项目联系人信息变更历史记录。

（六）退回与整改

1. 不合规数据退回

支持四性检测、质量检测或纸质档案检查不合格档案批次在线退回移交单位功能，并登记退回原因，方便移交单位根据要求重新整改、提交。

2. 整改管理

支持档案室根据整改要求制定整改计划，支持计划查看、计划修改、整改情况登记等功能。

（七）实体消杀

对档案实体的保存进行物理消杀，通过物理的方式，对档案实体进行保护，防止实体档案被虫蛀、鼠咬、腐烂等。

1. 消杀批次信息登记

档案馆工作人员，可在消杀列表页进行消杀批次信息登记。

2. 批次修改

档案馆工作人员可对当前批次状态为已登记的批次进行修改。

3. 消杀工作记录填写

在档案消杀列表页选中当前批次，可进行消杀工作记录填写，包括消杀方式、负责人、档案载体、档号、开始时间、结束时间等。

（八）完成接收

支持按照批次生成档案接收单，在线办理交接手续。可查看每个批次的档案数据详细内容，包括检测记录、整改记录等，支持按照日期、移交单位进行多维度筛选统计。

（九）移交过程监管

借助于图形化手段，实现对档案移交进馆过程的可视化监管。支持多种图形展示形式，如，柱形图、条形图、折线图与面积图、饼图与漏斗图、数据地图等。

1. 移交进馆情况

展示立档单位移交进馆总体情况。包括移交总量、移交单位数量、近三年移交进馆趋势，已完成和未完成移交进馆的单位数量及占比等。

2. 移交进馆全流程监管

可查看某单位移交进馆具体情况，移交工作目前所处环节，实现对移交进馆全流程的监管。

六、区域档案共享

面向立档单位档案利用人员使用，通过系统发起查档申请，进行查档登记、档案检索、档案获取，档案馆业务人员和档案形成单位（立档单位档案管理人员）作为所需档案的负责人，通过系统完成查档流程中的审批受理环节。提供档案查阅便利化服务，通过优化简化查档手续，在档案馆与各个进馆单位之间建立档案协查互查机制，促进馆室之间档案资源的共享利用。按照馆室间档案资源共享利用需求，提供包括门户、开放档案利用、本单位档案利用、档案协查、数据管理、利用管理、利用统计、系统管理等功能。

（一）一窗受理

1. 整体功能菜单

用户登录后，根据个人身份角色加载功能权限入口。

2. 通知公告

提供要闻信息，主要发布重大事项、档案相关通知公告等方面内容。

3. 查档指南

发布各类档案查阅指南，同时公布各类档案形成机构、档案内容、查阅方法、查阅时间、查阅地点、联系电话等实用性消息，以便让用户更快速地从本平台中检索到自己所需档案。

4. 开放档案查询

提供开放档案查询入口，查询者层层点击并逐层进入，就可以查询到相关开放档案。包括立档单位开放档案数据和档案馆开放档案数据。

（二）数据采集

1. 档案接收

（1）档案上传

目录导入支持多种格式导入（Excel、Access、DBF 等），提供源数据和目标数据自动匹配、查看日志、导入数据查看、导入批次记录、重复数据检查、敏感检查、导入时不规则数据检测等功能。支持大规模数据导入，如按分表设计，必须支持跨库、跨全宗导入。全文挂接能以 FTP 多用户的形式批量上传不同文件格式的档案数据，根据不同的档案类型可以定义不同的挂接规则，上传后能自动与目录形成关联关系，支持按档号匹配、多字段匹配等方式挂接，提供未挂接目录检索、客户端挂接、服务器端挂接、历史数据迁移、查看日志、删除批次和全文等功能。格式包导入提供格式包导入、启动任务、查看日志、查看记录、删除批次和数据功能。

（2）物理拷贝采集

针对使用其他系统或传统数字化成果件，提供物理拷贝方式，采用传统的移动硬盘、硬盘、DVD 和 VCD 等数据存储介质通过硬拷贝方式实现数据共享的模式。采用该模式的实现环境主要有以下几种情况：数据应用部门与中心存在着网络互联互通的障碍，导致无法通过网络实现数据共享。数据量较大，基于网络传输模式无法满足用户要求。例如海量影像，数据量高达几百个 GB，甚至是 TB，采用网络方式进行数据共享不但容易造成网络阻塞，而且成本代价较大，往往采用物理拷贝模式。

（3）接口服务采集

接口服务模式属于一种较高层次的共享模式，是各业务部门的应用系统建立与平台的接口，通过系统与系统之间的接口交互模式，实现数据的共享与调用。支持常见的接口服务有 WebService、API 等多种接口类型，满足平台的接口服务采集需求。

（4）关系型数据库采集

基于关系型数据库的采集方式，对各部门的业务系统的数据库类型、网络环境、数据密级等多方面进行调研分析，可使连接部门业务系统的数据库，直接读取相关数据。此种数据采集涉及数据类是否为关系型数据库，而且需要考虑网络环境的连通性，是否能连接，另外还需要考虑业务系统的密级性，是否允许直连数据库获取数据等多种因素，需要综合考虑。

（5）采集服务配置

获取信息资源中定义的信息资源更新频率，自动实现采集、可以配置全量或者增量采集方式，可以配置数据提供部门在数据中心部门前置库的存储位置等。能够提供对于采集周期，时间的采集策略配置、接口配置采集任务配置功能。对于应用数据采集，需要管理的关键业务点有采集点、数据传输。主要性能指标包括：在采样周期内成功取得文件的数量、采集数据间隔时间、采集文件大小、进程状态、文件连续性、采集状态、传输速率等。

（6）采集监控管理

系统提供采集异常处理机制，如出现采集任务中断、采集数据失败等相关异常现象时，实现相关的补采机制，或通过告警的方式通知系统用户等。数据采集过程的日志推送到系统、报错推送到数据提供部门的代办事宜。对于采集的电子档案数据，调用四性检测工具，按照《文书类电子档案检测一般要求》对其进行"四性"（准确性、完整性、可用性、安全性）的检测，具体检测项可自定义配置，对检测通过的数据接收进平台，并生成数据交接文书。支持对档案馆通过流程审批并编辑发布的利用信息包导入，并实现开放利用档案上载。

（三）数据管理

1. 数据清洗

从各部门采集数据并放入缓存数据库中，然后对数据进行比对、清洗，检查数据冲突，对数据进行审核校验，确保数据一致性、完整性。数据清洗包括数据过滤、数据剔重、类型转换、编码映射、文件拆分与合并、维度转换等功能。数据清洗的任务主要是进行不一致的数据转换、数据粒度的转换、数据去脏和一些转换规则的计算。其中不一致转换过程是数据整合的过程，侧重于将来源于不同业务系统的相同类型的数据进行统一处理；数据粒度转换需要对数据进行统一归整；转换规则计算按照设计的计算规则对数据进行重新计算。系统支持批量清洗和实时清洗，针对批量离线数据进行分布式并行清洗转换，针对实时数据进行不落地清洗转换。数据清洗主要是针对源数据库中出现二义性、重复、不完整、违反业务或逻辑规则等问题的数据进行统一的处理，一般包括如：NULL 值处理，日期格式转换，数据类型转换，等等。在清洗之前需要进行数据质量分析，以找出存在问题的数据。

2. 数据转换

建立标准规范数据的转换映射关系和转换规则，将各条部门档案数据转换为符合标准规范的数据。

3. 元数据管理

元数据与数据目录密切相关，良好的元数据管理是目录管理的有效基础和前台。元数据的范围包括数据结构、数据词典、字段维度、程序映射逻辑、数据生命周期等。元数据管理包括元数据定义、存储、查询、维护、检查和分析应用。

4. 数据目录管理

采用元数据对信息资源特征进行描述，形成统一规范的目录内容，通过对目录内容的有效组织和管理，形成目录信息库，为信息资源的汇聚、共享以及对应用的支撑提供信息资源的发现定位服务。

（1）目录分类

通常将一级目录分为单位、主题、服务对象三大类。也可依据实际的应用需要进行分类，对目录的分类信息进行管理（新增、删除、更新、停用、重组目录、版本控制等）。单位内部目录分类可以按照职能域划分。编目功能，一级资源目录由管理单位维护，用于跨单位、跨层级部门信息共享的索引，二级内部目录由单位自己设定，用于单位内部信息共享的索引。编制完成之后提交审核。

（2）审核发布

目录生成后，就可以提交相关人员进行审核，确保目录的正确性。审核功能包括：对目录类别的审核、对目录项审核、对目录文字审核、对目录流程图审核、资源目录项中标识符编码的查询显示、数据资源目录项中标识符编码的人工修改。审核通过之后，进行自动发布，供用户使用。功能包括目录浏览、发布、退回。根据资源目录分类，采用懒加载的方式进行目录展示。

（3）目录查询

目录查询包括多维度目录查询，列表查询，信息资源访问功能。多维度目录查询：根据数据资源目录分类的不同维度进行资源目录的查询。列表查询：通过列表的方式进行资源目录查询。资源访问：根据目录资源权限设置，在一定的权限范围内访问相关的信息资源。

（4）目录权限

目录权限管理是为不同用户级别进行授权。满足不同用户对目录浏览、检索的权限要求。

（5）目录维护

对已发布的目录进行维护、删除、停用、更新、重组目录等操作。

5. 格式转换

通过集成格式转换工具支持将电子文件转换成符合电子文件长期保管要求的格式，支持自定义设置原格式转换成什么目标格式。如将 OFFICE、TIFF、JPG 文件转换成版式文件格式，将各种视频格式转换成编码的 MP4 或 FLV 格式，将各种音频格式转换成 MP3 格式，将各种图像格式转换成 JPEG 格式，并支持可扩展。

6. 多文档格式支持

可接收与管理各种结构化的如 DBF、MDB、XLS 等格式目录数据，WORD、WPS、RTF 等格式文档数据，TIFF、JPEG、PDF 或 PDF/A 等格式的全文图像数据及经 OCR 识别的 TXT 文字型数据，WAV、MP3 等音频档案数据，MPEG、ASF、WMV 等视频档案数据，与其他常用的 XML、HTML 等格式的档案信息数据；可以解决不同文件格式的各类档案资源的在线浏览和权限控制等问题，利于数字档案资源的安全在线利用。

7. 在线浏览

集成在线浏览工具，提供档案在线浏览及打印功能，可按数据包结构方式进行浏览、数码照片档案可按组进行数码照片及文字说明浏览。支持通过自定义添加水印功能，实现在线浏览安全管理。

提供对数据的条件检索，提供对检索结果进行排序、勾选。

全文打印界面支持单页、多页、选页打印。打印页面自动适应纸张大小（A4 纸为主）。

8. 批量导出

支持档案数据按条件导出、目录导出、目录全文打包导出、光盘制作导出等多种导出方式，支持 Excel\DBF\ACCESS 等常见的导出格式。档案全文导出支持单个文件导出下载及打包导出，打包导出自动压缩成 ZIP 格式的压缩包。

9. 数据存储配置

系统提供数字档案存放路径配置功能，可按各档案门类进行分类存储。

配置存储规则：系统在参数配置中提供原件存放路径规则配置，例如：全宗 \ 目录号 \ 年度 \ 保管期限 \ 件号；在原件上传挂接时系统就会根据存储路径规则进行分类存放。

原件分类存储：系统根据配置规则及挂接原件时的档案目录，自动创建文件夹把原件存放到对应的目录下。

（四）数据共享发布

提供档案数据目录、全文共享发布功能，调取各档案室数据，构建档案数据共享资源总库，各共享单位可见。

发布汇总的各类档案资源通过整理后，按分类进行管理，可发布至不同对象、平台提供共享利用。可查询已发布档案资源数据内容。

1. 共享角色控制

为保证档案的安全性，系统支持对谁能查看数据进行控制。数据拥有单位选择需要可以进行共享的档案数据，进行共享单位、单位内指定角色设置。

2. 共享权限设置

结合档案的开放程度可提供三种级别（条目发布、原文发布、原件发布）的数据共享，三种级别发布可自由组合进行设置。

条目发布：在共享管理库里只能查看档案目录，无法查看相应的电子文件。

原文发布：在共享管理库里能查看到档案目录和查阅相应的电子文件。

原件发布：在共享管理库里能查看到档案目录和查阅相应的电子文件并提供下载。

3. 系统登录查询控制

为确保系统服务延伸至各乡镇、村（社区）出证点，且能够保证数据安全，系统支持通过登录安全控制措施实现专人管理查阅登记出证，系统具备用户名密码配合密钥及短信验证等多种形式进行系统登录查阅登记出证，在没有密钥短信验证码的情况下不能登录系统进行查阅登记出证。

（五）共享利用服务

1. 查档登记

身份认证：各类查档用户在查档前需进行利用登记。

信息登记：提供无纸化受理登记功能，可登记查档人的证件类型、证件号码、姓名、性别、出生日期、联系电话、联系地址、上传扫描证件或证明材料；按照受理流水号、受理状态、查档人、证件号等来查询查档人信息。

2. 权限分配

根据用户权限对档案库进行档案检索，用户登录后仅能查询到自己账号权限范围内的档案数据，再根据档案所属开放级别（条目开放 / 条目和原文开放）进行相应出证或审批流程。

3. 档案检索

提供多种检索方式，包括一体化检索、条件检索、全文检索等多种检索手段对档案信息进行查询，确保找得到所需的数据。

4. 一键检索

可以对案卷级、文件级等所有条目数据进行跨类型查询。

自定义查询。允许用户自定义查询条件，比如“题名”“包含”“*** 档案主管部门”，系统提供了多种逻辑操作符（等于、大于、小于、不等于、包含，等等），并可以用“并且”“或者”自由组合或者灵活拆分多个条件。

5. 全文检索

对系统中的电子全文，提供全文检索功能，查询结果中的关键字进行突出标识，并可以点击所属条目的链接进行查看。

（六）利用申请受理

接待人员根据查档人员现场登记或预约登记的查档信息，在本单位数据库及共享管理库中进行数据检索。

（1）查档申请数据在本单位数据库中，则直接提交申请进行审批。

（2）本单位无查档数据，则在共享管理库中进行查询，查询到数据可条目和全文开放，则直接在线出证（出证时调用统一电子签章服务进行签章）或根据查档人员要求进行打印邮寄或发送邮箱。如数据只有条目开放，全文不开放，则向数据所属单位提交申请，等待数据所属单位审批。如条目和全文均不开放，则告知档案馆进行档案救济。

1. 查档审批

审批人员通过待办任务对申请信息进行审批，审批时根据利用目的进行审批。审批会严格控制档案借阅利用权限，包括：

（1）控制查阅次数，包含单次、天、截止日期等。

（2）控制查阅权限，包含在线浏览、出证打印。在查看浏览时，保证文件不被拍照或者截屏，浏览时显示水印，打印出证后，浏览的水印去除，保留系统特有的水印以及每份出证文档必须有特定的出证详细信息（包括时间、出证单位、出证人、出证编号）等。对于有权限下载的电子档案具有保存到本地的功能。

审核完成填写审核意见，对不符合要求的申请可以进行驳回操作，驳回时可填写驳回原因。

可异地出证的档案，数据所属单位可直接通过系统上传相关档案原件。个别档案不允许异地出证，查档接待点可以出具联系单，查档者可以凭联系单到档案所在单位进行查档。

2. 联动协查

对平台数据库查询未果的，线上交办档案形成单位开展协查，协查单位检索调取后上传平台电子出证，出证时调用统一电子签章服务进行签章。若因其他原因查询未果，开展其他协查，协查结果上传平台统一反馈，拒绝协查可在线回复驳回理由。

3. 档案救济

协查未果的由档案形成单位实施档案救济，救济结果上传平台统一反馈，拒绝救济可在线回复驳回理由。

4. 办理评价

提供办理结果评价功能，用户可依据统计办理效率、协查效率等，在业务结束后进行打分评价。

5. 利用管理

支持查档登记单打印，查阅记录导出 Excel、按照查档方式、办结状态等查档记录查询。

支持修改及删除未办结查档申请，新增、修改、删除未办结查档申请下查档数据，修改查档申请状态。

6. 输出及统计

支持浏览审批后通过的档案条目与全文。在档案浏览过程中，通过专用浏览控制技术，可实现受控利用，具体控制内容包括限定打印次数、禁止下载及浏览权限控制等；提供受理（包含所有受理渠道和受理方式）情况统计功能，可实现当日受理人次、查询人次、出证人次、协同人次的统计；提供用来快速查询出证状态。可以按照受理流水号、档案号、查文件人、证件号码、受理人、文件类型进行查询。

七、安全保真管理

面向立档单位档案管理人员使用，在电子文件、电子档案传输过程中保证真实完整性。

保障电子化归档、接收移交过程中数据的真实性、完整性、可用性和安全性，确保档案数据的原始性及不可篡改性，并明确数据移交过程中产生的责任问题，使档案数据移交接收过程能够被全程追溯，数据移交接收的每个环节能够被记录，所有信息能得到保真。

（一）数据接收移交登记

系统提供对移交和接收的文件进行登记，在数据移交接收的每个节点，对每份电子文件或者电子档案信息包生成数字摘要，同时对其进行保真，便于对电子文件或者电子档案信息包进行技术检测时读取比对。系统自动统计移交、接收文件数量及已保真文件数量。

（二）数字摘要校验

数字摘要是密码技术的一个重要应用，采用单向散列函数对文件中若干重要元素进行某种变换运算，得到固定长度的摘要码，并在传输信息时将之加入文件一同发送给接收方。接收方接到文件后，用相同的方法进行变换计算，若得出的结果与发送来的摘要码一致，则可断定文件未被篡改，反之亦然。在数据移交接收的每个节点，对每份电子文件或者电子档案数据包生成数字摘要，便于将来对电子文件或者电子档案数据包进行技术检测时读取比对。对接收数据进行校验比对，校验通过接收入库，校验不通过，停止接收，并查看哪些数据出现异常。

（三）数据保真管理

将接收端和移交端的校验信息及数据在电子文件保真平台中各保真一份，确保系统里能始终保持两套数据，当数据检测到有异样时，系统自动启动数据备份机制，用原始数据覆盖异常数据，始终保证两份数据的一致性。

1. 数据监控

对移交接收数据进行监控，兼顾从数据监测、到预警、到数据修复完整的智能化保管体系，确保对移交接收数据的最有力保障。

数据监测，定期对数据状态进行实时监测，支持全盘、自定义监测。

系统预警，发现异常，立即预警，通过短信将预警信息及时发送给相关人员。

数据保真，采用先进技术，对异常数据进行保真。

数据修复，采用安全数据恢复技术，对异常数据进行数据恢复。

2. 数据追溯管理

需要查看数据移交接收记录时，上传需要追溯的文件，生成数据接收移交记录，掌握数据流转痕迹，确保原始数据实时还原，原始数据可追溯。系统自动统计移交、接收文件数量及已保真文件数量。

3. 统计分析

统计分析包括现状统计和增量统计，可按自定义类型、全宗号、批次等进行统计数据量及大小相关信息。

八、教育基地管理

面向档案馆业务人员使用，通过系统汇总教育基地预约情况，辅助在线进行教育基地接待工作登记、安排、记录等管理工作。

1. 预约单管理

支持教育基地接待预约登记功能，对来馆群众、人数、参观需求等进行登记，且支持将互联网上预约信息实时汇集统一管理。

2. 安排场次

能够在线选择参观场次，如该场次已被预约或者当天已预约满则不可选。

3. 安排讲解员

系统支持讲解员安排功能，安排完成后将预约登记信息自动转发讲解员处。

4. 接待记录

支持接待后相关信息的记录或者与预约登记不符信息记录功能。

九、“区块链 + 档案全生命周期管理”

通过集成政数部门区块链平台，建设“区块链 + 档案全生命周期管理”，解决电子档案安全可信存证和全生命周期每个节点可回溯认证问题。在电子文件归档接收、归档整理、移交进馆三大环节，计算档案数字摘要，连同操作人员、操作内容、时间等信息，上链存证。档案检索、档案发布等利用阶段，下载区块链上存证信息与本地进行对比校验，如一致，则认为档案可信。

十、业务管理后台

具备档案设置、应用管理、系统管理等功能模块。系统管理具备组织管理、权限管理、用户管理、角色管理和日志管理等功能。

（一）用户管理

提供用户管理，对系统用户进行维护，包含新增、修改、删除、授予角色、改变组织等操作；可进行 Excel 导入导出操作。

（二）角色管理

提供角色管理，对系统角色进行维护，包含新增、修改、删除操作；可进行 Excel 导入导出操作。

（三）全宗维护

对全宗信息进行维护，记录每个全宗单位的基本情况信息。当全宗发生变更（如撤销、合并、分离等）时，能即时记录新的全宗情况，保持现有全宗和历史全宗之间的对应关系。

（四）档案定义

1. 门类定义

提供档案门类维护功能，包括创建、修改、删除、复制、导入、导出。提供档案元数据维护功能，包括电子目录信息、文件属性信息、业务行为信息等。提供档案门类著录界面、列表项、检索项、排序项的自定义设置功能。

2. 档案树定义

提供以档案树的方式支持分类定义功能，包括新增、修改、删除、复制功能。分类方式支持扩展，如根据立档单位、档案门类、年度、保管期限等。

3. 档案分类定义

结合分类模板的层级设置各单位的归档范围。

4. 分类模板定义

定义各档案门类的分类层级。

5. 报表定义

调用统计报表组件，提供报表自定义配置功能系统。系统中预置一套常用（标准）报表样式。

6. 公共字典定义

提供档案门类中公共元数据字典维护功能。

7. 统计定义

提供统计自定义配置功能，包括新增、修改、删除、图形定义等功能。统计表流程配置包括选择报表样式、选择数据表、设置条件、选择字段、选择查询字段、报表预览。

8. 统计数据源定义

确定统计定义时的数据源，如哪些表、字段可在统计定义中被使用。

9. 同义词定义

提供同义词组设置功能，检索时可将一组同义词都检索出来。

10. 文号责任者定义

提供用户新增立档单位的文号责任者信息，支持对文号责任者信息的删除和修改以及相关检索。

11. 回收站

为防止误删除，保证数据的安全，在系统内设计一套数据回收站功能。对系统内的数据删除后，执行的是逻辑删除，删除的数据保存在数据回收站内，只有对数据回收站的数据进行确认删除，数据才会真的从数据库或文件服务器上删除掉。没有清空回收站时，用户可以通过回收站进行数据恢复。

12. 流程控制

调用工作流组件，实现业务流程的快速定制和跨部门的流程协作。系统支持工作流的自定义，用户可以定义流程每个节点的操作人或操作角色及权限。定义好的流程可以发布到服务器与需要进行审批的任务进行结合。

13. 数据导入导出

支持数据导入导出模块，包括业务数据和系统数据。

（五）三员管理

系统分为系统管理员、安全员、审计员三个角色，三个角色相互制约，系统管理员主要负责系统的日常运行维护工作。安全员负责系统的日常安全和保密管理工作，包括对系统用户权限的授予与撤销，用户操作行为的安全设置，系统安全事件的分析、处理等。审计员主要负责对系统管理员和安全员的操作行为进行审计跟踪、分析和监督检查，及时发现违规行为等。

1. 权限控制

针对系统中的用户或角色赋予相应的权限，包括功能权限、数据权限，使系统能够从系统操作和数据访问两个角度来定义系统的权限，为系统进行的严格访问控制提供了可能。根据用户级别赋予不同的访问权限，用户只能依据权限对特定的文件、数据进行访问、下载、修改操作。支持系统级、模块级、界面级、表级、字段级、记录级等各种层级、粒度的权限控制。系统提供一个完整统一的安全访问机制，通过基于角色的访问控制以及分类方案对电子档案的数据权限控制进行安全管理。

2. 水印、防拷屏

调用数字水印组件，系统支持对数字化副本、电子档案等各类档案数字资源在线阅览功能，支持阅览过程中防止用户拷屏、下载、拍摄功能。系统提供水印浏览和打印水印控件，系统配置好浏览水印后浏览默认添加，管理员账户不显示浏览水印，浏览水印只针对对外利用窗口。

3. 内容遮挡

系统有档案利用内容遮挡工具，实现对于敏感信息档案电子文件拆分、遮挡处理、版本权限管理等功能。通过对多层格式处理，可对文档进行文件内容的遮挡，可在鉴定管理功能中，实现文档内容的遮挡管控，可对每页档案中的敏感信息（词组或一段文字信息）进行遮挡操作。遮挡版本为原始档案的复制件，可对每页档案中敏感部分内容（可框选词组或段落）进行显示遮挡，可制作多种不同权限的遮挡版本，依照不同的权限赋予查看不同遮挡版本的阅览权限。

4. 日志监控

调用审计日志组件，对各系统相关审计数据提供采集服务。对登录用户的操作进行实时的记录，确保数据的安全性。需要跟踪的信息用户可以设置拦截器自定义要监控的内容。对设置好拦截器的操作都自动进行日志记录，管理人员对日志记录进行查询、管理、统计和分析。对于用户误操作删除的档案信息可以通过日志进行恢复。管理员能够实现对日志的详细管理，对工作流程详细记载每一项目、每一流程节点的操作细节，包括处理时间、操作者、操作等。系统能够对用户的所有操作进行日志记录，以此分析用户行为，对其中的安全风险进行评估和审计。为了保证安全和预防破坏行为，也便于系统运行历史的监视审查，系统提供一种跟踪所有动作的可选手段。系统将必要的操作记录在案，并且提供一种工具（日志审计）去浏览和分析系统的行为。安全日志可以进行查询和统计，用于系统分析。提供日志的 Excel 导出功能。

5. 访问控制

除了权限管理中基于用户角色的功能控制和资源控制以外，系统还可以从访问时间、访问客户机的 MAC 地址和 IP 地址、访问服务器等方面进行访问控制。

6. 安全设置

提供设置登录身份验证和密码安全相关设置。

第三节　互联网业务管理系统

互联网主要业务对象是社会公众，主要提供开放信息的查阅利用服务。面向互联网进行多种类型和载体的档案和文献资源的收集，包括图书文献、广播电视、电子报刊、新媒体等其他多种类型和载体的文献资源，打造一个丰富的档案和文献资源库。以互联网渠道面向社会公众提供信息发布、开放档案查询、查档预约等档案利用服务，为社会公众提供网上开放档案信息、政府信息公开检索利用服务。

一、互联网信息采集

面向档案馆业务人员使用，通过系统采集互联网上有关档案资源，丰富馆藏数据库。通过爬虫技术，对指定网站和自媒体公众号，包括政府网页信息、微信公众号等，自动搜集关于指定事件、关键词的相关内容（例如与“疫情防控”有关的应对策略的内容，汇集全国各地、各部门在各种突发事件应对中形成的文字、图片等各类资料）。

（一）首页

显示网站和自媒体公众号相关统计信息，每日排行，数据爬取排行，网站和自媒体公众号总数，文章爬取总数。

（二）采集配置

1. 网站和微信公众号配置

具有配置网站和微信公众号信息功能，支持新增、修改、删除等操作。配置完成后，系统可对指定网站和微信公众号以定时任务方式采集，可保存文章 HTML 内容、图片、音频、视频到档案馆指定的本地服务器，同时把 HTML 文章内容原貌转成 PDF 格式文件。

2. 站点配置

提供目标站点配置功能。

3. 网页采集模板配置

提供各栏目采集规则配置功能，列表展示各网站的栏目列表。

（三）数据管理

1. 网页数据

以树节点、列表形式展示网页抓取结果，并提供新增、修改、删除、浏览功能。

2. 网页分类方案

方案管理主要通过预分析结果自动创建，同时可手动创建与调整。主要用于将采集的网页电子文件进行分类整理。

（1）档案全宗管理功能

系统可以提供档案全宗增加、修改、删除管理功能，相应操作记入操作日志表。

（2）档案类目管理功能

系统可以提供档案类目增加（支持无限级嵌套）、修改、删除、关闭/打开、导入/导出功能；操作记入操作日志表。列表显示字段：编号，名称，时间，状态。

（3）档案案卷管理功能

系统可以提供档案案卷创建（支持无限级嵌套）、修改、删除、关闭/打开、导入/导出功能；相应操作记入操作日志表；列表显示字段：编号，名称，时间，状态。点击列表中编号主题，可以查看案卷详细信息，其查看界面同类目查看页。

3. 网页自动分类

系统支持自动分类功能。自动分类方案主要依据《政府网站发展指引》建设要求，对采集后的网页构建自动分类，自动将采集后的网页进行分类整理；用户也支持手动构建分类，设置保存期限等功能。

4. 网页文件采集

网页文件采集是按照系统设定策略规则利用网页爬虫服务从指定网站保存网页数据的过程。系统依据“国办发〔2017〕47号”文《政府网站发展指引》建设的政府网站的保存归档。网页采集过程中还支持自动分类、捕获元数据等功能。采集策略规则包括默认策略和网站网页归档管理系统中的策略管理定义，默认策略主要包括：采集网站名称、描述；链接处理规则；网页地址分析策略；存储命名规则等。采集方式如下。

（1）全站采集风貌类

风貌类定义为对网站结构、层级、样式的原样克隆，完整保存网站的风貌和浏览体验。由于网页是不断变化的，以首页 Index 为例，在文件名不变的前提下，每天的内容都不相同。基于该特点，风貌类网页的组织确定为以时间为轴，可以按照超链接的层级依次点击，还原一个真实完整的网站。

（2）定向采集内容类

内容类的电子文件的保存与网站风貌和层级结构无关，重在对信息内容的全息保存和利用，因此内容类网页的组织确定为以内容分类为轴，如新闻类、法规类、政务类，等等。不同内容类适用于不同内容类采集模板，这样采集服务就可以准确地采集到元数据和网页内容。

5. 元数据采集

系统支持网页中的元数据采集，支持标准的网页元数据采集。标准元数据包括标题、发布时间、发布者、来源、保存期限、作者、网址等信息。不同类型的网页内置不同的元数据，用于在网页文件采集的时候捕获。有些元数据网页没有提供的，系统提供缺省值，在采集的时候，自动填补网页上没有的元数据。比如发布者，对于特定的网站，如某政府门户，如果内容页没有声明发布者，系统可以自定义发布者是该政府部门办公室。

6. 网页统计

系统支持按网站名称统计网页文件的数量和占用存储空间的大小，支持图形和列表方式展示结果信息。系统以图形化的方式展示网站网页归档所占用的存储空间，主要显示 WARC 文件占用的空间，OFD 文件占用的空间。系统还以图形方式展示每个网站每天采集的网页的数量。每天转换的 OFD 网页电子文件的数量等统计指标。提供按照分类进行统计，统计每个分类下采集了多少个网页，有多少网页生成了 OFD 文件。

7. 微信公众号

列表树展示，以列表和缩略图的方式展示微信公众号中采集的文章信息，用户可通过查询功能对微信公众号进行过滤，可以 PDF 格式在线浏览、查看原文信息。系统提供网页原文离线浏览功能。

（四）数据导出

提供数据导出功能，可以 Excel 格式导出元数据，以 PDF 格式导出附件，以任务为单位导出文件夹，供后续利用，以及为档案专题库的建立提供数据来源。

（五）系统配置

1. 采集任务管理

提供定时任务管理，用于完成定时采集动作。

2. 数据库表管理

提供数据库表配置功能。

3. 数据库表字段管理

提供表字段管理功能，可配置列表项。

4. 数据字典

提供数据字典管理功能，数据字典是系统中各类数据描述的集合。数据字典的内容通常包括：数据项、数据结构、数据流、数据存储、处理过程等部分。其中数据项是数据的最小组成单位，若干个数据项可以组成一个数据结构。数据字典通过对数据项和数据结构的定义来描述数据流、数据存储的逻辑内容。数据字段管理中，包括了所属数据源、字段规则名称、创建时间、状态、字段规则等信息。

5. 元数据配置

元数据管理模块按照网页电子文件的标准规范对元数据项进行设计、创建和捕获元数据内容，并将其与电子文件进行关联。元数据是描述文件背景、内容、结构及管理过程的数据。元数据管理有助于保证电子文件的真实性、完整性、可用性和安全性。元数据集应随网页电子文件的产生同时创建，以系统地记录电子文件的内容特征、形式特征、背景和管理过程等信息，并能够体现元数据元素关系间的逻辑结构。元数据集管理模块的开发应基于《政府网站发展指引》元数据标准规范，具有创建、管理、应用元数据的功能，元数据可自定义扩展，元数据内容可设置是否允许手工录入，并提供标准的元数据封装，便于对电子文件的理解、管理、交换和利用。元数据的采集随网页的电子文件的产生同时创建，现枚举网页中的关键元数据和 OFD 制作的关系。对网页内容使用中文自然语言分析后的结果，对大段文字自动进行内容摘要，并据此提取关键词和内容主题。这几项元数据依赖于分页内容分析的结果。

（1）元数据获取和存储方式

基于 OFD 的电子文件管理依赖资源的元数据信息，内容类别、摘要等元数据信息的合理使用，不仅使用户可以从不同的角度进行查询，而且也使得查询的准确性得到提高。从数据库或 XML 文件转化而来的电子文件，其元数据可从源文件中按照配置规则直接提取。从网页文件转化而来的电子文件，其元数据的正确获取，除要求网站遵循相应规范进行元数据声明外，还依赖于网站分析和中文自然语言处理等一系列技术手段。

（2）网页的净化处理

网页净化是指识别和清除网页内的噪声内容，得到真正的主题内容的相关技术。在净化后的网页上作元数据信息提取不仅可以排除噪声信息对信息提取的干扰，提高信息提取的准确性，而且可以使得网页中的结构简单化，提高元数据信息提取的效率，提高元数据的可靠性。

6. 参数管理

对系统进行参数设置，保证系统正常运行，可根据以实际情况设置相关初始化参数，如设置访问地址、操作系统环境、下载路径、报表路径等参数。

二、互联网档案利用服务

面向社会群众提供使用，通过系统阅览公开信息、查阅开放档案、了解档案资讯、发起档案捐赠、预约教育基地参观、与档案馆互动交流等。（见图 3–18）

档案服务系统部署在互联网上，以互联网渠道面向社会公众提供信息发布、开放档案查询、查档预约等档案利用服务，也是档案信息资源提供政务公开、开展行政管理的系统。为社会公众提供网上开放档案信息、政府信息公开检索利用等服务。

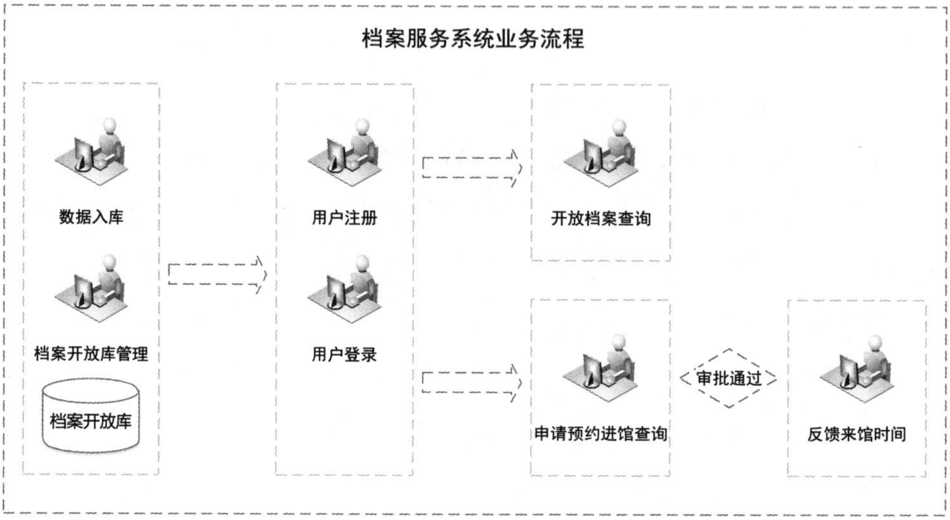

图 3-18　档案服务系统业务流程图

（一）移动档案应用

使用“互联网＋政务服务”的模式，将互联网档案利用服务嵌入区移动平台中，主要使用微信公众号、小程序、i 龙华的形式。面向移动终端进行页面布局设计。

（二）档案馆网站

档案网站作为区政府二级网站，嵌入区政府网站中。面向电脑 PC 端及移动端进行页面布局设计。

（三）信息公开

以多图文信息显示政务信息公开列表，以图文并茂的方式显示公开信息。（见图 3-19）

图 3-19　信息公开界面图

（四）档案资讯

以多图文信息显示档案资讯列表，以图文并茂的方式显示档案工作相关新闻信息。

（五）档案利用

1. 馆藏介绍

馆藏介绍内容展示功能，内容包括：组织沿革、大事记、建筑详情、馆藏数据量、馆藏珍品等。

2. 利用指南

利用指南内容展示功能，即展示查档须知的内容，帮助社会公众更便捷地查找所需的档案。（见图 3–20）

图 3–20　档案利用界面图

3. 查档预约

登记个人信息及查档内容，档案馆工作人员核实是否有被查档案内容并向预约人反馈。预约人通过输入个人信息查询反馈内容。（见图 3–21）

4. 档案查询

支持开放档案利用功能，查档者可查阅档案馆统一发布的开放档案，包括文书类档案、照片档案和音视频档案等，开放档案查阅时可通过输入关键字快速匹配检索到的开放档案目录。在浏览开放档案全文时，系统会判断当前用户是否完成登录，对已登录的用户可直接浏览开放档案的全文，对未登录的用户则提示先进行登录。同时在开放档案查阅时，可通过满意度评价功能，查档者可在线对档案查阅过程进行满意度评价。并具备利用过程记录监控功能。

图 3-21　查档预约界面图

5. 服务情况反馈

系统对人工接待查档、自助查档、触摸屏查档记录进行分类存储管理，对查档服务和调卷服务进行反馈，对利用过程状态进行跟踪监控。

（六）网上展览

1. 展厅上传

提供线下制作完成的展厅上传功能，支持平面、3D 等常见格式，支持展厅的增、删、改、查等维护功能。

2. 掌上展厅

提供档案展览的播放和浏览功能。档案数字展览的形式可包括平面、3D 等常见格式。（见图 3–22）

图 3–22　网上展览界面图

（七）征集捐赠

登记个人信息、联系方式、征集或捐赠内容等信息，档案馆工作人员线上确认征集或捐赠实体，线下进行档案征集或捐赠。

（八）互动交流

支持查看公开交流内容，社会公众可以向档案馆提出意见建议，档案馆可对意见建议进行反馈。

（九）教育基地参观预约登记

支持教育基地接待预约登记功能，对来馆群众、人数、参观需求等进行登记。

（十）业务后台管理

具备档案设置、应用管理、系统管理等功能模块。系统管理具备组织管理、权限管理、用户管理、角色管理和日志管理等功能。

1. 用户管理

提供用户管理，对系统用户进行维护，包含新增、修改、删除、授予角色、改变组织等操作；可进行 Excel 导入导出操作。

2. 角色管理

提供角色管理，对系统角色进行维护，包含新增、修改、删除操作；可进行 Excel 导入导出操作。

3. 档案定义

（1）门类定义

提供档案门类维护功能，包括创建、修改、删除、复制、导入、导出。提供档案元数据维护功能，包括电子目录信息、文件属性信息、业务行为信息等。提供档案门类著录界面、列表项、检索项、排序项的自定义设置功能。

（2）档案树定义

提供以档案树的方式支持分类定义功能，包括新增、修改、删除、复制功能。分类方式支持扩展，如根据立档单位、档案门类、年度、保管期限等。

（3）档案分类定义

结合分类模板的层级设置各单位的归档范围。

（4）分类模板定义

定义各档案门类的分类层级。

（5）公共字典定义

提供档案门类中公共元数据字典维护功能。统计定义：提供统计自定义配置功能，包括新增、修改、删除、图形定义等功能。统计表流程配置包括选择报表样式、选择数据表、设置条件、选择字段、选择查询字段、报表预览。

4. 回收站

为防止误删除，保证数据的安全，在系统内设计一套数据回收站功能。对系统内的数据删除后，执行的是逻辑删除，删除的数据保存在数据回收站内，只有对数据回收站的数据进行确认删除，数据才会真的从数据库或文件服务器上删除掉。用户可以通过回收站进行数据恢复。

5. 流程控制

调用工作流组件，实现业务流程的快速定制和跨部门的流程协作。系统支持工作流的自定义，用户可以定义流程每个节点的操作人或操作角色及权限。定义好的流程可以发布到服务器与需要进行审批的任务进行结合。

6. 数据导入导出

支持数据导入导出模块，包括业务数据和系统数据。

7. 三员管理

系统分为系统管理员、安全员、审计员三个角色，三个角色相互制约，系统管理员主要负责系统的日常运行维护工作；安全员负责系统的日常安全和保密管理工作，包括对系统用户权限的授予与撤销，用户操作行为的安全设置，系统安全事件的分析、处理等。审计员主要负责对系统管理员和安全员的操作行为进行审计跟踪、分析和监督检查，及时发现违规行为等。

8. 权限控制

针对系统中的用户或角色赋予相应的权限，包括功能权限、数据权限，使系统能够从系统操作和数据访问两个角度来定义系统的权限，为系统进行的严格访问控制提供了可能。根据用户级别赋予不同的访问权限，用户只能依据权限对特定的文件、数据进行访问、下载、修改操作。支持系统级、模块级、界面级、表级、字段级、记录级等各种层级、粒度的权限控制。系统提供一个完整统一的安全访问机制，通过基于角色的访问控制以及分类方案下电子档案的数据权限控制进行安全管理。

9. 水印、防拷屏

调用数字水印组件，系统支持对数字化副本、电子档案等各类档案数字资源在线阅览功能，支持阅览过程中防止用户拷屏、下载、拍摄功能。系统提供水印浏览和打印水印控件，系统配置好浏览水印后浏览默认添加，管理员账户不显示浏览水印，浏览水印只针对对外利用窗口。

10. 内容遮挡

系统有档案利用内容遮挡工具，实现对于敏感信息档案电子文件拆分、遮挡处理、版本权限管理等功能。通过对多层格式处理，可对文档进行文件内容的遮挡，可在鉴定管理功能中，实现文档内容的遮挡管控，可对每页档案中的敏感信息（词组或一段文字信息）进行遮挡操作。遮挡版本为原始档案的复制件，可对每页档案中敏感部分内容（可框选词组或段落）进行显示遮挡，可制作多种不同权限的遮挡版本，依照不同的权限赋予查看不同遮挡版本的阅览权限。

11. 日志监控

调用审计日志组件，对各系统相关审计数据提供采集服务。对登录用户的操作进行实时的记录，确保数据的安全性。需要跟踪的信息用户可以设置拦截器自定义要监控的内容。对设置好拦截器的操作都自动进行日志记录，管理人员对日志记录进行查询、管理、统计和分析。对于用户误操作删除的档案信息可以通过日志进行恢复。管理员能够实现对日志的详细管理，对工作流程详细记载每一项目、每一流程节点的操作细节，包括处理时间、操作者、操作等。系统能够对用户的所有操作进行日志记录，以此分析用户行为，对其中的安全风险进行评估和审计。为了保证安全和预防破坏行为，也便于系统运行历史的监视审查，系统提供一种跟踪所有动作的可选手段。系统将必要的操作记录在案，并且提供一种工具（日志审计）去浏览和分析系统的行为。安全日志可以进行查询和统计，用于系统分析。提供日志的 Excel 导出功能。

12. 访问控制

除了权限管理中基于用户角色的功能控制和资源控制以外，系统还可以从访问时间、访问客户机的 MAC 地址和 IP 地址、访问服务器等方面进行访问控制。

13. 安全设置

提供设置登录身份验证和密码安全相关设置。

第四章
数字档案馆应用支撑系统

第一节　基础组件

一、AI 智能平台

AI 智能平台数据来源包括档案数据、人脸数据、语音数据、用户数据、用户行为数据、环境感知数据等，应用于档案信息化建设，强调对各类档案管理、使用过程中数据的收集、挖掘和利用，结合大数据技术，实现整体档案馆的智能化、数据化。

人工智能主要应用于档案整理、档案鉴定、档案编研以及大量数字化加工成果的质检等。应用于档案的算法主要是图像处理、语音识别、自然语言识别相关算法模型及服务。集模型训练和智能能力演示于一体的人工智能平台，具备文本、图像和知识图谱的全场景智能能力，集语料、算法、标注、训练于一体，通过应用落地实现业务产品的智能化赋能。

（一）功能架构

人工智能功能架构由内到外可分为引擎、数据、能力和场景四个部分。（见图 4-1）

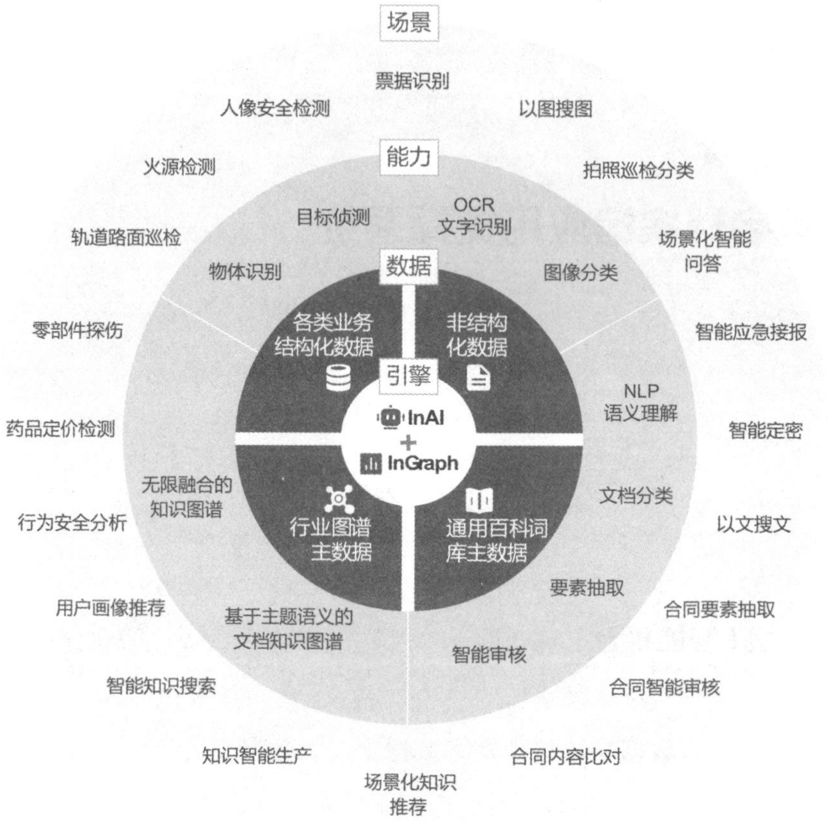

图 4-1　功能架构图

（二）技术架构

1. 技术架构图（见图 4-2）

2. 算法管理

（1）内置算法

智能平台内置多种算法包括基于卷积神经网络对文本进行分类的 TextCNN 算法；基于 LSTM 进行文本意图分类的算法；基于 Ber 模型进行文本分类模型的 BERT-Classification 算法；中文分词算法；WRN 宽残差网络；用于图像实例分割及掩码预测的 Mask R-CNN 算法；ResNet50 算法；彩色图像的深度残差网络的 ResNet50 算法。

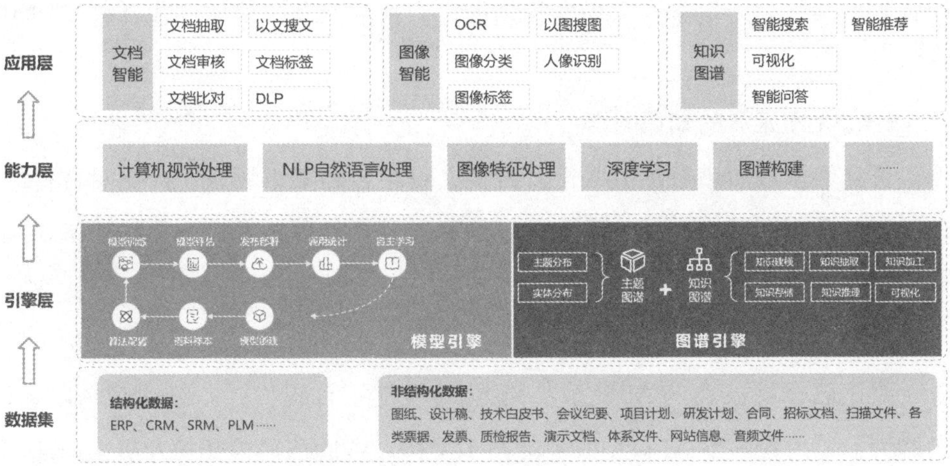

图 4-2 技术架构图

（2）自定义算法

支持基于内置算法代码参数集配置与代码扩展，以实现自定义算法创建与优化；支持在线的 Python 代码编写，实时快速进行代码扩展和调整；支持创建其他算法，用于扩展智能化处理。

3. 模型引擎

档案 AI 智能平台具备对 AI 模型的全生命周期的管理能力，支持机器视觉、图像特征处理、自然语言处理、深度学习等技术，提供数据标注、数据集处理、算法调优、模型训练、模型评估、模型服务和 AI 模型的自主学习。支持根据业务场景标注训练样本，进行算法调优和模型训练，实现对机器学习算法模型的全生命周期监督和管理。

4. 图谱引擎

（1）文档图谱引擎

通过文档图谱引擎技术，快速实现对指定内容库的文档主题分析，并通过解析的主题与实体，将文件与文件之间关联形成文档图谱，帮助档案馆挖掘非结构化数据关系。

（2）结构化图谱引擎

提供覆盖知识建模、知识抽取、知识加工、知识存储、知识推理、可视化编辑的知识图谱全生命周期管理能力。帮助档案馆快速搭建及管理知识图谱。

（3）无限延展的知识图谱

可完整呈现图谱数据关联性及价值，可结合档案馆场景，提供对百科图谱、业务数据图谱、文档关系图谱等的图谱融合处理技术，可帮助档案馆实现全景知识图谱的搭建。

5. 模型服务

对于已训练成熟的AI模型，档案AI智能平台提供了一键生成AI服务的能力，并内置各类AI模型服务的技术文档，帮助档案馆开发人员快速使用API或SDK赋能业务产品。

6. 容器化

档案AI智能平台采用Docker技术实现容器化解决方案，解决了传统虚拟化技术对硬件使用效率不高，系统依赖组件部署和配置烦琐，系统升级和降级复杂等问题。档案AI智能平台通过Docker技术，可以一键直接部署在安装最小化Linux系统的物理机上，在Docker网络环境中内置私有局域网，固定各服务之间的网络关系，实现零配置开箱即用，利用Docker物理与服务能力。特有的系统编排技术，可以秒级实现系统的滚动式升、降级。通过Docker物理网络隔离技术，整个档案AI智能平台服务器端对外通过代理只开放一个Web访问端口，屏蔽所有内部中间件的直接访问，减少因为中间未知漏洞造成系统的安全隐患。

7. 集群

构建在Docker架构之上的档案AI智能平台部署体系，通过存储和应用的前后端分离，利用Docker容器自身的跨节点秒级故障漂移及多副本动态伸缩技术，实现服务的连续性和横向扩展，前端应用服务和后端存储可以实现热扩容，减少系统停机维护时间。

（三）模型管理

1. 数据集

数据集是整个档案AI智能平台语料的管理中心，通过路径配置、数据规模配置、数据格式配置、同步策略配置进行语料的管理和同步，也支持本地上传或从文档管理系统中选择各类数据集，支持超大文件上传和自动解析。数据集分类支持图像类、文本类以及其他类型数据集类型。数据集上传支持数据集本地上传、从档案资源总库中选择数据集。

2. 算法中心

系统的算法管控中心，内置多种主流算法，并提供算法调优的自定义算法能力。内置包括TextCNN算法、基于LSTM进行文本意图分类的算法、BERT-Classification算法、中文分词算法、WRN宽残差网络、MaskR-CNN算法、ResNet50算法等。支持在线的python代码编写，即时进行代码扩展和调整。支持基于内置算法代码，通过参数集配置和代码扩展实现自定义算法的创建。支持集成其他开源算法用于训练调用。支持管理用于人工智能模型训练的智能算法。算法中心模块通过个性化定制配置多种主流的自然语言处理、图像视觉、语音处理、智能算法集成、算法能力。同时通过个性化配置主流人工智能框架集成底层架构。

3. 模型训练

模型训练是AI模型的创建和优化训练中心，提供语料配置、算法配置、自动化训练、模型发布来完成对AI模型的训练与迭代。支持进行模型的创建、训练、评估和部署。可进行模型训练和性能提升，通过模型部署后为档案馆赋能。

（1）语料配置

配置模型深度学习训练使用的语料数据，支持按比例将语料中的部分语料作为验证集，用于模型效果的评估验证。

（2）算法配置

配置模型深度学习训练使用的算法；支持对算法进行动态参数设置；支持混合算法配置并支持指定主从算法。

（3）模型评估

模型评估是对模型评估的单独管理模块，通过该模块可以详细地查看模型管理中模型评估的结果。并且可以手动创建模型评估，对模型进行实时评估，并查看结果。

（4）自动化训练

调用系统 GPU 资源对模型执行自动化的深度学习训练，模型训练配置了严密的日志跟踪用于训练分析。

（5）模型发布

以版本控制的方式对模型文件进行运行发布，汇总统计模型的调用情况。

4. 模型服务

服务模块是数字档案馆 AI 服务统一管理中心，用于对已经发布和部署的模型进行管理和查看。通过该模块可实现对已发布的模型进行启动和停止操作。档案馆可根据每条服务配备的接口文档快速进行 AI 模型服务的调用，满足实际管理和利用等需求。

5. 演示管理

支持对已发布部署的模型的演示测试使用。根据模型算法实现的能力不同，演示栏目会呈现多级能力的栏目分类，选择对应的栏目实现对应模型的演示和测试。

6. 标注管理

文本标注是对文本进行特征标记的过程，对其打上具体的语义、构成、语境、目的、情感等原数据标签，通过标注好的训练数据，帮助机器理解文本内容。档案 AI 智能平台提供给用户基于机器视觉的划词标注能力，并借助自然语言处理技术，实现文本语料的快速标注和模型快速优化迭代。

（四）图谱管理

1. 图谱构建

档案 AI 智能平台提供了对知识图谱的全生命周期管理能力，包括知识建模、知识抽取、知识加工、知识存储、知识推理、可视化编辑，帮助档案馆快速搭建符合其业务需求的知识图谱。

（1）概念定义

定义知识图谱中概念类型，搭建知识图谱框架。

（2）属性定义

配置知识图谱的概念属性和边属性。

（3）数据源

创建图谱数据源，自定义数据来源。

（4）数据集

基于已有数据源，搭建创建知识图谱所需的数据集。

（5）D2R

配置结构化数据转换成图谱数据的映射关系。

（6）计划任务

基于任务式的数据映射执行；实现周期性定时策略设置。

（7）图谱管理

基于自定义中心节点的图谱生成及图谱管理。

2. 文档主题分析

文档主题分析生成文档图谱核心能力，档案馆可通过文档主题分析引擎实现对指定文档库中的内容智能分析，生成多个文档主题，再通过对主题数量控制和质量调优，实现文档图谱数据优化，快速搭建出档案馆的非结构化文档图谱。

二、智能组件

（一）文档智能

面向档案馆积累的各种业务、各种场景、各种类型的海量文档数据，档案 AI 智能平台利用 NLP 自然语言处理、计算机视觉、机器学习等成熟的人工智能技术，可实现对各类文档的内容关键信息抽取、内容审核、内容风险分析（DLP）、内容差异比对、智能标签生成等智能化处理能力，帮助档案馆更高效地管理文档类内容数据，降低管理风险，提升利用效率。

1. 文档抽取

借助 NLP 语义理解能力，实现文档的关键要素智能抽取，并将抽取结果录入源文档结构化属性中。内置开箱即用的合同要素抽取、票据识别、证照识别模型服务，同时档案 AI 智能平台提供了完整抽取模型构建流程，档案馆也可以根据实际业务进行自主标注、训练，自定义出贴合其业务场景的抽取类型及抽取字段。文档抽取一般用于提取文档中的命名实体。在深度学习技术的加持下，文档抽取的技术能力有了巨大的提升，具备了一定的阅读理解能力，除了传统的提取命名实体的应用，还可以更广泛地用于提取特定的问题答案、特定的内容描述、实体间的关系描述、与上下文有关的未知概念等。典型的文档抽取应用了基于 Transformer 的 BERT 表征模型，或其衍生模型，在自然语言训练的泛化能力上展现了当前最好的效果。

每个文档抽取任务定义了一系列的字段，可以将其理解为一组键值，或一组问题描述。在标注系统中，对每个样本，提供这一系列的字段的标准答案。经过训练后，文档抽取模型就具备了在类似样本的文档中发现这些标准答案、并进一步将标准答案甄别为某条字段的答案的能力。例如，在一份合同文档中提供了甲方银行账户的信息，典型的合同文档信息抽取模型会在上下文中侦测识别到某条数字字符串表达了银行账户的信息，并通过上下文的

"合理"推断将其归类于"甲方银行账户"这一字段的答案中。

2. 文档审核

借助 NLP 和人工录入规则，实现文档关键要素抽取与智能审核，反馈审核结果和修改建议，帮助审核人员提升文档审核效率。档案 AI 智能平台提供人工录入规则的能力，档案馆可根据业务场景自定义各类文档审核标准。文档审核是在文档抽取基础上延伸的应用。文档审核可对文档抽取的结果做基于规则的处理。典型的情况是应用正则表达式来判断是否符合预定义规则约束。

3. 以文搜文

利用 NLP 语义理解技术，快速检索出与当前文档内容语义相同或相似的文件集。打破依赖关键词机械式检索的局限。以文搜文是将文本内容编码成高维向量，通过向量相似度比对，返回最接近的若干结果。把文本编码为高维向量，需要针对短文本和长文本分别处理。短文本一般只有一句话，或若干个句子，或一个段落，表达的语义相对长文本来说是比较明确的，技术处理上，字符序列长度有限也较为方便。长文本一般指一份完整的文档，文字量极其巨大，典型的从几千字符到几十万字符不等，往往包含了很多方面不同的内容，语义较为复杂。在技术处理上相对耗时。档案 AI 智能平台的以文搜文区分段落级的以文搜文和文档级的以文搜文，前者针对短文本，后者针对长文本。

4. 文档标签

档案 AI 智能平台已内置基于 TF-IDF 统计技术的通用标签模型，可结合 NLP、知识网络等技术，对包含文本信息的文件，自动提取更加符合业务逻辑的内容标签。同时，档案 AI 智能平台也提供标签库自定义能力和基于 NLP 的标签模型训练能力，以提升智能标签的准确度和与实际业务的匹配度，帮助档案馆快速搭建符合业务场景的智能标签库。

除了基于 TF-IDF 机制的高频词标签外，档案 AI 也集成了基于通用文档内容分类模型的文档标签和 DLP 标签。模型预置了上千种典型的内容分类标签，如体育、娱乐、新闻等，以及包含更细化的二级、三级分类体系。这种分类体系可以通过提供带标签的客户文档数据进行定制和改进。DLP 标签是基于档案 AI 智能平台内置的 DLP 引擎衍生的文档标签。典型的应用，如，检测文档中包含的身份证号、银行卡号、手机号等，一旦识别到，文档就被 DLP 引擎归入对应的分类中，同时触发档案 AI 智能平台向档案馆业务管理系统推送对应的分类标签。

5. 智能 DLP

档案 AI 智能平台基于机器学习模型以及人工录入机械规则引擎，对捕获到的数据进行风险分析，提供文件定密、文件分类、敏感内容检测、隐私内容检测、内容风险分析等安全能力。常见的如身份证号检测、银行卡号检测等。支持文件属性、内容关键字、正则表达式等四种匹配方式设置规则，内置身份证、手机号、银行卡号等开箱即用规则。预先对上传的短文本或长文档进行简单人工标注，模型训练完成后即可对新上传至系统的文档进行智能识别。

档案 AI 智能平台 DLP 引擎的核心能力之一，支持高效的实时生效扫描机制。即使在多达数十种规则机制的场景下，也可采用“一遍扫描”的技术，对长文档仅需进行一次扫描，就可以得知是否命中几十甚至上百个规则中的某些规则，以保障 DLP 处理的实时性。由命中的规则，再根据规则组的逻辑定义推理出最终命中的分类标签、密级或元数据。档案 AI 智能平台 DLP 引擎的机械规则机制基于严格的技术定义。比如身份证号识别，在检测出 15/18 位数字字符串后，要校验字符串是否能通过身份证证号的校验机制。银行卡（包含信用卡）也有类似的机制。机械规则机制技术上通过正则表达式并辅以特定的算法实现。正则表达式向用户开放，可以由专业用户或实施人员构建复杂的正则表达式来满足特定场景的需求。

档案 AI 智能平台 DLP 引擎的另外一个核心能力是将机器学习能力融入机械规则机制中，摆脱了正则表达式的严格匹配要求，机器学习机制通过基于词向量的技术，将文档转化为高维向量，进而从抽象语义上衡量任意两篇文档是否相似，通过人工设定的阈值来控制某些内容的文档是否命中，而无需通过精确定义关键词组等规则机制来命中文档，这进一步拓展了档案 AI 智能平台 DLP 的适配能力。

（二）图像智能

面向图像类、PDF/OFD 扫描类文件，档案 AI 智能平台借助机器视觉和图像特征处理技术，提供 OCR 文字提取、图像特征识别、图像分类等 AI 模型服务，帮助档案馆实现对图像类文件的内容全文检索、图像标签、图像分类、人像识别以及以图搜图等图像智能化处理。

1.OCR

借助 OCR 光学识别技术，档案 AI 智能平台可实现对图像类、PDF/OFD 类文件的文字内容提取。常用于帮助档案馆实现 PDF/OFD 和图像文件内容的全文检索和元数据抽取。

（1）全文检索

将识别到的文字结果作为源文件索引，辅助全文检索；生成文本文件或 PDF/OFD 文件供业务使用。

（2）元数据抽取

将 OCR 技术和 NLP 技术结合，对图像类、PDF/OFD 类文件进行关键内容抽取，并将抽取到的关键要素信息赋值至文件元数据。

档案 AI 智能平台 OCR 采用自研的数据生成与模型训练框架，并在技术上保持版本的持续更新升级，及时升级当前领先的开源算法。OCR 应用需经过海量数据训练与长期优化验证。

档案 AI 智能平台 OCR 为档案馆业务管理系统的 OCR 能力提供了底层支撑。档案馆业务管理系统作为档案馆资源总库的管理平台，管理了档案馆各类非结构化数据，这其中就包含了多页 PDF/OFD 格式的扫描件、图片等类型内容的识别需求。档案 AI 智能平台 OCR 提供了独有的异步调用机制，在档案馆业务管理系统侧发起 OCR 请求后，可以通过轮询机制查询 PDF/OFD

识别的页数进度，从而保证了即使是面对几百乃至上千页的扫描件 PDF 这样的大型文件，也能够可靠识别。同时，也可通过训练，获得特殊文本的识别能力。

2. 以图搜图

借助图像特征识别能力，快速检索出与原图片相同或相似的图片，打破仅能依靠文字搜索的局限，极大地节约用户检索成本。另外，根据不同的业务场景，以图搜图的能力也可以定向调整，如一般人像识别，衣物花纹、色彩识别，瓷砖、墙纸、柜门识别。档案馆也可以借助档案 AI 智能平台的模型训练能力定向优化更符合档案业务需求的以图搜图模型。

以图搜图，是将图像内容编码成高维向量，通过向量相似度比对，返回最接近的若干结果。如何将内容编码成高维向量，决定了以图搜图的结果是否符合预期。例如，一张画作，用户关注的是色彩、风格，还是画里表达的人、物、事，抑或某些作画的特征如水彩、油画、线条，等等。所谓“横看成岭侧成峰”，每幅图像在不同人的眼里关注到的内容也不完全一致，这导致评判图像是否相似，以及一组图像的相似性排序，具有一定的主观性。

通用图像搜索有多种机制来跟踪、满足这种排序主观性的需求。典型的机制是基于图像分类原理，采用支持上千个分类的通用图像分类模型来表达图像的特征，可以模仿人对基于分类的图像相似性判断。这是一种基础性的相似度判断逻辑。

档案 AI 智能还集成了先进的目标侦测算法，可以识别图像中的特定物体，进而根据特定物体的局部特征编码高维向量，将图像搜索的精准度提升到更高的层次。典型应用如人脸识别，可以在多张图片中准确搜索到同一个人，而与此人的拍摄角度以及整张图片内容是否相似关系不大。另外，以图搜图现已集成人脸识别，可以在多张图片中准确搜索到同一个人，而与此人的拍摄角度以及整张图片内容是否相似关系不大。

3. 图像标签

借助图像特征识别能力，对上传至系统的图像文件自动生成符合其图像特征的标签。预置成熟图像识别引擎和图像标签库，可识别成千上万种不同类型的图片。同时允许档案馆根据业务场景自定义语料数据和搭建档案馆独有的图像标签库。档案 AI 智能平台图像标签内置了基于 ImageNet21K 数据集和 ViT-B-16 网络训练出来的模型，可以提供包含多级分类、总计上万个图像标签。

（三）知识图谱

针对档案馆各类结构化、非结构化和半结构化数据，档案 AI 智能平台提供成熟的知识图谱引擎、完善的知识图谱构建流程、强大的知识图谱扩展能力，将业务图谱、百科图谱、文档图谱、半结构化图谱、行业图谱等相互融合形成档案馆全景知识图谱，并可结合业务场景，为档案馆量身打造基于知识图谱的智能化应用，如智能搜索、知识问答、智能推荐、智能分析等。

1. 智能搜索

借助文档主题分析和知识图谱创建能力，档案 AI 智能平台可将指定文档库中的文档智能关联，生成文档图谱。同时，借助知识图谱融合能力，档案馆可向文档图谱中融入结构化的生产数据，建立业务和档案一体化的知识图谱。再通过档案 AI 智能平台提供的图谱可视化探索能力帮助档案馆用户挖掘知识以及指导业务作业。

2. 图谱可视化

将知识数据通过可视化的直观形式进行表达，用户可直观查看知识关联。支持用户对知识图谱三元组的可视化编辑能力，业务人员也可轻松快速地完成图谱数据优化。支持大规模图谱可视化能力，使得图谱探索更流畅，海量数据也能轻松应对。

3. 智能问答

档案 AI 智能平台利用 NPL 和知识图谱能力，可快速获取用户输入内容的关键信息，自动关联图谱内数据，并迅速回答与反馈出关联知识和相关推荐，让信息与知识获取更智能高效。

三、业务组件

（一）工作流组件

平台提供一致的流程管理系统，进行流程建模、任务调度、业务流转、状态监控、效率统计，实现业务流程的快速定制和跨部门的流程协作。同时对不同的流程进行管控，提供待办入口，便捷日常办公审批功能。

1. 流程监控管理

提供图形化的流程监控界面，通过图形化的监控功能，用户能直观查看具体业务的处理过程和当前状态。用户只需选中某一个节点，即可查看流程的处理情况。如果是会签节点，则可以看到哪些参与者已经办理结束、哪些参与者正在办理、哪些参与者还未办理，在一张图上清楚地反映出来。并且，节点的各种办理状态用不同的颜色进行区分。

2. 流程服务引擎

支持13种基于流程的业务操作，包括办理、专办、回退、终止、暂停/结束暂停、不需办理、申请延期/延期审批、签收、授权、下一步、预办、补办和撤回，还可以根据用户的实际情况进行扩展。

（1）办理

对当前节点的业务记录进行相应的办理，和业务信息点有关，在应用中具体设计。

（2）转办

将当前节点的任务转给别人，转办的同时给转办节点的办理人发通知。

（3）回退

将当前节点的任务回退到上一节点，上一节点的任务将重新执行，当前一节点是并流节点或开始节点时不能回退。

（4）终止

包括节点终止和流程终止，前者终止当前节点上的任务，相当于单点终止，流程不一定结束；后者相当于多点终止，终止整个流程。

（5）暂停 / 结束暂停

点击暂停，任务处于暂停状态，其他控制菜单项不能操作，菜单项显示结束暂停；点击结束暂停，恢复正常，菜单项显示暂停。

（6）不需办理

表示当前任务不需要在当前节点办理，直接发送下一步。

（7）申请延期 / 延期审批

对于节点超期的任务可以申请延期，申请延期只有经过审批同意之后才有效，重新计算超期情况；节点的办理者申请延期需向节点的控制者提交审批，节点的控制者申请延期直接生效。

（8）签收

将任务由未办理状态变成待办理状态，签收之后的任务不能再进行回退和撤回操作。

（9）授权

将当前任务在当前节点的控制权、操作权和查看权赋予用户，覆盖定义时的缺省值。

（10）下一步

将办结的任务发送到下一步，如果流程设置为自动流的模式，直接按照流程定义的情况进行流转，如果设置为手工流的方式，允许用户选择流程的走向、下一步的控制者和操作者等信息。

（11）预办

预先办理流程中尚未到达节点上的任务，办理之后不形成台账。

（12）补办

对已经办理结束节点上的任务进行补充办理，如果流程已经结束，不允许补办。

（13）撤回

撤回下一节点上尚未办理的任务，撤回任务之后，任务回到前一个节点的办理状态。

3. 流程设计器

支持各种复杂的业务流程、审批流程设计建模，支持各种浏览器访问，在保证强大定义功能的基础上降低了系统的维护成本。

（二）全文检索组件

全文检索系统是面向管理者、开发者和使用者等各类用户打造的体验友好、兼容适配、灵活部署的检索系统。系统通过对各个业务模块建立相应的触发器，实现访问 URL 接口、权限 URL 接口和下载文件快照 URL 接口，将各业务模块集成到一起，并且使用全文检索页面检索到相应业务的内容，为各业务的检索提供了便利。

内容索引过程中根据不同权限进行内容索引，用户权限不同检索得到的结果也不同，使得检索更加的专业。支持将门户网站内容自动添加到检索引擎。系统集成多个业务模块，使得检索结果更加全面。系统对索引进行加密，使得用户在检索过程中更加的安全。采用按词检索技术、倒排索引、Cache 技术和查询优化技术等，提高响应速度和查询结果准确性。可以通过使用文档的分类功能将搜索的结果分为不同组，用户可以根据文档的主题来浏览信息。组件支持直接对数据库表进行索引，并拥有方便使用的后台维护界面，普通技术人员即可很快上手进行操作，便于二次开发和后续维护。

1. 数据源配置

支持从网络、数据库、结构化 / 非结构化文件上获取信息，建立全文索引和存储，提供属性字段检索（人员分类检索）、关键词检索、多字段组合检索、群集检索等信息检索功能，为基于平台的所有应用提供基础搜索服务，包括多内容源搜索、多格式文档搜索、内部和外部信息搜索、搜索集成等，实现全文检索编目、检索类型、检索模型等的定义和管理，支持用户权限控制和存储加密，满足用户对信息资源综合搜索的实际需求。

2. 业务模块管理

管理需要应用全文检索的业务模块。（见表 4-1）

表 4-1　业务模块管理

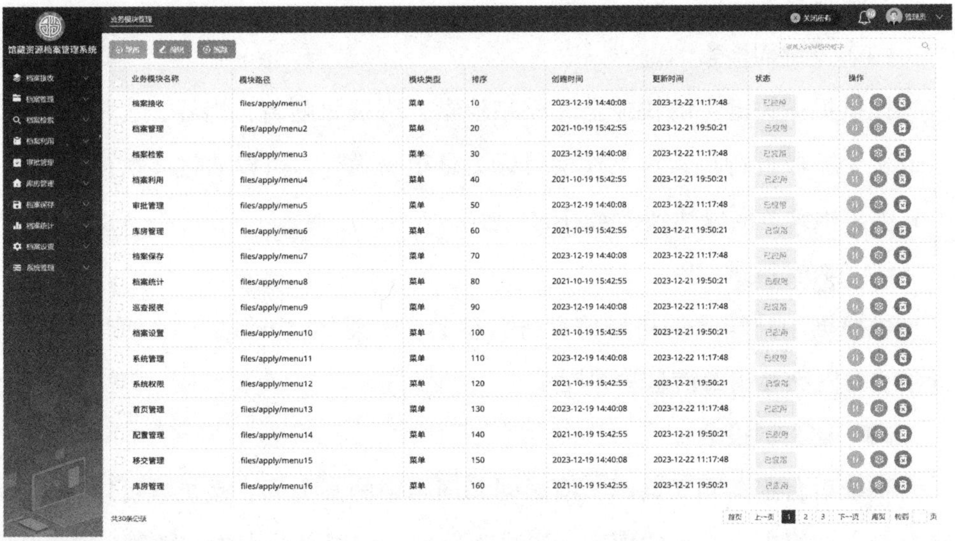

业务模块名称	模块路径	模块类型	排序	创建时间	更新时间	状态	操作
档案接收	files/apply/menu1	菜单	10	2023-12-19 14:40:08	2023-12-22 11:17:48	[illegible]	
档案管理	files/apply/menu2	菜单	20	2021-10-19 15:42:55	2023-12-21 19:50:21	[illegible]	
档案检索	files/apply/menu3	菜单	30	2023-12-19 14:40:08	2023-12-22 11:17:48	[illegible]	
档案利用	files/apply/menu4	菜单	40	2021-10-19 15:42:55	2023-12-21 19:50:21	[illegible]	
审批管理	files/apply/menu5	菜单	50	2023-12-19 14:40:08	2023-12-22 11:17:48	[illegible]	
库房管理	files/apply/menu6	菜单	60	2021-10-19 15:42:55	2023-12-21 19:50:21	[illegible]	
档案保存	files/apply/menu7	菜单	70	2023-12-19 14:40:08	2023-12-22 11:17:48	[illegible]	
档案统计	files/apply/menu8	菜单	80	2021-10-19 15:42:55	2023-12-21 19:50:21	[illegible]	
巡查报表	files/apply/menu9	菜单	90	2023-12-19 14:40:08	2023-12-22 11:17:48	[illegible]	
档案设置	files/apply/menu10	菜单	100	2021-10-19 15:42:55	2023-12-21 19:50:21	[illegible]	
系统管理	files/apply/menu11	菜单	110	2023-12-19 14:40:08	2023-12-22 11:17:48	[illegible]	
系统权限	files/apply/menu12	菜单	120	2021-10-19 15:42:55	2023-12-21 19:50:21	[illegible]	
首页管理	files/apply/menu13	菜单	130	2023-12-19 14:40:08	2023-12-22 11:17:48	[illegible]	
配置管理	files/apply/menu14	菜单	140	2021-10-19 15:42:55	2023-12-21 19:50:21	[illegible]	
移交管理	files/apply/menu15	菜单	150	2023-12-19 14:40:08	2023-12-22 11:17:48	[illegible]	
库房管理	files/apply/menu16	菜单	160	2021-10-19 15:42:55	2023-12-21 19:50:21	[illegible]	

共30条记录

3. 定时任务

根据实际需要设置，定时执行全文检索任务。（见表 4-2）

表 4-2　定时任务

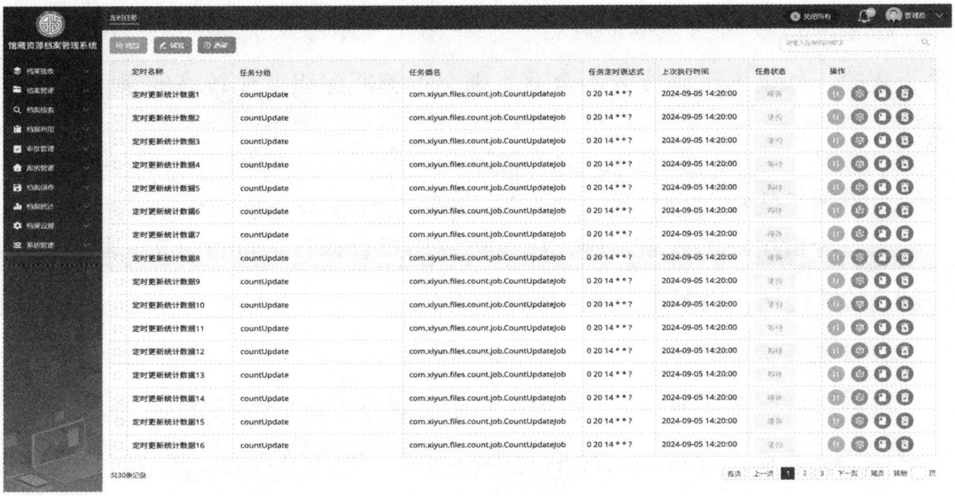

定时名称	任务分组	任务类名	任务定时表达式	上次执行时间	任务状态	操作
定时更新统计数据1	countUpdate	com.xiyun.files.count.job.CountUpdateJob	0 20 14 * * ?	2024-09-05 14:20:00	[illegible]	
定时更新统计数据2	countUpdate	com.xiyun.files.count.job.CountUpdateJob	0 20 14 * * ?	2024-09-05 14:20:00	[illegible]	
定时更新统计数据3	countUpdate	com.xiyun.files.count.job.CountUpdateJob	0 20 14 * * ?	2024-09-05 14:20:00	[illegible]	
定时更新统计数据4	countUpdate	com.xiyun.files.count.job.CountUpdateJob	0 20 14 * * ?	2024-09-05 14:20:00	[illegible]	
定时更新统计数据5	countUpdate	com.xiyun.files.count.job.CountUpdateJob	0 20 14 * * ?	2024-09-05 14:20:00	[illegible]	
定时更新统计数据6	countUpdate	com.xiyun.files.count.job.CountUpdateJob	0 20 14 * * ?	2024-09-05 14:20:00	[illegible]	
定时更新统计数据7	countUpdate	com.xiyun.files.count.job.CountUpdateJob	0 20 14 * * ?	2024-09-05 14:20:00	[illegible]	
定时更新统计数据8	countUpdate	com.xiyun.files.count.job.CountUpdateJob	0 20 14 * * ?	2024-09-05 14:20:00	[illegible]	
定时更新统计数据9	countUpdate	com.xiyun.files.count.job.CountUpdateJob	0 20 14 * * ?	2024-09-05 14:20:00	[illegible]	
定时更新统计数据10	countUpdate	com.xiyun.files.count.job.CountUpdateJob	0 20 14 * * ?	2024-09-05 14:20:00	[illegible]	
定时更新统计数据11	countUpdate	com.xiyun.files.count.job.CountUpdateJob	0 20 14 * * ?	2024-09-05 14:20:00	[illegible]	
定时更新统计数据12	countUpdate	com.xiyun.files.count.job.CountUpdateJob	0 20 14 * * ?	2024-09-05 14:20:00	[illegible]	
定时更新统计数据13	countUpdate	com.xiyun.files.count.job.CountUpdateJob	0 20 14 * * ?	2024-09-05 14:20:00	[illegible]	
定时更新统计数据14	countUpdate	com.xiyun.files.count.job.CountUpdateJob	0 20 14 * * ?	2024-09-05 14:20:00	[illegible]	
定时更新统计数据15	countUpdate	com.xiyun.files.count.job.CountUpdateJob	0 20 14 * * ?	2024-09-05 14:20:00	[illegible]	
定时更新统计数据16	countUpdate	com.xiyun.files.count.job.CountUpdateJob	0 20 14 * * ?	2024-09-05 14:20:00	[illegible]	

共30条记录

4. 智能联想

提供词语联想、拼音联想、简拼联想，可以在用户输入词语、拼音或者简拼时，系统自动给出联想提示，如输入关键词“LH”，则系统会提示龙华、隆华等关键词供用户选择，以方便用户能够更精准地确定检索关键词。

5. 智能检索

（1）关键词检索

提供根据关键字的快速全库模糊检索，可按照题名、档号、责任者等一个或多个字段进行检索。当检索目标不是很明确时，可以通过多次模糊检索方式缩小检索范围以达到检索目的。

（2）拼音检索

可根据用户输入的拼音信息进行检索。如输入“longhua”，则将龙华、隆华、龙湖啊等相关信息一并检索。

（3）同义词检索

系统后台定义同义词库，检索同义词组中的某个词，系统就可以检索出这组同义词组中所有词的内容，提高查准率，如同义词库中“敏锐、灵敏”，“敏锐、灵活”是同义词，检索时，输入关键词敏锐，系统将会将灵敏和灵活作为检索词的检索结果一并返回。

6. 智能纠错

检索时对输入的关键词进行智能纠错，判断输入关键词中搭配的字词是否正确，如果不正确或者不合适，则会推荐匹配程度比较高的字词作为候选词。

7. 智能推荐

通过分析用户的搜索轨迹，以及对各用户查档行为进行分析，将利用频率较高的关键词、档案作为热点推荐给用户。

8. 智能展示

根据自然语言处理、数据挖掘等技术，对海量数据进行分词，抽取词语、人名库、地名库，并以词云的形式进行展现。词云展示时，越靠近中心点、字体越大，说明该词语出现频率越高。

（1）词云展示

将词库词语、人名库、地名库以词云的形式进行展现；登录用户可以自定义一个词语，系统提供与此词语相关对比较高的其他词语的词云展示；词云展示时，越靠近中心点、字体越大说明该词语出现频率越高；点击某个词之后，进入检索该关键词的结果页面。

（2）列表展示

提供列表展示方式，提供目录的目录信息如，档号、题名、责任者、文件日期等，对有双层 PDF 的全文还需提供全文摘要显示；列表上可以点击“关注”“查看全文”“知识图谱”进行相关操作。

（3）聚类统计

后台配置聚类相关信息，为每个聚类设置关键词，业务数据经过计算后进行聚类分类。检索时的搜索结果，进行聚类统计归类。

（4）照片展示

照片档案浏览检索结果页，当点击“图片”标签时，系统将以“瀑布流”的形式展示图片列表。

（5）知识图谱

用户查看某一条检索结果时，系统将在后台进行其关联档案分析，前台用可视化的知识图谱展示某一档案及其相关目录的关系结构，通过知识图谱可以构建一个与搜索结果相关的完整的知识体系。启发其进行一系列的全新搜索查询。

（6）模型图谱

用户输入一个“中心点”的关键词，系统通过词性过滤，展示关联度最高的实体（人名、地名、机构团体或是建筑名）等。通过模型图谱展示，以问题导向方式提供查询利用服务，从而进一步提高档案检索的查全率和查准率。模型图谱侧重实体与语义的关联关系。

（三）审计日志组件

建设审计日志库，对各系统相关审计数据提供采集服务，实现审计数据的整合和管理。审计日志将各业务系统的应用程序日志根据平台提供的数据结构，采集到平台数据库中，可以方便地实现日志管理功能的定制。功能包括下面介绍的几种：

1. 审计参数设置

平台支持按照实际需求自定义审计参数和规则，根据实际设置将采集的审计数据通过数据共享交换平台传输、存储到应用支撑平台的审计日志库中。

2. 审计日志采集

根据实际需求制定一致的安全审计数据结构，建立独立的审计日志库，用于存储各应用系统汇集、整合的审计数据。

3. 审计日志管理

对采集到的安全审计日志进行监控、查询。审计日志管理包括日志的查看、查询、导入导出、数据统计功能，为应用系统提供运维监控必要的数据信息。按照实际需求，可以将审计日志查询、统计结果以服务形式提供给具有使用权限的应用系统。

4. 日志统计

对用户增加删除、权限更改、三员管理操作、日志操作、其他审计事件等，按时间、重要程度、事件类型进行统计汇总。此外，采集到平台审计中心的审计日志数据可以通过建立索引的方式提供给统计分析系统进行数据的统计分析，以可视化的方式展示安全审计日志数据。

5. 三员日志监控

根据三员分立的基础策略，进行日志的收集和监控，不同类型的管理员可根据权限看到不同的日志类型，并进行相关风险的监控和追踪。

（四）格式处理组件

1. 格式转换工具

支持对图片、音频、视频以及流版式文件的格式转换，把原文件转换为各种常见格式的选型，如 PDF、OFD、JPG、MP3、MP4、FLV 格式等。

2. 通用浏览

为了避免浏览多格式文件时需要依赖不同原始生成软件环境支持的困扰，并在文件浏览时提供安全可靠的保障，需要设计开发通用浏览工具。该工具的设计应充分考虑扩展性，采用构件化开发方式进行架构设计，可根据业务需求自定义查看插件以及界面，支持项目插件自主开发并集成，保证新增插件时不会对原有格式浏览造成影响。支持文本类 DOC、WPS、PDF、PPT、XML、TXT、HTML 等；图片类 BMP、JPG、JPEG、TIF、TIFF、GIF、PNG、PDF 等；图形类 AutoCAD、Microstation、HPGL 等；音视频类 WAV、MP3、MID、MV、FLV、MPG、RM、AVI 等的在线浏览及打印。

（五）文件安全组件

1. 数字水印

提供页面水印和电子源文件水印两种数字水印方式。实现防扩散溯源管理。对于电子源文件水印，支持在正式归档前的档案详情页、正式归档后的档案详情页、档案电子源文件下载、档案借阅浏览多个场景下进行水印的开启和内容的配置。

2. 四性检测

在贯彻落实《文书类电子档案检测一般要求》《电子公文归档一般要求》《电子档案移交与接收办法》《电子公文归档管理暂行办法》《数字档案馆系统测试办法》的基础上，利用先进的技术手段开发的一套系统符合在电子文件归档和电子档案移交、接收、长期保存过程中，确保真实性、完整性、可用性、安全性，各环节支持自定义检查项，并给出不符合要求的档案报告。

3. 防篡改组件

主要包括数字签名技术、可信时间戳技术、哈希值校验技术、数据备份和权限控制配合使用防止电子档案被篡改。收集电子档案的过程中，接口使用数字签名技术对原始档案文件进行 hash 计算，计算结果参与签名，防止档案在传递过程中被非法篡改。

4. 敏感词检测

在档案业务环节对档案数据进行检测，确保使用档案数据过程中无敏感词档案或是相关信息，改变以往靠人工检查的局面。主要包括检测任务和检测结果。

（1）检测任务

可以按批次建立敏感词检测任务，指定检测的档案数据。对于图片是单层 PDF 的档案，后台自动进行 OCR 识别。以便于检测档案数据是否包含敏感词。

（2）检测结果

以批次的形式显示已检测完成的档案数据、检测结果和检测明细等。

（六）统计报表组件

1. 表单管理

电子表单设计工具提供友好的可视化控件和文档编辑器来对所写的文档和表格进行编辑、修改和删除等操作，从而得到用户所需要的文档和表格，简单容易地形成直观的个性化表单。

2. 可视化管理

可在图形化的界面中直观地对主题表进行操作，主题表之间以及主题表与维表之间的关联一目了然，包括仪表盘、图形、地图、文本、图片等信息展示。

3. 图表联动

关联指标多个图表联动的观测分析，数据下钻多个层级的图表关联。通过多级图表下钻进行明细分析和具体问题发掘。

4. 展示定制化

支持可视化展示样式和模板，用户可以根据需求进行定制化展示设计，展示模板图库丰富，展示风格多样，定制方式简单易于操作，编辑效果实时展现。

5. 展示自适应

实现不同屏幕展示内容、展示风格等在多个平台上的自适应功能，页面自动适应大屏、手机、电脑等多种平台。通过拼接等技术实现业务系统页面展示内容的自适应功能，实现多个系统同时展示的自适应模式。

（七）数据质检组件

对大量的档案数字化成果数据的可用性进行检测，确保能及时地发现被损坏、不符合标准、无法正常阅读的电子数据，并能统计文件数目、文件容量及分辨扫描文件的分辨率等。

1. 著录条目规范性检测

系统可以对著录条目的规范性进行检测，可以对条目的字段、类型、长度、规则等进行检测，以确定条目著录是否规范。

2. 缺页漏页

系统可以检测数字化成果文件是否有缺页漏页，可以通过指定页数字段来检测是否有缺页漏页。

3. 文件连续性

系统可以基于文件夹检测文件夹内文件顺序是否连续，可以检测最后一层文件夹名是否连续，可以检测单个文件夹内的文件是否连续。

4. 空白页

系统可以根据预设空白限值检测影像是否达到空白页标准，被标记的文件进入疑似列表，可点击浏览，也可导出 Excel 表格。

5. 可读性

系统能检测文件是否可以正常读取、检测图像文件是否完整，PDF 文件是否完整、压缩文件是否可以解压、CAD 图纸是否能正常打开等，标明文件的错误类型。

6. 挂接准确性

系统可以根据条目信息与设定的文件命名规则模拟挂接匹配条目与电子文件是否完全匹配，生成挂接匹配报告。

7. 分辨率检测

检测图像类文件图像检测 DPI（分辨率），检测 DPI 是否符合标准，并可以生成 DPI 不达标文件清单。

8. 图像色彩检测

系统可以检测图像类文件的图像色彩，如黑白、灰度、彩色等，并进行图像统计。

9. 倾斜度检测

系统能检测出数字化成果文件的倾斜度，支持用户自定义，当倾斜度超过定义的标准值时，系统会提示预警。

10. 文件校验码生成

系统可以生成每一份检测文件校验码（MD5、SHA）。

11. 重复文件检测

系统可以检测本批次文件中是否有重复文件出现（同名文件及同内容文件）。

12. 图片相似度检测

系统可以检测多个数码照片的相似度。

13. 数据统计

根据检测的参数出具各种完善的统计报表。

（1）容量统计

统计文件总容量，正常文件容量。

（2）文件容量

根据文件扩展名统计，可以统计出JPG、PDF、WORD等每种文件的数量等。

14. 音视频文件的主要检测参数

主要检测音、视频文件是否能正常播放，播放中有没有异常状况。

（1）支持的音频、视频文件格式

ASX、RM、RMVB、MPE、FLV、AVI、VFW、DIVX、MPG、MPEG、M1V、M2V、MPV、DV、3GP、MOV、MP4、M4V、MQV、DAT、VCD、OGG、OGM、OGV、OGX、ASF、WMV、BIN、ISO、VOB、MKV、NSV、RAM等主流格式。

（2）检测的方式

全程播放，完整播放视频文件，记录异常信息。

片段播放，根据时长将视频分成指定份数，播放指定时间。

间隔播放，间隔指定时间，播放指定时间。

解码模式1，间隔指定时间抓取图像信息。

解码模式2，根据时长将视频分成指定份数抓取图像。

（八）文字校对组件

针对文书内容中的错别字、专业术语不当、领导称谓排位错误、段落重复、病句、标点符号不正确、样式规格、信息格式等错误进行识别，并给出修订意见。

1. 错别字校对

指因漏输入、多输入、拼写错误导致的错词错字，这些词语包括人名、机构名、地名、国家名、专业术语、文件名等。

2. 用词不当

指音近词、形近词用在不合适的句子上，也包括两个连词在同一句子中搭配错误。

3. 领导称谓及排位错误

领导称谓是社交场合应用的称谓语，正确的领导称谓是社交中相互之间尊重的基础。领导排位是指在文本描述中领导姓名及称谓按岗位重要程度、按资历长短进行排序。

4. 专业术语错误或敏感词

专业术语错误或敏感词、内容重复、病句等校对。

5. 常见标点符号错误

主要针对十二种常见标点符号错误识别，并提出修改建议。

6. 形态常识校对

从一份带格式的文书（DOC、HTML）识别出文书头在规格样式、信息格式等方面的错误，并提出修订建议。其中，规格样式包括字体、字体大小、字体颜色、行间距、对齐方式，信息格式包括数据格式和是否必填等。

7. 文书要点比对

自动识别文书体裁，抽取文书要点，发现两个版本之间的要点差异信息，并以二维表展示差异信息。

8. 文书段落比对

分析文书各版本的篇幅内容，碎片化文书形成结构化段落。识别两个版本之间相同段落在文本上的差异（删除、新增、修改的内容和位置）、各版本删除或新增段落。

9. 段落颠倒比对

计算两个版本之间对应段落的相似度，找到两个版本的“相同”段落及显示次序，发现这两个版本显示顺序颠倒的“相同”段落，并提出修订意见。

10. 表格内容比对

识别文书中的表格，支持表单、列表形态，也可识别无表格框线，行、列位置明确的表格。分析表格内容，发现同位置单元格中的文本差异信息。

（九）区块链档案安全管理

系统基于政数局区块链平台建设，在电子文件归档接收、电子档案整理保存、电子档案移交进馆、电子档案共享利用过程中应用区块链系列技术，通过对各环节中产生的不同版本档案数据（仅哈希值上链）分时间区块存储，并通过加密验证的方式将前后区块进行连接，形成不可篡改的区块链数据固证方式，再将链式数据共享存到所有节点服务器中，有效防止单点的证据遭到篡改或破坏，让数字世界可以像物理世界一样真实可信。

第二节　数据保全

运用动态备份方式取代传统大量静态备份方式，解决数据长期保管过程中存在状态无法直观监测，无法发现备份数据丢失、异常等情况，无法对异常数据进行及时修复等问题，对备份数据异常情况预警和备份数据及时修复，使数据安全保管实现质的飞跃。最大程度实现电子档案数据的安全监管，确保核心电子数据的安全，避免多种隐患的发生，促进存储和备份数据安全规范化、标准化管理。

一、数据入库

对备份数据进行打包、加密（根据数据的情况可以选择是否加密）同步至数据仓库，进行实时安全监管。

（一）离线数据接收

接收移动介质备份来的数据。

（二）在线数据接收

对同一网络的增量数据进行自动同步；并对同步的数据进行完整性检测。

（三）数据打包

对零散的文件进行规范性的汇总打包，应支持将包含大量文件的文件夹进行无损打包，便于大数据的管理。

（四）数据加密

为确保备份数据的安全，支持选择性的对数据进行加密；防止数据被窃取查看，保护备份数据的安全。

二、数据仓库管理

可以对各个存储上的数据及核心硬件设备进行监控，实时了解各个存储的状况及相应存储上的数据状态。

（一）设备管理

实时监测各仓库硬件状态，包括硬盘使用情况、内存使用率、CPU 使用率等参数的监控。

（二）数据初始化

对数据进行打包及初始化监测工作，生成数字摘要库，用于数据校验。

（三）统计分析

按分类对入库数据进行统计分析（含现状及增量）及报表打印，统计结果可支持 Excel 导出，需提供功能截图。

（四）数据管理

可对仓库管理配置及数据接收目录结构配置进行维护，并提供备份日志等查询。

三、数据监测

系统存放了大量备份数据，通过对备份数据的实时检测、实时预警、实时保全、实时修复，以确保备份数据的有效性、完整性、可用性，避免各种隐患的发生，确保备份数据的长期安全保管。

（一）存储设备实时监测

对核心的硬件存储设备进行监管，主要监管指标包括硬盘、CPU、内存等核心部件是否正常工作。

（二）自动实时数据监测

自动对数据进行检测校验，支持全盘和自定义在线检测，系统能实时的对数据的异常变动（如篡改、删除等）进行监测，发现异常马上报警。

（三）手动实时数据监测

支持自定义监控周期进行数据手动检测，实时得到监测结果，确保数据有效及可用。

四、异常预警

（一）警报报警

实时展现监控状态，发现异常后红色图形会闪烁，及时预警可以让管理人员准确快速地查看数据的异常情况和预警内容。

（二）短信息报警

实现预警功能，对异常情况和数据保全结束后自动触发短信模块发送短消息，让管理人员实时掌控数据状态。

五、数据查阅

（一）数据检索

提供按名称、时间、全文等条件检索功能，快速搜索已入库的数据。

（二）数据利用

数据提取时，会对数据自动进行校验，保证数据回载时的一致性。

六、实时数据保全

系统里能始终保持与原始数据一致的两份数据。检测到数据异常时，第一时间进行数据保全，重新建立起与原数据一致的原始数据，使异常数据得到控制。

（一）异常数据重构

系统监测到异常数据，触动报警机制后，立刻对异常数据进行锁定，重新建立起与原数据一致的原始数据，使异常数据得到控制。

（二）异常数据校验

对异常数据和原数据进行再次校验，确保原数据与原始数据的一致性。

（三）数据保全报告

系统提供数据报告自定义生成功能，并可在线打印。

七、数据恢复

异常数据恢复，系统提供异常数据恢复功能，确保数据发生异常时第一时间进行恢复。能对受损数据实现自动恢复，确保我们备份数据长期保管的一致性和完整性。

（一）数据校验

系统提供数据校验功能，会对数据自动进行校验，保证数据恢复时的一致性。

（二）数据恢复报告

系统提供数据恢复报告自定义生成，并可在线打印报告。包含监测状态、保全状态、正常文件个数、异常文件个数、保全修复文件个数、异常情况描述、处理记录等信息。

八、保存追溯

通过日志信息分析电子数据从接收来到现在不同时间点数据的保管状态，为数据的安全保存提供了依据。

第三节　数据对接

一、与综合办公系统数据对接（OA 系统）

OA 系统数据归档前，由 OA 系统形成归档数据包，数据包结构包括了电子文件形成、捕获、登记、分类、存储和跟踪、处置、传输、归档等过程形成信息记录的元数据信息。

电子文件归档系统接收 OA 系统的归档数据包括元数据的全部属性信息。元数据被定义为描述文件背景、内容、结构及其整个管理过程的数据。这些元数据是结构化或半结构化的信息，用于确保文件始终在同领域内或跨领域间形成、登记、分类、利用、保管和处置。（见图 4-3）

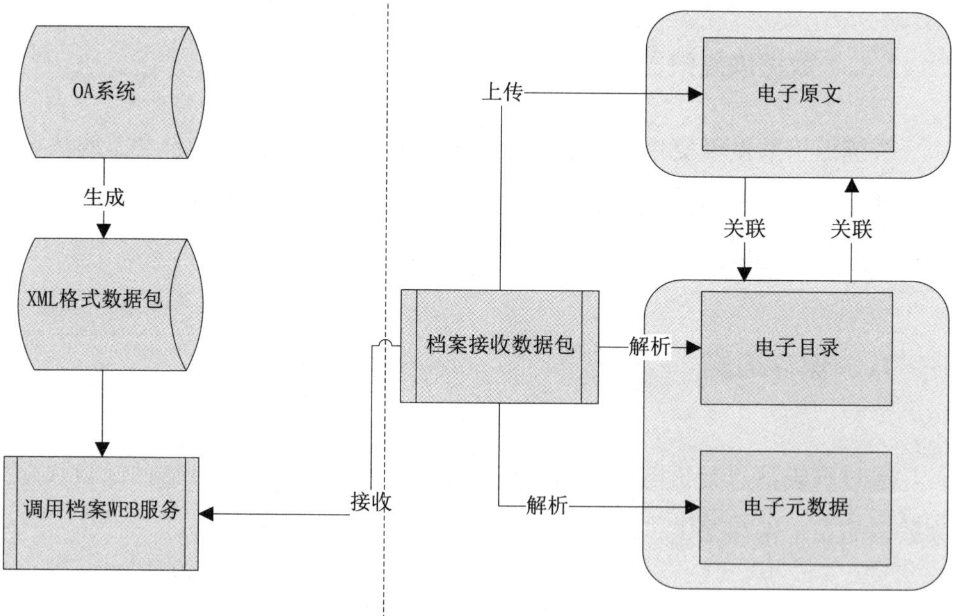

图 4-3　OA 系统对接示意图

（一）封装数据包

（1）对于记录，以 XML 文本信息方式存储。

（2）对于电子原文，针对文档化、视图化原文（最终稿本）电子原文以附件方式存储。

（3）一次归档生成一个归档包（即：GUID），一次归档可以归档一份文件（即：一条记录）也可以归档多份文件（即：多条记录）。

（二）将归档数据包的文件打包生成 ZIP 数据包

（1）对封装数据包进行数字签名。

（2）上传数据包及数字签名证书，FTP/SFTP：OA 系统把数据信息（目录信息）和文件信息（如 OA 系统办毕的公文）及签名证书文件上传到指定服务器中的指定位置。

（三）导入数据包

档案系统 Web 服务程序接收完数据包，首先校验数据包的完整性，其次解压后解析元数据信息写入档案管理系统数据库中，最后根据元数据中提供的关联的电子原文信息读取电子原文归档到档案系统库。

二、与政务服务行政审批系统对接

政务服务行政审批系统按照技术规范将需要归档的电子文件按照 ZIP 包的格式进行打包。在线调用电子文件归档处理系统的数据接收接口，电子文件归档处理系统记录归档格式包的地址。后续电子文件归档处理系统进行格式包的下载、解析和检测业务操作。

三、与统一身份认证平台对接

实现数字档案馆系统登录统一身份认证。

四、与移动接入平台对接

通过调用区移动端接入平台，实现业务系统移动端功能的发布与集成。

五、与全国档案查询利用服务平台对接

与全国档案查询利用服务平台以电子文件及其元数据规范存储结构对接，并开展线上档案查询利用工作，为社会公众提供统一、在线、跨层级、跨区域的档案查询服务。通过平台，社会公众可从全国已接入的千余家综合档案馆中查询与自己利益相关的档案信息，实现足不出户利用档案。

六、与电子签章对接

与政务云电子签章对接，实现相关电子档案移交接收环节、利用环节等签章应用，确保相关档案信息和流程的有效性。

第四节　国产化支撑

基于国产化环境进行数字化档案项目建设，满足国产要求，具体情况如下。（见表 4–3）

表 4–3

分类	子类	参考品牌	说明
计算存储	服务器	华为、新华三、曙光	
	存储阵列	华为、新华三、曙光	
	光盘库	互盟、迪美视、华录	
网络及安全	交换机	华为、新华三、锐捷	
	安全设备	奇安信、天融信、深信服	
	密码设备	吉大正元、北京 CA、卫士通	
基础软件	操作系统	银河麒麟、中标麒麟、中科方德	政数部门提供
	中间件	金蝶、普元信息、东方通	政数部门提供
	数据库	达梦、神通、人大金仓	政数部门提供
	格式处理	信联格式转换工具、数科 OFD、福昕 OFD	
	人工智能（OCR、NLP）	OCR：汉王、清华紫光、鸿翼 NLP：科大讯飞、百度、拓尔思	
	电子签章	金格、格尔、契约锁	政数部门提供
	文件浏览工具	信联通用格式浏览器、海信浏览器、迅捷浏览器	

第五章 数字档案馆基础设施建设

档案馆信息化系统分别部署在局域网、政务网，部署于政务网所需计算、存储设备将由政数部门提供。

第一节　局域网存储资源

一、计算资源

计算资源主要承载“档案馆业务管理系统”的业务功能及热点数据的实时存取，采用业务与数据分离式设计，提高数据的有效集中管理。配置业务服务器及数据库存储做集群，做到数据的全冗余设计架构。

（一）性能和扩展

（1）支持服务器领域的 64 bits 高性能多核国产自研处理器，内部集成了 DDR4、PCIE3.0、10GE、1GE 等接口，提供完整的 SOC 功能。

（2）单台服务器支持 2 个处理器、64 个内核，能够最大限度地提高多线程应用的并发执行能力。

（3）支持多种灵活的硬盘配置方案，提供了弹性的、可扩展的存储容量空间，满足不同存储容量的需求和升级要求。（见图 5-1）

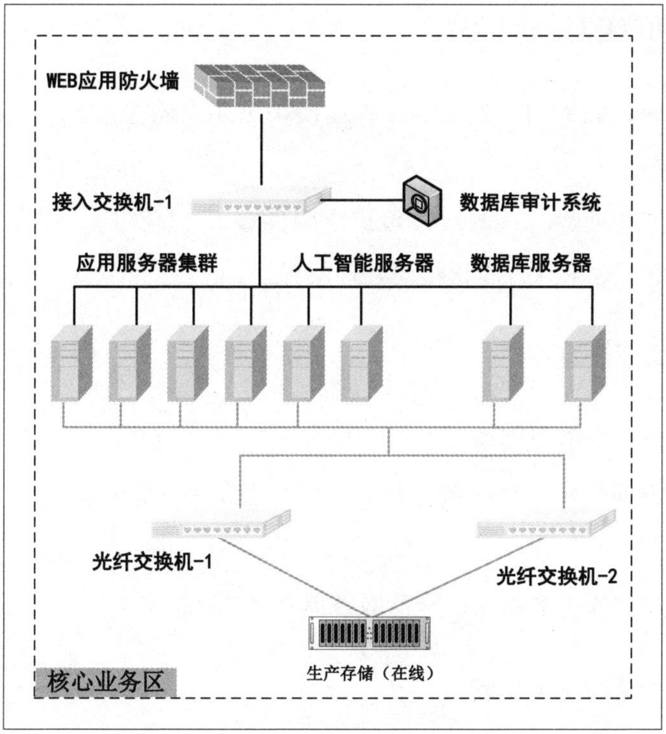

图 5-1　存储资源性能和扩展图

（4）可支持 4 个 PCIE4.0 × 8 的标准扩展槽位，可用于扩展网卡、SSD 卡等。

（二）可用性和可服务性

（1）支持 SAS/SATA/NVMe 硬盘，其中 SAS/SATA 硬盘可以设置 RAID 0/1/10/5/50/6/60，可提供 RAID Cache，支持超级电容掉电数据保护，支持非系统硬盘热插拔。

（2）通过面板提供 UID/HLY LED 指示灯，iBMC Web 管理界面提供关键部件指示状态能够指引技术人员快速找到已经发生故障（或者正在发生故障）的组件，简化维护工作、加快解决问题的速度，提高系统可用性。

（3）板载的 BMC 集成管理模块（iBMC）能够持续监控系统参数、触发告警，并且采取恢复措施，最大限度地避免停机。

（三）可管理性及安全性

（1）集成在服务器上的 iBMC 管理模块可用来监控系统运行状态，并提供远程管理功能。

（2）集成了业界标准的统一可扩展固件接口（UEFI），因此能够提高设置、配置和更新效率并且简化错误处理流程。

（四）能源效率

（1）提供白金电源模块。

（2）全方面优化的系统散热设计，高效节能系统散热风扇，降低系统散热能耗。

（3）硬盘错峰上电技术，降低服务器启动功耗。

（五）产品选型（见表 5-1）

表 5-1　产品选型

系统名称	服务器名称	资源形态	数量	CPU	内存	系统	数据存储
档案馆业务管理系统	应用服务器	物理机	/	64Core	128G	系统盘 480G SSD*2	
	数据库服务器	物理机	/	64Core	256G	系统盘 480G SSD*2	2*8T
	数据保全服务器	物理机	/	64Core	128G	系统盘 480G SSD*2	
	人工智能服务器	物理机	/	64Core	256G	系统盘 480G SSD*2 AI 推理卡：1*AI 推理卡	2*8T
	数据加工服务器	物理机	/	64Core	128G	系统盘 480G SSD*2	2*8T

二、存储资源

（一）现有数据量分析

根据当前档案数量及已用存储量和待入馆档案数量，估算需要存储量。

（二）数据量增长分析

根据《“十四五”全国档案事业发展规划》和《“十四五”广东省档案事业发展规划》提出全面推进电子文件归档和档案管理的要求，完善深化“一网通办”政务服务的归档，加强新型档案资源建设，广泛开展业务数据、公务电子邮件、网页信息、社交媒体等的收集归档工作。特别是新型电子档案的接收，其数量较电子公文和行政权力事项量是几何倍增加，参考借鉴档案馆每年档案增长量，预估档案馆局域网档案数据量。

（三）存储介质比对

当前用于存储的介质主要有磁盘、磁带及光盘，存储设计将通过介质的大小、速度、寿命、读写次数、业务场景来进行综合对比。（见表 5-2）

表 5-2　存储介质比对

载体类型	单张大小	传输速度	寿命	读写次数		优点	缺点	适用场景
				读取	擦写			
磁盘	16TB	768MB/s	5 年	无限制	30 万次	速度快，空间大，支持频繁读写	寿命短	在线存储、近线存储
磁带	12TB	360MB/s	10 年	无限制	400 次	寿命较长、空间大、速度快	不适合频繁擦写	离线存储
光盘	100GB	1.2MB/s	50 年	无限制	1 次	寿命长	空间小、速度慢	

通过对比，用于档案业务管理及在线备份恢复将使用磁盘进行存储管理，用于档案数据保全的离线存储将采用磁带进行存储管理。

（四）生产存储

1. 存储架构

用于档案接收、管理和利用。存储介质或设备与计算机系统保持直接、实时的连接，可实时、快速地存储与访问在线数据。（见图 5-2）

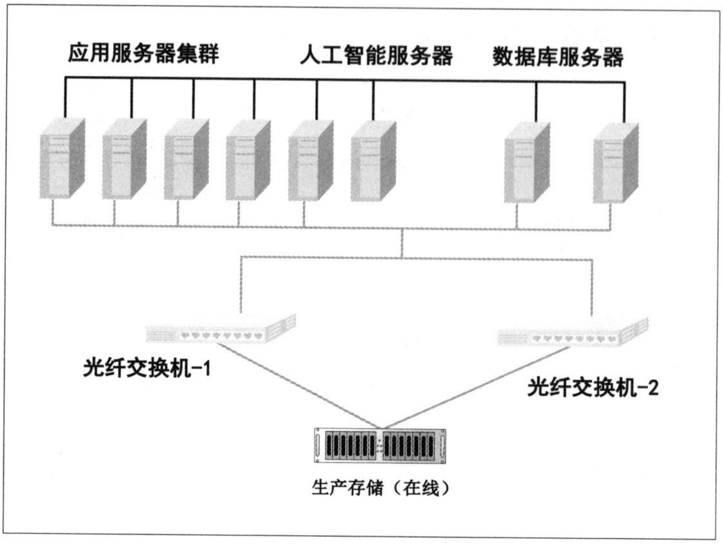

图 5-2 存储架构图

2. 容量计算

依据数据需求，5 年数据量为 100TB，假设冗余系数 1.2，所需空间为 100TB*1.2=120TB，假设磁盘容量为 10TB，所需磁盘数量为 120TB/10TB≈12 块。

3. 产品选型（见表 5-3）

表 5-3 产品选型表

序号	设备名称	规格及型号	数量
1	生产存储阵列	1. 集中式存储，满足中大型数据库 OLTP/OLAP、文件共享等各种应用，可提供 SAN 和 NAS 两种服务，提供服务质量控制、缓存分区、自动精简配置、文件配额等多样的效率提升方案，具备高效、灵活、丰富的备份、容灾解决方案，有效保证用户业务连续性和数据安全，为用户提供卓越的存储服务 2. 控制器：双控制器，双控≥64GB 缓存 3. 硬盘：12 块≥10TB HDD 硬盘单元，4 块≥960GB SSD 硬盘单元 4. 业务网口：≥8*10Gb ETH（含多模万兆模块） 5. 许可：高级包许可	1

（五）数据保全存储

以数据保全系统为核心，综合运用了磁盘、固态硬盘等多种存储介质，采用 321 存储备份策略，磁电融合存储方案，集智能监控、管理软件于一体，为用户提供自动备份、自动盘点、定期检测、智能恢复、问题跟踪处理等功能，打造确保电子档案安全保存的“电子库房”。（见图 5-3）

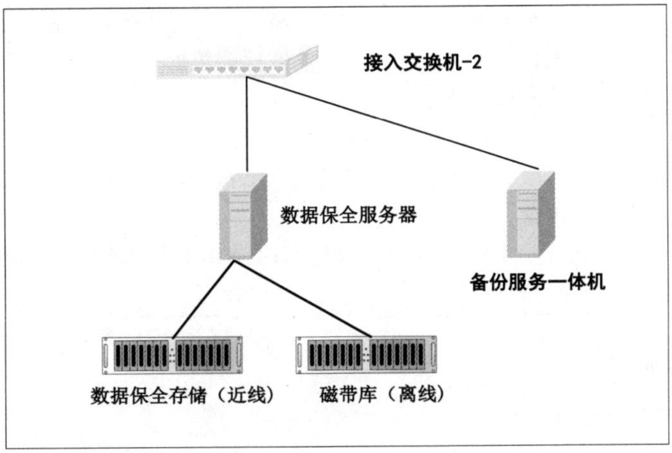

图 5-3　数据保全存储图

1. 近线备份

（1）存储架构

用于对档案数据进行在线备份，当业务数据出现丢失时可较快地进行数据恢复，存储介质或设备与计算机系统保持直接、实时的连接。

（2）容量计算

保全系统作为数据安全设备，而且是保护长期数据安全，本身的容错能力必须有保障，系统由四部分数据组成，源数据备份，容错比对数据，校验数据，生命周期留痕数据。其中源数据备份和容错比对数据可以位于同一台物理设备的两个 RAID 组上，并且互为可修复数据，以控制风险。保全系统使用容量至少是用户实际数据量的 2 倍。可依据数据需求，5 年数据量为 100TB，假设冗余系数是 2，所需空间为 100TB*2=200TB，假设磁盘容量为

10TB，所需磁盘数量为 200TB/10TB≈20 块。

（3）产品选型（见表 5–4）

表 5–4　产品选型表

序号	设备名称	规格及型号	数量
1	数据保全阵列	1. 集中式存储，满足中大型数据库 OLTP/OLAP、文件共享等各种应用，可提供 SAN 和 NAS 两种服务，提供服务质量控制、缓存分区、自动精简配置、文件配额等多样的效率提升方案，具备高效、灵活、丰富的备份、容灾解决方案，有效保证用户业务连续性和数据安全，为用户提供卓越的存储服务 2. 控制器：双控制器，双控≥64GB 缓存 3. 硬盘：20 块≥10TB HDD 硬盘单元，4 块≥960GB SSD 硬盘单元 4. 业务网口：≥8*10Gb ETH（含多模万兆模块） 5. 许可：高级包许可	1

2. 离线备份

（1）存储架构

用于档案的长期保存，日常对数据开展全量检查。设备或介质平时不装载在计算机系统中，在存储数据时将设备或介质临时装载或连接到计算机系统。支持无人值守备份、归档及灾难恢复。支持多种存储容量和技术，包括 LTO-8、LTO-7、LTO-6 磁带驱动器。借助基于 Web 的远程管理工具，可对磁带库进行全面管理。通过标配的条形码阅读器、可配置的邮槽和可拆卸磁带匣，管理磁带库内外的介质。

（2）容量计算

可依据数据需求，5 年数据量为 100TB，假设冗余系数是 1.2，所需空间为 100TB*1.2=120TB，假设磁带容量为 12TB，所需磁带数量为 120TB/12TB ≈10 张。

（3）产品选型（见表 5-5）

表 5-5　产品选型表

序号	设备名称	规格及型号	数量
1	磁带库	1.1 个 LTO8，25 槽位激活 2.10 片 LTO8 磁带（单片 磁带 12TB），总计 120TB 3.1 片清洁带	1

（六）备份一体机

1. 存储架构

备份一体机是一台将备份软件、备份服务器以及磁盘（存储介质）整合到一个架构中而形成的一个设备，最终用户可以像操作备份软件一样来操作这个设备。备份一体机可对不同操作系统平台下的文件及系统本身进行备份、同步和恢复。包括 Windows、Linux、AIX、Solaris、HP-UX，以及龙芯、飞腾、申威架构下中标麒麟操作系统等。也可对不同操作系统平台下的不同数据库进行备份和恢复。包括 Oracle、SQL Server、MySQL、Sybase、DB2、Informix、MongoDB、PostgreSQL 等各种主流数据库，同时支持达梦、人大金仓、南大通用、神舟通用等国产数据库。

2. 容量计算

合计计算、存储资源所需服务器数量，由于系统盘包含了操作系统、业务系统及系统运行数据，在线备份以系统盘备份为主。

（七）备份策略

对数据进行备份保护的原则是保证数据的安全性、保证操作系统的安全性，在灾难发生时恢复系统等多方面的考虑。需要完整的保留历史数据，并且确定指定时间范围历史数据保留的周期，确保特定情况下恢复特定时期的数据，还要保证数据的完整性和可靠性，就需要保证数据备份的频率、备份的方法、备份介质选择以及备份介质上数据的保存时间符合预期设计的目标。

目前，成熟的备份平台对资源数据的备份都是每天进行一次，并且采用完全备份和差量备份结合的方式，给数据恢复带来便利。由于采用了先进的软、硬件配置，这种日常备份操作都可以在晚间系统负载较轻时定时、自动、快速进行，对系统日间使用不会造成任何额外影响。

随着政府业务系统的不断发展，数据量不断地增大，恢复的级别要求不断提高；数据恢复对“恢复时间点目标”和“恢复时间目标”的要求也越来越高，结合业务应用特点的不同，对数据在应用系统中的表现进行了分析，以下是分析的具体情况。

1. 数据库服务器

作为重要的运营系统和宝贵的信息库，承担着日常的网络与数据中枢的角色，其长期运行过程中积累下来的数据具有重要的价值。基于此，对于这些服务器的备份，应从整体、系统、长期的角度来制定备份策略，做到既能快速地进行日常备份，又能完备的保留一定历史时期内的数据；建议使用每周全备份，每天增量备份的方式。

2. 文件备份的方式

建议采用全备份、增量备份和合成备份结合的方式，初始做一次全备份，每天增量备份，每周进行一次合成备份。由于系统中的每台服务器数据交换和信息更新都极为频繁，每天都有大量的信息数据，那么做每日备份，记录每日系统的最新信息是极为必要的。同时为了提高恢复的速度，采用合成备份，能尽量将全备份数据合成到1盘磁带或者存储介质上，提高恢复速度。

3. 操作系统和文件系统的备份

建议初始进行一次全备份，当有应用程序变更（如Oracle增加Patch等操作后），再进行一次全备份；保证操作系统和文件系统备份能准确恢复到业务需要的应用程序状态。

基于对上述数据的分析，可制定数据备份和磁带容灾保存的基本策略如下。（见表5-6）

表 5-6　操作系统和文件系统备份表

数据类型	数据备份方式	
文件类	应用系统运行文件	初始全备份 + 每日增量备份 + 定期合成备份
数据库类	生产类数据库	每日全备份或每周全备份 + 每日增量备份
操作系统	操作系统和应用系统环境信息	初始（或更新后）全备份 + 每日增量备份

第二节　政务云资源

数字档案馆中建设的综合档案业务管理系统和档案服务系统将统一部署在政务云平台，项目按照电子政务一体化整体要求，充分利用大数据资源管理中心的基础设施资源，包括计算、存储、网络、安全等资源。在网络方面需要保障政务云至同心路机房的万兆链路，在计算方面需要政务云平台提供虚拟机计算资源，在存储方面需要政务云平台提供 SAN 存储，在安全方面需要政务云平台提供抗 DDoS 服务、入侵防御、主机安全加固服务、数据库审计、日志审计服务、数据库安全、防病毒服务等安全防护，在软件和服务方面需要政务云平台提供达梦数据库、中间件、系统等工具支持。

建设所需要的基础设施资源，规划使用大数据资源管理中心指定的计算及存储服务器资源，包括电子文件归档处理系统、虚拟数字档案室系统、电子档案移交接收系统、全域档案共享系统、全域档案监管系统、互联网档案利用平台、档案馆网站、移动档案应用、互联网信息采集。（见表 5-7）

表 5-7 政务云资源配置表

模块	VM/物理机	规格配置				数量台	OS版本	数据库版本	网卡数量
		CPU（C）	内存（G）	系统盘（G）	数据盘（G）				
应用系统	VM	64	128	500	1024	/	银河麒麟		/
政务网数据库服务器	VM	64	256	500	16384	/	银河麒麟	达梦 V8 读写分离	/
文件服务器	VM	16	64	500	81920	/	银河麒麟		/
Web 服务器	VM	16	32	500	0	/	银河麒麟		/
因特网数据库服务器	VM	64	128	500	1024	/	银河麒麟	达梦 V8	/

第三节 微模块系统

微模块系统由机柜系统、动力供配电系统、封闭通道系统及动环监测系统组成。

一、机柜系统

当前主流机架式设备普遍采用前进风后出风的方式。空气从前至后水平流动。左右和上下没有气流流动，因此要求机柜为前后网孔门，前门提供冷空气，后门排出热空气。传统的玻璃门机柜以及顶部安装散热风扇都会严重影响机柜内设备的散热，因为气流没法从前至后水平流动，而只能上下流动。（见图 5-4）

图 5-4 机柜系统

基于上架设备安装及运维需求，建议全部机柜均选用前后网孔门板机柜。另外每个机柜内再配以若干不同规格的盲板，确保从机柜前方冷风不会直接穿过未安装设备的空间跟热通道空气混合，而是全部被服务器吸走利用，也是有效提升制冷效率的手段。

机柜附件包括顶部走线槽、柜内线缆管理器、托盘等。结合当前数据中心节能减排、高热密度等发展趋势和需求，采用封闭冷通道技术，可以有效地提高机房冷通道内的冷风利用效率，提高机柜进风效率，防止冷热风混合，最终提高机房能效，降低 PUE 值。（见图 5-5）

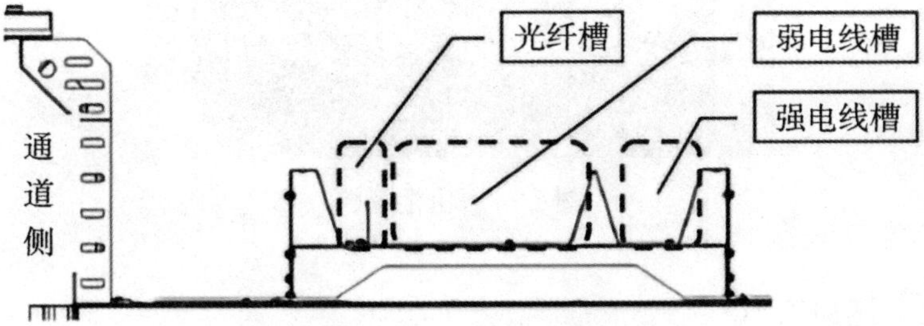

图 5-5 机柜附件图

二、动力供配电系统

依据 GB50174-2017 设计规范有关规定要求，可计算供电负载量。（见图 5-6）

图 5-6　列头柜示意图

三、行间精密空调

依据 GB50174-2017 规范有关要求，电子信息设备和其他设备的散热量应根据设备实际用电量进行计算。（见图 5-7）

图 5-7　机柜系统

（一）送风方式

目前的精密空调的送风方式主要有封闭通道送风、上送风、下送风、风道送风四种。需要根据机房的具体现场情况来选择空调送风方式，提高制冷效率，避免机柜内部出现局部热点，尽量减少过度制冷的情况发生。行级精密空调可预测的气流路径，所产生的气流合理分布在机柜前门进风口，准确地将冷气流送向所需之处；且机组采用 EC 无级调速直流风机，风量自动匹配服务器负荷变化。合理精确的气流控制，让损失最低，让制冷系统规划更合理，合理的气流方向管理，自然实现了冷通道遏制效果。

（二）制冷方式

行级精密空调的主流制冷方式有风冷、水冷、冷冻水等多种制冷方式，这几种制冷方式都各有优缺点和适用范围，不能一概而论，需要根据机房现场的实际情况及客户的需求来选择合理的制冷方式。

（三）安全性

精密空调在日常运行中，其安全性相当重要，如电网环境的不稳定对空调造成的冲击等都会对空调机组造成严重损害，一旦空调出现故障停机，机房温度将急剧升高，严重威胁 IT 设备的安全。因此，国家 B 类机房标准中，要求配置空调时采用 N+1 冗余配置，同时，空调本身必须具备较强的自我保护能力，比如宽范围的输入电压和频率，缺相、反相保护功能，抗震、漏水检测、故障告警等。

1. 送风方式的选择

密闭冷通道行级水平送风：两列机柜正面相对摆放，并对通道进行密封，行级空调与机柜并列安装，采用前送风后回风方式，确保制冷气流充满整个密闭通道内，保障对每个机柜的高效制冷。该制冷方式适用于中高热密度解决方案，与传统的下送风制冷方式相比，节能 25% 以上。

2. 制冷方式的选择

常规精密空调的制冷方式有风冷、水冷、冷冻水冷、乙二醇冷等四种，考虑到对环境的适应性，在数据机房中，主要运用的是风冷和冷冻水冷两种精密空调机组。（见表 5-8）

表 5-8　机组特点对比

名称	风冷机组	水冷机组
设备造价	低	较高
建造工程量	无需专业工程设计，工程量小，工期短	需专业设计，工程量主要集中于管路建设，工期偏长
安全可靠性	机房内进水仅为加湿水管，对机房影响小	循环冷媒为水，管路出现泄漏会严重威胁机房安全
能耗	适中	较风冷节能
安装要求	室外机相对于室内机的垂直高度在 -5~20m 以内，管程 60m 内为宜，增加需配延迟组件	无特别硬性要求，适应现场环境能力强
后期维护	仅室内机与室外机维护，工作量小	室内机、冷却塔、水冷主机，管路、水泵都需要定期巡检维护，更换循环水，过滤器等，工程量大，成本高
环境要求	-40℃ ~ +45℃	-35℃ ~ +45℃

四、封闭通道系统

为了实现更好的制冷效果和更高的节能特性，仅在空调本身上下功夫已经难以满足日益苛刻的要求，因此对机房现场制冷的规划设计就显得尤为重要，传统机房多采用高架地板下送风制冷解决方案，虽然能保证 IT 设备能够得到充分的制冷效果，但是较低的制冷效率却增加了机房的能耗，如下图所示的传统下送风模型，可以看到通孔地板送出的冷风有一部分直接回到了精密空调中，降低了空调的冷量利用率和回风温度，从而增加了制冷能耗。（见图 5-8）

合理的设计机房布局及冷热通道，避免冷热气流非必要的混合，能够实现更好的制冷效果和节能，封闭通道系统能将空调的送风路径进行全密闭处理，确保制冷气流能够几乎全部到达机柜内。（见图 5-9）

图 5-8 封闭通道系统图（一）

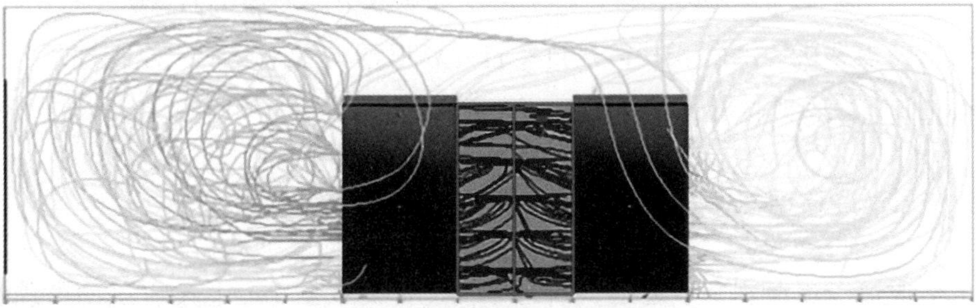

图 5-9 封闭通道系统图（二）

封闭冷通道采用的材料和器件有紧固件、密封件，其机械、化学、电气性能以及各种性能的检测方式均应符合中国国家标准、通信行业标准及 IEC 的有关标准。冷通道各项技术标准均遵循国际 ANSI/EIA-RS-310-C 标准、ITU-T、IETF、国家技术监督局的相关标准和技术规范。

密封冷通道分为三部分，门组件、顶部盖板组件和监控系统。每个单元均能独立安装，并能与相邻的单元连接。通过承托机柜，构成一个无空隙泄漏、密封的冷通道系统。各个金属部件均须接地，以实现整体接地，而且接地应通过接地铜带上的接地引出线接至机房的接地铜排上。

（一）门组件要求

冷通道列头与列尾间都可以安装门组件。门组件有观察窗口，窗口采用覆膜钢化玻璃。冷通道的门组件应设计为常闭状态，安装自动闭门装置，门组件上有推拉把手。门组件（除封闭墙）可以安装直接门禁系统。门组件和列头机柜间的密封性良好，可以阻隔门内和门外的气流交换。

（二）顶部盖板组件

冷通道中每个机柜都安装顶部盖板组件，顶部盖板组件采用平顶结构，高度低于 300mm，顶盖总宽不超过 1200mm。顶部盖板组件应有普通 600mm 宽顶部盖板组件，跌落 600mm 宽顶部盖板组件。顶部盖板组件要尽量全部通透，减少钣金件边框的面积。顶部盖板组件应该采用重量轻、强度好、防火等级高、燃烧无烟无毒的板材。可跌落顶部盖板组件，采用电磁铁方式控制。同时支持根据机房消防联动信号自动打开和根据本身监控系统控制打开，并支持远程手动控制打开。

（三）冷通道气流遏制的特性

热通道气流遏制和冷通道气流遏制均能提高数据中心制冷系统的可预测性和效率。两种方式均能消除冷、热空气的混合，冷、热空气的隔离是当今新建和改造数据中心可以采用的最有效的节能增效措施之一。

冷通道气流遏制简称 CACS，将整个机房作为热回风压力通风系统，将冷空气密闭在一个空间内。CACS 将冷通道密闭，使得数据中心的其余部分成为一个大的热回风压力通风系统。通过密闭冷通道，数据中心内的冷、热气流得以分隔。在此应用中可获得较高的回风温度，可增加空调的容量。通过对送风和回风路径的完全隔离，CACS 系统可确保适当的风量分配。（见图 5-10）

五、动环监测系统

为了保障档案数据中心安全等保机房各辅助系统安全稳定地运行，要求必须随时掌握各系统设备的运行环境，以保证系统运行的工作环境，做到防患于未然。但是现在的情况下不可能采用 24 小时专人值班的方式，定时巡查

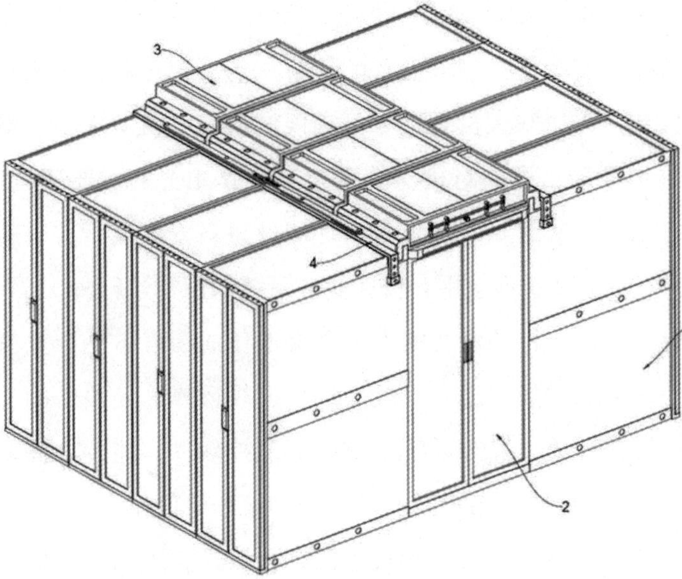

图 5-10　冷通道气流图

动力环境设备，而且更多的时候，因为非专业的管理人员不能及时排除故障，对事故发生的时间及责任也欠缺科学的管理。尤其目前国内普遍缺乏动力环境设备的专业管理人员，在许多地方不得不安排软件人员或者不太熟悉动力设备的人员值班维护，这对系统的安全运行无疑又是一个不利因素，环境动力设备监控系统设计解决上述问题，实现了对环境动力设备的统一监控，减轻了维护人员负担，提高了系统的可靠性，另外丰富的事件历史记录对系统设备的管理有重要的参考，因而该系统对环境动力设备的科学管理有特殊的意义。

根据《数据中心设计规范》（GB50174-2017）规定，环境和设备监控系统应符合下列要求：①监测和控制主机房、配电间和电池间的空气质量，应确保环境满足电子信息设备的运行要求；②数据机房、配电间和电池间内有可能发生水患的部位应设置漏水检测和报警装置；强制排水设备的运行状态应纳入监控系统；进入主机房的水管应分别加装电动和手动阀门。

机房专用空调、柴油发动机、不间断电源系统等设备自身应配带监控系统，监控的主要参数宜纳入监控系统，通信协议应满足设备监控系统的要求。在方案设计时，可为档案数据中心建立一套包括机房动力、环境、安防的监控管理系统，主要监控对象包括：供配电系统、UPS、温湿度、漏水、精密空调、视频监控，实时监视各大设备的运行状态，记录和处理相关数据，即侦测故障和告警，并通知人员处理。可实现信息中心机房电源、空调和环境的集中监控维护管理，提高对机房的安全和对其相关的重要部位做好防范，实现 24 × 365 的监控和管理，保障机房环境及设备安全运行，以实现最高的机房利用率，不断提高管理水平，保证业务系统的正常运行。

系统具有以下特点：使设备的人工巡视操作成为设备的计算机自动实时巡视操作；使设备的现场巡视操作成为远程巡视操作；使设备的分散巡视操作成为集巡视操作；集中监控系统的核心为监控软件，监控软件是建立于网络操作平台上的，采用当前普遍且高效好用的编程软件作为环境监控平台。

机房环境监控建议采用云平台式监控，可接入管理站，手机 APP，远程管理，方便操作。

（一）服务端软件

服务端主要进行数据收集、处理及设备控制及数据存储等功能，监控中心软件实现对所有机房的统一管理，将采集到的原始数据进行分析处理，并将原始数据及处理结果提交数据库进行存储，同时提供客户端软件及 Web 端软件的显示数据。并接受客户端软件发出的设备控制命令，并将命令准确无误地发送到监控设备，从而实现对监控设备的控制。当有设备故障报警时，监控中心软件可通过电话语音、手机短信、E-mail、微信端等报警方式（用户可根据需要任选其中几种或全部报警方式）通知相关人员进行及时的报警处理。

（二）客户端软件

用户可通过客户端软件实时查看各机房的实时数据集，并可在客户端软件中进行对各种设备的控制；当有设备报警时客户端软件可弹出报警设备画面，并播放多媒体报警语音提醒值班人员进行及时的报警处理。

（三）远程浏览

局域网内的远程浏览站可通过安装客户端软件或通过 Web 浏览器访问监控中心主机，实现与监控业务台完全相同的功能。

（四）监控单元

监控单元由系列的模拟量采集模块、数字量采集模块、控制模块器及协议转换器等设备组成。模拟量采集模块、数字量采集模块等用于快速采集各传感器的输出信号及各设备输出信号；控制模块执行监控中心及现场采集中心发出的控制命令；协议转换器用于将提供智能接口的设备接口转换为监控系统所需的 RS485/RS232 接口，从而进行对智能设备的监控。

（五）监测模块

本次模块化机柜监控模块是由漏水检测及精密空调系统测量传感器等设备组成，测量传感器将现场检测信号转换为模拟量采集模块、数字量采集模块等设备所需的信号，监测信息接入一期机房动环控制系统，实现机房内一套动环监控系统整体管理。

（六）监控性能

实时显示并保存所有检测数据，具备报警功能。当发生报警时，监控主系统发出报警信息通知相关人员进行处理。在行间精密空调可能出现漏水和对水敏感的区域设置漏水监测传感器及检测线缆。可采用绳式漏水传感器将水源包围起来，一旦漏水，可确保系统在第一时间报警，使维护人员能尽快地进行处理。系统本身包括：不定位式漏水传感器、漏水检测线及其他辅助设备，系统可检测感应线上任何点的漏水情况及其精确漏水位置，并有语音报警。感应线缆为特种橡胶制成，抗腐蚀，抗酸碱，并具有对感应线断线报警的功能，系统还可检测机房洁净度。当感应线上的尘埃集结到一定厚度，系统会报警提示管理人员清洗感应线。

第六章 数字档案馆安全保障

综合档案业务管理系统及档案服务系统部署于政务网。政务网由政务服务数据管理部门统一建设，达到网络安全等级规范要求。档案馆业务管理系统部署于档案馆局域网环境，参照《信息安全技术 网络安全等级保护实施指南》（GB / T25058-2019）标准设计。

第一节 安全架构

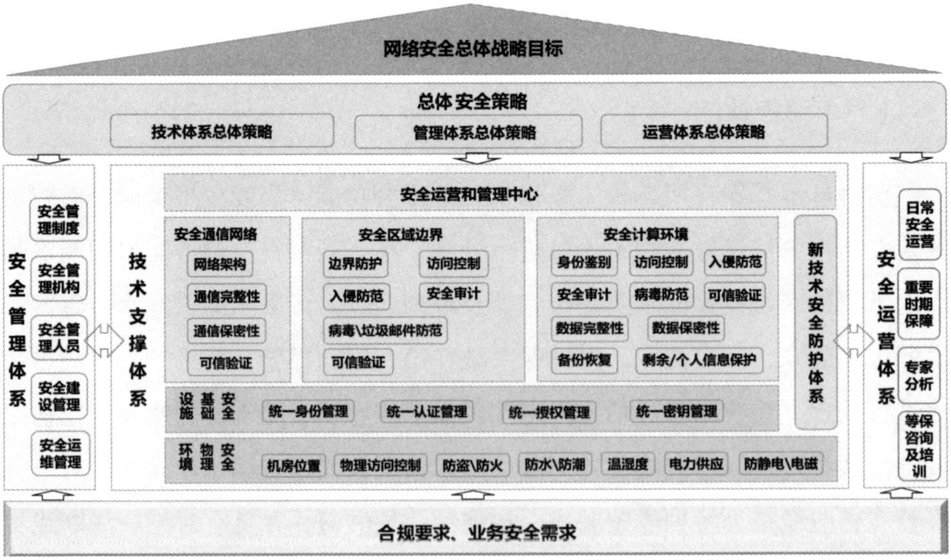

图 6-1　网络安全总体战略目标图

安全保障体系将建设安全技术体系、安全管理体系、安全运营体系三个体系，三个体系相互融合、相互补充，形成一个整体的安全防御体系。其中，安全管理体系是策略方针和指导思想，安全技术体系是纵深防御体系的具体实现，安全运营体系则是支撑和保障。

一、安全技术体系

安全技术体系设计内容主要涵盖“五重防护”。即物理环境安全、计算环境安全、区域边界安全、通信网络安全及密码安全管理。

（一）物理环境安全

为档案系统机房构建保护计算机网络设备、设施以及其他媒体免遭地震、水灾、火灾等环境事故、人为操作失误的物理防护。

（二）通信网络安全

从保护局域网的数据传输安全、整体网络架构可靠可用等方面保障网络通信安全。

（三）计算环境安全

为档案系统打造一个可信、可靠、安全的计算环境。从系统、应用的身份鉴别、访问控制、安全审计、数据机密性及完整性保护、资源控制等方面，全面提升档案系统在系统及应用层面的安全。

（四）区域边界安全

从加强网络边界的访问控制粒度、网络边界行为审计以及保护网络边界完整等方面，提升网络边界的可控性和可审计性。

（五）密码安全管理

依据《密码法》使用密码保护网络与信息安全。

二、安全管理体系

仅有安全技术防护，无严格的安全管理相配合，难以保障整个系统的稳定安全运行。在系统建设、运行维护、日常管理中都要重视安全管理，制定并落实安全管理制度，明确责任权力，规范操作，加强人员、设备的管理以及人员的培训，提高安全管理水平，同时加强对紧急事件的应对能力，通过预防措施和恢复控制相结合的方式，使由意外事故所引起的破坏减小至可接受程度。

三、安全运营体系

由于安全技术和管理的复杂性、专业性和动态性，档案系统安全的规划、设计、建设、运行维护均需要有较为专业的安全服务和运营队伍支持。基础的安全运营服务包括系统日常维护、安全加固、应急响应、安全评估、安全培训和安全咨询等工作；在系统建设上线后，需要逐步完善安全运营体系，确保系统运行安全。

第二节　网络规划

局域网是数字档案馆建设的核心，作为档案处理与存储的“心脏”地带，对网络的高安全性、高扩展能力和可管理性的业务要求较高，其网络架构的总体规划遵循结构化、模块化和层次化的设计理念，实现网络层次更加清楚、功能更加明确，数据资产更加安全和管理更加方便。

网络架构的总体设计遵循“分区 + 分层 + 分平面 + 安全”的设计理念。分区是指按照业务特点和安全要求划分不同的区域。分层是指采用核心层和接入层两层扁平结构。分平面是指采用业务平面、管理平面、存储平面分离的设计方法，从而提高系统的可扩展性、安全性和可维护性。安全是指在不同业务区域之间、在数据中心出口等位置部署安全设备，实现业务安全访问和数据安全保障。

在数字档案馆局域网中，根据分区管理的设计原则，划分为核心交换区、业务系统区、数据保存区、密码安全管理区和安全管控区，承载数字档案馆“档案馆业务管理系统”收、藏、管、用的网络安全、管控需要。（见图 6-2）

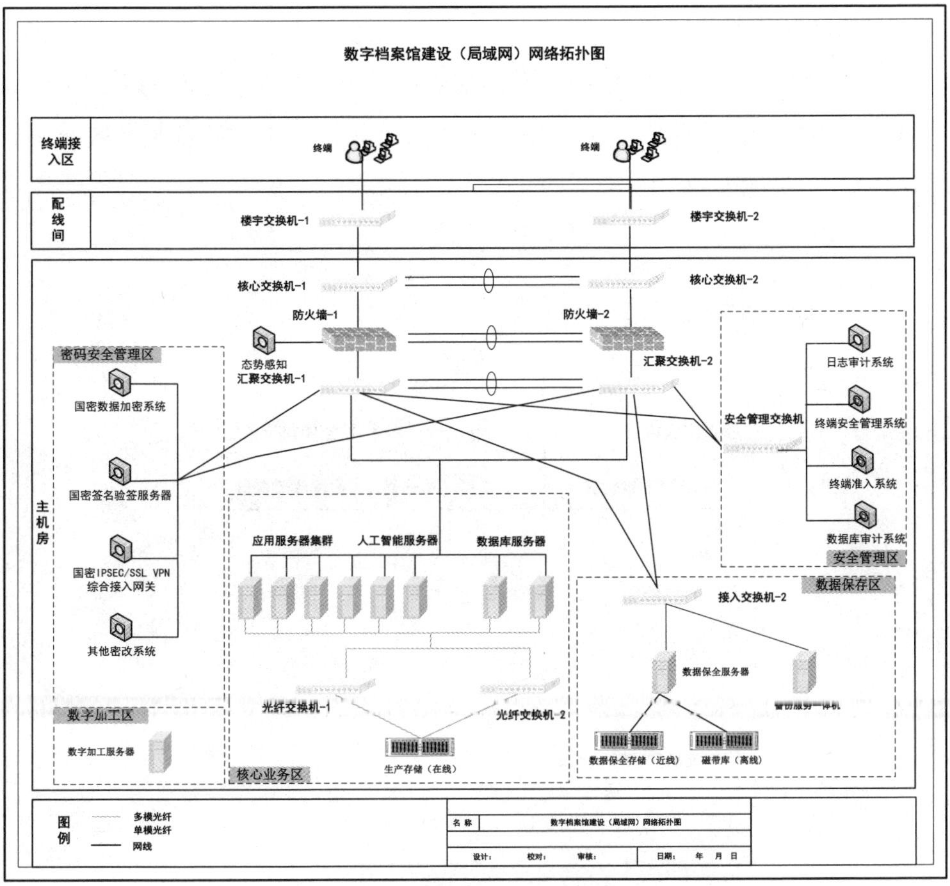

图 6-2 网络安全架构图

一、核心业务区

（一）方案设计

1. 该分区主要承担的业务功能

（1）提供高密度高速端口互联和大吞吐量数据交换功能；实现服务器区的南北向和东西向高速数据交互功能。

（2）数据中心最核心区域所在，通过网络架构和链路冗余设计，实现整个 DC 域内数据传输冗余能力部署。

2. 该分区架构设计

接入交换机连接服务器防火墙、服务器、生产存储和数据库审计系统，实现各设备之间的高速数据交互，提高网络可靠性，用于和各业务区域交换路由信息。（见图 6-3）

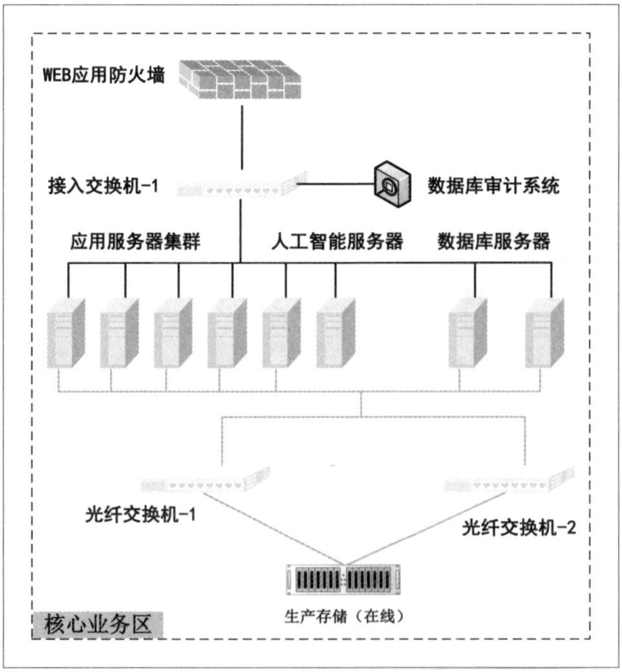

图 6-3　分区架构设计图

（二）产品选型（见表 6-1）

表 6-1　产品选型表

序号	设备名称	规格及型号	数量
1	光纤交换机	1. 所用关键元器件均采用国产化设计 2. 交换容量≥2.56Tbps，包转发率≥1200Mpps，为了提高设备可靠性 3. 支持模块化可插拔双电源，万兆 SFP+≥16，40/100GE QSFP28≥6，光模块 -SFP+-10G- 多模模块≥4 个，支持 G.8032 标准环网协议，支持堆叠	—

二、数据保存区

（一）方案设计

1. 该分区主要承担的业务功能

提供高密度高速端口互联和大吞吐量数据交换功能；实现数据存储区的南北向和东西向高速数据交互功能。

2. 该分区架构设计

接入交换机之间进行堆叠部署，连接备份服务一体机和服务器，实现各设备之间的高速数据交互，提高网络可靠性，汇聚节点交换与各区域交换机全互联结构，通过标准、扩展 ACL 满足各区域间访问控制，选用开放式最短路径优先（OSPF）协议作为局域网路由协议，用于和各业务区域交换路由信息。（见图 6-4）

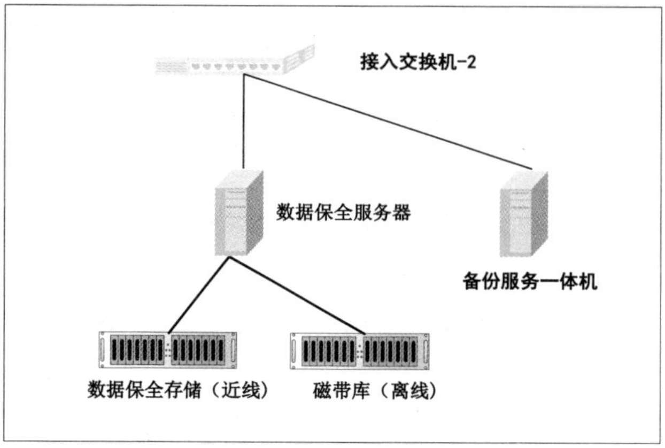

图6-4　分区架构设计图

（二）产品选型（见表6-2）

表6-2　产品选型表

序号	设备名称	规格及型号	数量
1	光纤交换机	1. 所用关键元器件均采用国产化设计 2. 交换容量≥2.56Tbps，包转发率≥1200Mpps，为了提高设备可靠性 3. 支持模块化可插拔双电源，万兆SFP+≥16，40/100GE QSFP28≥6，光模块-SFP+-10G-多模模块≥4个，支持G.8032标准环网协议，支持堆叠	—

三、安全管控区

（一）方案设计

根据安全等级保护规范要求进行设计和建设，同时结合网络应用实际情况，安全管理主要包括入侵检测、数据库审计、日志审计、运维审计、漏洞扫描、网络版杀毒软件等，安全设备通过连接交换机接入核心防火墙。（见图6-5）

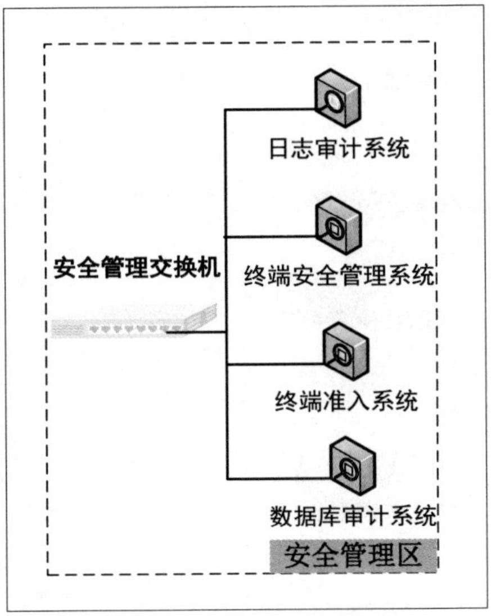

图6-5 安全管理区图

（二）产品选型（见表6-3）

表6-3 产品选型表

序号	设备名称	规格及型号	数量
1	光纤交换机	1. 所用关键元器件均采用国产化设计 2. 交换容量≥2.56Tbps，包转发率≥1200Mpps，为了提高设备可靠性 3. 支持模块化可插拔双电源，万兆SFP+≥16，40/100GE QSFP28≥6，光模块-SFP+-10G-多模模块≥4个，支持G.8032标准环网协议，支持堆叠	—

四、密码安全管理区

（一）方案设计

根据《信息安全技术 信息系统密码应用基本要求》（GB/T 39786-2021）进行设计和建设，同时结合网络应用实际情况，密码安全管理主要包括签名

验签服务系统、服务器密码机、证书 Key 等，密码安全设备通过连接交换机接入核心防火墙。（见图 6-6）

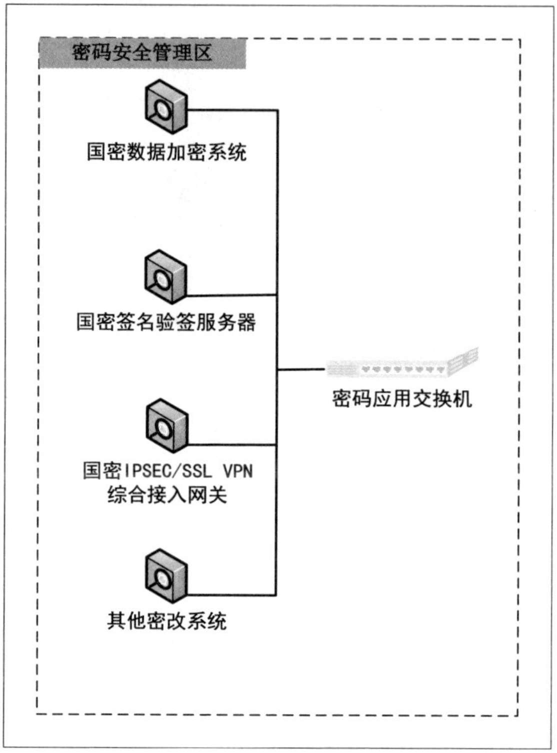

图6-6　密码安全管理区图

（二）产品选型（见表 6-4）

表 6-4　产品选型表

序号	设备名称	规格及型号	数量
1	光纤交换机	1. 所用关键元器件均采用国产化设计 2. 交换容量≥2.56Tbps，包转发率≥1200Mpps，为了提高设备可靠性 3. 支持模块化可插拔双电源，万兆 SFP+≥16，40/100GE QSFP28≥6，光模块 -SFP+-10G- 多模模块≥4 个，支持 G.8032 标准环网协议，支持堆叠	—

五、数据交换区

（一）方案设计

为了便于在实际业务中档案馆业务人员日常工作，在物理完全隔离的情况下，实现网络之间的数据高效传输，从而同时满足“安全隔离”和“数据传输”的需求，主要通过摆渡机实现政务网数据传输至局域网中。

（二）产品选型（见表6-5）

表6-5　产品选型表

序号	设备名称	规格及型号	数量
1	光盘摆渡机	1. 光驱数量：刻录光驱 ×1；只读光驱 ×1 2. 最大光盘数量：50 3. 光盘规格：标准 DVD-R、BD-R 光盘 4. 网络类型：千兆以太网 5. 网络服务接口：CIFS/SMB、NFS、FTP、数据库接口	—

第三节　网络安全

一、局域网网络安全

（一）安全通信网络设计

1. 网络架构安全

等保要求应保证网络设备的业务处理能力满足业务高峰期需要；应保证网络各个部分的带宽满足业务高峰期需要；应划分不同的网络区域，并按照方便管理和控制的原则为各网络区域分配地址；应避免将重要网络区域部署在边界处，重要网络区域与其他网络区域之间应采取可靠的技术隔离手段；应提供通信线路、关键网络设备和关键计算设备的硬件冗余，保证系统的可用性。

为满足上述要求，需对局域网进行安全域划分，在安全域划分基础上可进行网络访问控制、网络资源（带宽、处理能力）管控等安全控制，并对不同安全域边界的保护策略进行针对性设计。

2. 安全域划分

根据局域网系统各个组成部分的业务功能、安全保护级别、访问需求等进行安全域划分，具体包括数据保存区、档案业务区、数字加工区、安全管理区、密码管理区、接入终端区。

3. 区域边界隔离（VLAN/ 下一代防火墙）

在安全域划分的基础上，利用路由交换设备自身的能力，按照用户实际需求，对内部网络不同安全域划分不同逻辑子网（VLAN），并在 VLAN 之间定义访问控制规则（ACL），实现网络内部不同安全域之间的基本隔离。在此基础上部署下一代防火墙，实现不同网络区域之间的安全隔离。通过设置相应的端口控制策略，起到馆内访问控制的安全作用。

4. 高可用性设计

单线路、单设备的结构很容易发生单点故障导致业务中断，因此对于提供关键业务服务的信息系统，应用访问路径上的安全设备应采用可靠的冗余备份机制，以最大化保障数据访问的可用性和业务的连续性。在局域网骨干核心链路及相关的网络交换设备、安全设备等均采用冗余热备的部署方式，以提升网络系统的整体容错能力，防止出现单点故障。

（二）安全域边界设计

等保要求应在网络边界或区域之间根据访问控制策略设置访问控制规则，默认情况下除允许通信外受控接口拒绝所有通信；应删除多余或无效的访问控制规则，优化访问控制列表，并保证访问控制规则数量最小化；应对源地址、目的地址、源端口、目的端口和协议等进行检查，以允许/拒绝数据包进出；应能根据会话状态信息为进行数据流提供明确的允许/拒绝访问控制的能力；应对进出网络的数据流实现基于应用协议和应用内容的访问控制。

1. 边界防护

档案馆的服务器存储了大量重要数据，在各区域数据交互时存在着被攻击的风险，随着攻击手段的不断演进，所面临的安全风险越来越高，频发突发、隐蔽性强、手段多样、实施体系化的复合型攻击，已经成为当前网络边界威胁的主要特征。事实证明，每一次网络攻击的成功，都是攻击者通过技术手段数次突破了网络防线，传统的防御技术已经不能满足新的安全防护的需求。针对新的安全威胁，访问控制已经成为基本安全措施，必不可少，为了更加有效地应对当前的网络威胁且满足等保的相关要求，需采用更加智能化、联动化的防火墙设备，以满足安全有效性和防御实时性的切实需求。当前，下一代防火墙技术已经逐步成熟，通过相关功能实现及策略配置，可实现上述要求，防火墙主要功能及配置要求如下。

（1）访问控制

能够基于IP、安全域、VLAN、时间、用户、地理区域、服务协议及应用等多种方式进行访问控制，一条安全策略可配置应用控制、入侵防护、URL过滤、病毒检测、内容过滤、网络行为管理等高级访问控制功能。能对HTTP、SMTP、POP3、IMAP、FTP、TELNET协议进行细粒度的控制，过滤不受信任的网络行为。

（2）应用层访问控制

能实现文件过滤、URL过滤、邮件过滤等，实现针对主要的应用协议如HTTP、FTP、POP3、SMTP、IMAP等的双向内容传输过滤，可预定义或自定义敏感信息库进行敏感信息定义。

（3）入侵防范

对于主要攻击能进行防护，包括：Flood（SYN Flood、ICMP Flood、UDP

Flood、IP Flood）、恶意扫描（禁止 Tracert、IP 地址扫描攻击、端口扫描）、欺骗防护（IP 欺骗、DHCP 监控辅助检查）、异常包攻击 Ping of Death、Teardrop、IP 选项、TCP 异常、Smurf、Fraggle、Land、Winnuke、DNS 异常、IP 分片、ICMP 管控（禁止 ICMP 分片、禁止路由重定向报文、禁止不可达报文、禁止超时报文、ICMP 报文大小限制）、应用层 Flood（DNS Flood、HTTP Flood）、SYN Cookie 等。

（4）高可靠性

具备双机热备功能，在路由和透明模式下能支持"主—备""主—主"模式，能实现接口联动，链路探测。

（5）动态 QoS 功能

可配置带宽限制策略。策略类型包括共享型和独享型，用户优先级分为高、中、低，服务类型包括应用层的多种协议。在用户都满足保证带宽情况下，高优先级用户将抢占中、低优先级用户带宽，中优先级用户将抢占低优先级用户带宽。当网络中存在空闲带宽时，防火墙系统会根据当前网络带宽分配情况，自动将空闲带宽分配给重要业务，保证重要业务的正常访问。

（6）支持 IPv6

能够支持完整的双栈协议，支持 IPv6 下的多种功能，包括网络功能和安全功能，包括 IPv6 接口、IPv6 路由、IPv6 认证管理、IPv6 日志管理、IPv6 VPN、IPv6 安全功能及安全策略等。

（7）协同联动

能够与终端安全管理系统、病毒库、应用识别库等资源进行联动，提升对已知威胁的识别效率，并能对在终端发现的威胁从网络层及时阻断。

（8）日志管理

对各类日志，如流量日志、威胁日志、URL 过滤日志、邮件过滤日志、行为日志等进行分析和日志外发，能基于 IP、用户、接口、地区、应用等过滤条件搜索自定义时间段内的历史日志。

防火墙需部署在服务器区边界，设置严格的访问控制规则，进行安全访问控制及安全检测，保证跨越边界的访问和数据流是通过边界防护设备提供的受控接口进行通信的。

2. 网络安全准入

开放的内部网络访问会影响到单位 IT 基础设施的稳定运行和数据安全，终端接入局域网没有检验认证的机制，将导致任意终端都能够随意接入局域网进行内部网络访问，因此需要构建新一代的内部终端准入安全防御体系。且在等保的要求中强调应能够对内部用户非授权联到外部网络的行为进行检查或限制，为了防止单位网络资源受非法终端接入所引起的各种威胁，在有效管理用户和终端接入行为的同时，需采用技术手段保障终端入网的安全可信，同时达到规范化地管理计算机终端的目的。针对网络层的非授权连接行为管控可以通过网络安全准入系统进行控制，网络安全准入系统需实现以下功能。

（1）安全管理与访问控制

利用网络安全准入系统的动态检测技术和安全策略管理，可针对接入用户和终端进行网络访问控制功能。对不符合安全策略的计算机终端进行隔离，并友好提示，提供向导式的安全修复指引。拦截可疑的计算机终端或设备、恶意尝试认证的用户，支持强制下线和账号锁定功能。对接入用户进行动态 VLAN 的分配管理，有效地对网络访问权限进行控制。

（2）终端安全合规检查

网络安全准入系统的安全检查策略会检测终端入网安全状态，能快速定位发现入网计算机终端的安全合规状态，并利用其本地防火墙隔离管控技术立即将这个设备与网络上的其他设备隔离起来，只能够访问修复区，同时依照策略进行引导修复。对于已授权合规终端，如发现运行阶段又不符合安全检查策略，可调用周期检查或定时检查引擎，对该终端的安全状态进行二次检查，期间如发现不合规进行再次隔离，禁止其访问单位内部资源，可提供安全检查结果详情和全网安全状态统计等日志报表。

（3）第三方认证源联动

能够实现多种认证源认证方式，包括本地用户、AD 认证、LDAP 认证、E-mail 认证、Http 认证适应用户不同网络环境，满足用户实名制认证、集中统一管理的入网需求。

（4）认证绑定管理

支持多种条件绑定认证，即用户和终端、交换机、VLAN、交换机端口等进行绑定认证，提高入网安全强度。

（5）设备例外管理

用户网络中存在大量的哑终端设备，如网络打印机、视频会议系统等设备，并分散在各地，能够提供设备的白名单管理，当添加到白名单的合法设备可以直接接入网络，反之非法设备不允许接入，此方式可适应于多种认证技术方式，如 Portal 和 802.1X 认证方式。

（6）强制隔离

用户正常的 802.1X 认证成功后，如果认证会话没有过期网络会持续可用，系统专有的认证客户端可以实时接收认证服务器的控制指令，管理员可以在任何时候强制在线的用户和终端下线、注销当前登录的网络，确保非正常情况下可对终端入网进行控制和强制隔离处理。

网络安全准入系统采用旁路部署，通过监听来发现和评估哪些终端入网符合遵从条件，判断哪些终端允许安全访问单位核心资源，不符合会被自动拦截要求认证或安装客户端才能进行访问，并可配置入网安全检查策略，不符合进行隔离和修复，达到合规入网的管理规范要求。

（三）安全计算环境设计

1.Web 应用防护

传统网络层对 Web 服务器的防护方式主要是使用防火墙作为安全防护的基础设施，同时在服务器端安装杀毒软件作为最后一道防线。但实际上防火墙设备对于开放端口的 Web 服务没有防护能力，因为防火墙仅能控制非授权

IP 对内不得访问，对外应用服务器，是被防火墙允许的访问。由于实现原理的限制，防火墙对于病毒或黑客在应用层面的入侵攻击“视而不见”，因此 Web 服务器端是 Web 安全防护的重要环节。虽然 Web 服务器做了相关的安全防护，但服务器端的安全设置较为专业、复杂，一旦设置不合理，就使得 Web 服务器端很容易成为恶意攻击入侵的对象。为了更全面地保障 Web 服务器的安全，应采用 Web 应用防火墙对 Web 应用进行安全防护。Web 防火墙可针对 Web 应用实现以下防护功能：

（1）漏洞防护

Web 应用防火墙能够对 SQL 注入、跨站脚本、代码执行、目录遍历、脚本源代码泄露、CRLF 注入、COOKIE 篡改、URL 重定向等多种漏洞攻击进行有效防护。

（2）攻击防护

Web 应用防火墙能够对用户请求提供多重检查机制和智能分析，确保对高安全风险级别攻击事件的准确识别率。针对 Flood 攻击、SQL 注入、跨站脚本、目录遍历等主要攻击手段，WAF 系统提供了有效识别、阻断并告警。

（3）网页代码检查

Web 应用防火墙能够对用 ASP、ASPX、JSP、PHP、CGI 等语言编写的页面，对用 SQL Server、MySQL、Oracle 等数据构建的网站进行检查，能够在客户网站被挂马之前发现网站的脆弱点，从而使客户未雨绸缪，避免挂马事件的发生。

（4）访问加速

Web 应用防火墙通过在现有的互联网中增加一层新的网络架构，将网站服务器内容缓存到系统内存中，使用户可以就近取得所需内容，降低服务器的压力，解决互联网拥挤的状况，提高用户访问服务器的响应速度。从而解决由于网络带宽小、用户访问量大、网点分布不均等原因所造成的用户访问网站响应速度慢的问题。

（5）挂马检测

多数攻击者在成功入侵后并不采取直接网站篡改的方式，为了获取更多的经济利益往往采取比较隐蔽的方式，其最终目的是为了盗取用户的敏感信息，如各类账号密码，甚至使用户电脑沦为攻击者的“肉鸡”。一旦网站服务器成为传播病毒木马的“傀儡帮凶”，将会严重影响网站的公众信誉度。

（6）网页防篡改

Web应用防火墙内置有网页防篡改监控平台，可以对网页防篡改客户端进行实时监控。当网页防篡改客户端与Web应用防火墙的网络中断时，网页文件会被自动锁定，所有“写”的权限被封锁，只有“读”的权限。当网络恢复中，所有相关权限会自动下发，网站正常恢复更新。Web应用防火墙应该采用纯透明串行接入模式部署，交换机上串行接入Web应用防火墙，所有Web请求和恶意访问攻击均由Web应用防火墙来承担处理，清洗、过滤后Web应用防火墙向真实的服务器提交请求并将响应进行整形、压缩等处理后送交给请求客户端。这样可防范来自互联网的威胁，保护网站的安全、稳定、高性能运行。

2. 数据库防护

单位大量敏感数据都保存在数据库中，数据库存在的安全风险主要表现在以下几方面：

（1）无法通过本地部署访问控制，及时发现或阻断超级用户对数据发起的访问。

（2）分布式技术的部署，导致用户对数据的真实存储位置不可知。

（3）虚拟化技术的运用，使用户难以获知正与哪个或者哪些其他用户共享相同的存储或处理设备，对于提供商在解决数据隔离保护问题方面部署措施的有效性更是难以获得充分、可信的信息。

数据库攻击防护能力可以基于TCP/IP协议栈，并根据数据库的访问行为特征及不同数据库类型的特点，提供多层次、精细化的数据库安全防护策略体系，使数据库的安全防护级别达到最高等级。当发生风险操作或偏离行为基线的操作时，系统会通过攻击防护能力来识别这些操作并发出告警，阻断风险行为。

3. 终端安全防护

终端面临着来自病毒木马的入侵、各种类型设备接入不同网络区域不易管理、容易引发泄密等所带来的问题，需要人工维护各类系统进行补丁升级等工作所带来的巨大工作量，这一系列问题都为单位终端安全管理带来极大的挑战。需要一个综合的终端安全管理系统，以应对不同层面的安全需求，满足合规要求，而满足这些安全需求的同时，又不会割裂这些系统之间的关系，使得他们能在统一的安全环境里执行一致的安全策略，并互相协同，发挥最大的安全防护效率。通过建设恶意代码防范体系、落实终端安全管理技术措施、启用统一终端运维、开启安全审计功能，来建设终端合规一体化体系，终端安全管理的建设内容如下。

（1）终端恶意代码防护

全网部署终端安全管理系统客户端代理，通过集中管理端实现对病毒查杀策略、病毒库的统一升级管理。通过采用查杀引擎、未知病毒检测等新技术，解决传统防病毒软件本地特征库对新型病毒查杀效果不明显的问题。

（2）终端统一安全管控

在终端安全管理系统的控制中心制定策略，进行全网终端的流量监控、非法外联监控、应用程序黑白名单控制、外设管控、桌面安全加固等。

（3）终端移动介质管理

给予不同的移动存储介质相应的授权试用范围和读写权限，同时支持设备状态的追踪与管理，实现对移动存储设备的灵活管控，保证终端与移动存储介质进行数据交换和共享过程中的信息安全要求。

（4）统一补丁升级和管理

办公网络中存在的各种不同类型的操作系统及不同版本的操作系统都需要进行全面的补丁管理，终端安全管理系统控制中心对全网计算机进行漏洞扫描把计算机与漏洞进行多维关联，根据终端或漏洞进行分组管理，并且能够根据不同的计算机分组与操作系统类型将补丁错峰下发，并能实现对补丁库的统一升级和管理。

（5）终端统一安全运维

终端安全管理系统统一运维功能，通过远程协助功能实现全网终端硬件资产管理。当终端需要远程帮助的时候，运维人员向终端用户发送远程控制请求，等终端用户确认后，协助 IT 维护人员高效地完成终端运维工作。

（6）终端综合审计

终端安全管理系统通过综合审计功能，对终端用户的行为进行审计，审计内容包括软件使用日志、外设使用日志、开关机日志、系统账号日志、文件操作日志、文件打印日志、邮件记录日志等；并提供报表功能，对终端安全日志、漏洞修复、病毒日志、木马查杀、插件清除、安全配置、文件及应用日志、终端事件告警等信息进行报表统计。

（7）终端安全水印

安全水印针对打印、拍照、截屏等场景提供安全水印功能，通过数字水印的输出，可直接、间接识别是否已泄露身份信息，实现泄露溯源。

在网络内部部署终端安全管理系统控制中心和终端，终端通过控制中心连接到升级服务器进行升级、更新等。终端根据控制中心制定的安全策略，进行杀毒、修复漏洞、运维管控、移动存储管理等安全操作。

4. 数据库审计

大量敏感数据都保存在数据库中，数据库存在的安全风险主要表现在无法通过本地部署访问控制，及时发现或阻断超级用户对数据发起的访问；分布式技术的部署，导致用户对数据的真实存储位置不可知；虚拟化技术的运用，使用户难以获知哪个或者哪些其他用户共享相同的存储或处理设备；对于提供商在解决数据隔离保护问题方面部署措施的有效性更是难以获得充分、可信的信息。

为了能够对业务网络中的各种数据库进行全方位的安全审计，现需要数据库审计系统来对敏感数据进行防护，需要具备以下能力：

（1）数据访问审计

记录所有对保护数据的访问信息，包括文件操作、数据库执行 SQL 语句或存储过程等。系统审计所有用户对关键数据的访问行为，防止外部黑客入侵访问和内部人员非法获取敏感信息。

（2）数据变更审计

统计和查询所有被保护数据的变更记录，包括核心业务数据库表结构、关键数据文件的修改操作等，防止外部和内部人员非法篡改重要的业务数据。

（3）用户操作审计

统计和查询所有用户的登录成功和失败尝试记录，记录所有用户的访问操作和用户配置信息及其权限变更情况，可用于事故和故障的追踪和诊断。

（4）违规访问行为审计

记录和发现用户违规访问。支持设定用户黑白名单，以及定义复杂的合规规则，支持告警。数据库审计系统应旁路部署，对数据库访问行为进行审计。

（四）安全管理中心设计

1. 日志收集与分析

等保条例中，针对安全审计部分做出如下要求：应启用安全审计功能，审计覆盖到每个用户，对重要的用户行为和重要安全事件进行审计；审计记录应包括事件的日期和时间、用户、事件类型、事件是否成功及其他与审计相关的信息；应对审计记录进行保护，定期备份，避免受到未预期的删除、修改或覆盖等；应对审计进程进行保护，防止未经授权的中断。

为了合法合规，局域网运维管理区需部署一套日志审计系统，通过被动采集或主动采集的方式对局域网网络中所有网络设备、服务器操作系统、应用系统、安全设备、安全软件管理平台等所产生的日志数据进行统一采集、存储、分析和统计，为管理人员提供直观的日志查询、分析、展示界面，并长期妥善保存日志数据以便需要时查看，保证审计记录的留存时间符合法律法规要求。集中日志审计系统实现以下功能：

（1）日志收集

收集用户内、外网的网络设备、安全设备、服务器、数据库以及采取B/S方式进行开发的各类应用系统，进行统一集中存储和汇总，并提供给系统管理人员进行进一步的分析和查询。

（2）日志归一化处理

将不同设备所产生的不同格式的难以理解的日志数据进行统一格式化处理，提炼出有用信息，清晰、明确地展示给管理者。

（3）原始日志高效存储

完备的原始日志数据存储策略，符合塞班斯等保、分保等合规性要求。管理者可以针对不同的管理对象设置不同的存储策略，若存储空间超过设定阈值则系统自动报警，提醒管理者备份原始数据。

（4）日志查询

支持对海量日志信息进行组合条件检索查询，独特的海量数据查询技术，真正实现了即查即显。

（5）统计分析报表

系统在对安全信息数据进行详尽的分析及统计的基础上支持丰富的报表，实现分析结果的可视化。

（6）报警管理

日志审计系统可以定义事件的报警方式，即定义什么样的事件采取什么样的报警方式，另外系统管理人员利用日志审计系统，也可以定义自动告警功能，而且用户可以自定义告警内容及管理员应采取的措施，保证报警信息能够提醒安全保密管理人员有安全事件发生。

2. 安全运营与管理

等保要求包括，应在关键网络节点处检测、防止或限制从外部发起的网络攻击行为；应在关键网络节点处检测、防止或限制从内部发起的网络攻击行为；应采取技术措施对网络行为进行分析，实现对网络攻击特别是新型网络攻击行为的分析；当检测到攻击行为时，记录攻击源 IP、攻击类型、攻击目标、攻击时间，在发生严重入侵事件时应提供报警。

局域网安全服务保障区部署一套综合性的运维管理系统，帮助信息系统运维管理人员对重要的通信线路、主机系统、网络设备和应用软件的运行状况、网络流量、用户行为、系统故障等进行集中监测，随时了解整个 IT 系统的运行状况，对系统资源故障第一时间发现、定位并发出告警，为确保信息系统和业务应用的持续可靠运行提供运维保障。该系统具备以下能力：

（1）威胁管理

提供面向威胁全生命周期的管理功能，可以通过多种威胁检测手段对威胁进行发现，并集中呈现全网的各种威胁情况。客户可结合各自需要对威胁进行筛选、标记、处置。同时态势感知与安全运营平台也支持针对威胁的处置工单下发，管理者可以指定对应威胁的处置责任人，通过邮件、短信、消息中心等方式进行通知，由其对威胁进行处理，并跟踪工单流转状态。态势感知与安全运营平台也支持根据设定的动作进行自动化通知下发告警，提升日常运营工作的效率。

（2）资产管理

能够提供对网内资产的扫描发现、手工管理、资产变更比对、资产信息整合展示等基本功能。资产发现部分，态势感知与安全运营平台可以通过 IP 扫描、SNMP 扫描、流量发现等手段对网内 IP 的存活情况进行跟踪，一旦发现超出当前管理范围的 IP，用户可以导出相关数据进行编辑后录入资产数据库。

（3）场景化分析

场景是指在特定的主题下，通过一系列图、表等可视化手段，依据攻防等经验构造的数据展示形式。场景化分析旨在提供用户相关的视角来查看相关数据，为其发现、判断网络安全问题提供帮助。解决了规则判定时，无法确定具体阈值的问题，用户可根据自己网络特点和经验进行判断。

（4）调查分析

在单位的日常安全管理中，安全工程师经常需要不断地对安全事件进行分析、定性、处置。这一系列工作中都需要广泛地调取各种数据信息以保证每次判断都是有事实依据的，需要通过调查分析模块，针对任何需要调查的安全问题创建实例，将所有与要调查的问题相关的告警、日志甚至其他文本、图片信息都录入实例中，然后通过时间趋势展示、标注等功能可以回溯并记录问题的发展过程和相关影响，再通过搜索等功能不断地扩展其他的日志线索，丰富该问题的相关证据。最后在有支撑的情况下形成调查结论。

（5）安全态势

安全问题纷繁复杂，如何整体查看单位的安全情况并作出准确判断一直以来是安全管理的难题。可以在多种安全功能基础之上提供态势感知模块，帮助用户快速且宏观地了解整个单位的安全情况。提供资产风险态势感知和外部威胁态势感知，在常规态势以外，不同用户经常有自身的感知需求，可针对不同场景进行态势感知定制。

二、政务云网络安全

（一）安全区域边界设计

安全区域边界设计主要从边界防护、访问控制、入侵防范、恶意代码和安全审计、可信验证方面进行防护设计。

（二）边界防护

应在网络边界或区域之间根据访问控制策略设置访问控制规则，默认情况下除允许通信外受控接口拒绝所有通信。应删除多余或无效的访问控制规则，优化访问控制列表，并保证访问控制规则数量最小化。应对源地址、目的地址、源端口、目的端口和协议等进行检查，以允许/拒绝数据包进出。

应能根据会话状态信息为进行数据流提供明确的允许 / 拒绝访问控制的能力。应对进出网络的数据流实现基于应用协议和应用内容的访问控制。

目前边界是信息安全的第一道防线，服务器存储了大量重要数据，在各区域数据交互时存在着被攻击的风险，随着攻击手段的不断演进，各边界所面临的安全风险越来越高，频发突发、隐蔽性强、手段多样、实施体系化的复合型攻击，已经成为当前网络边界威胁的主要特征。事实证明，每一次网络攻击的成功，都是攻击者通过技术手段数次突破网络边界防线的过程，传统的边界防御技术已经不能满足新的边界安全防护的需求。针对新的边界安全威胁，边界访问控制已经成为基本安全措施，必不可少，为了更加有效地应对当前的网络威胁且满足等保的相关要求，需采用更加智能化、联动化的防火墙设备，以满足安全有效性和防御实时性的切实需求。当前，下一代防火墙技术已经逐步成熟，通过相关功能实现及策略配置，可实现上述要求，防火墙主要功能及配置要求如下：

1. 访问控制

能够基于 IP、安全域、VLAN、时间、用户、地理区域、服务协议及应用等多种方式进行访问控制，一条安全策略可配置应用控制、入侵防护、URL 过滤、病毒检测、内容过滤、网络行为管理等高级访问控制功能。能对 HTTP、SMTP、POP3、IMAP、FTP、TELNET 协议进行细粒度的控制，过滤不受信任的网络行为。

2. 应用层访问控制

能实现文件过滤、URL 过滤、邮件过滤等，实现针对主要的应用协议如 HTTP、FTP、POP3、SMTP、IMAP 等的双向内容传输过滤，可预定义或自定义敏感信息库进行敏感信息定义。

3. 入侵防范

对于主要攻击能进行防护，包括：Flood（SYN Flood、ICMP Flood、UDP Flood、IP Flood）、恶意扫描（禁止 Tracert、IP 地址扫描攻击、端口扫描）、欺骗防护（IP 欺骗、DHCP 监控辅助检查）、异常包攻击 Ping of Death、

Teardrop、IP 选项、TCP 异常、Smurf、Fraggle、Land、Winnuke、DNS 异常、IP 分片、ICMP 管控（禁止 ICMP 分片、禁止路由重定向报文、禁止不可达报文、禁止超时报文、ICMP 报文大小限制）、应用层 Flood（DNS Flood、HTTP Flood）、SYN Cookie 等。

4. 动态 QoS 功能

可配置带宽限制策略。策略类型包括共享型和独享型，用户优先级分为高、中、低，服务类型包括应用层的多种协议。在用户都满足保证带宽情况下，高优先级用户将抢占中、低优先级用户带宽，中优先级用户将抢占低优先级用户带宽。当网络中存在空闲带宽时，防火墙系统会根据当前网络带宽分配情况，自动将空闲带宽分配给重要业务，保证重要业务的正常访问。

5. 支持 IPv6

能够支持完整的双栈协议，支持 IPv6 下的多种功能，包括网络功能和安全功能，包括 IPv6 接口、IPv6 路由、IPv6 认证管理、IPv6 日志管理、IPv6 VPN、IPv6 安全功能及安全策略等。

6. 日志管理

对各类日志，如流量日志、威胁日志、URL 过滤日志、邮件过滤日志、行为日志等进行分析和日志外发，能基于 IP、用户、接口、地区、应用等过滤条件搜索自定义时间段内的历史日志。

防火墙需部署在服务器边界，设置严格的访问控制规则，进行安全访问控制及安全检测，保证跨越边界的访问和数据流是通过边界防护设备提供的受控接口进行通信的。

（三）安全计算环境设计

1.Web 应用防护

传统网络层对 Web 服务器的防护方式主要是使用防火墙作为安全防护的基础设施，同时在服务器端安装杀毒软件作为最后一道防线。但实际上防火墙设备对于开放端口的 Web 服务没有防护能力，因为防火墙仅能控制非授权

IP 对内不得访问，对外应用服务器，是被防火墙允许的访问。由于实现原理的限制，防火墙对于病毒或黑客在应用层面的入侵攻击“视而不见”，因此 Web 服务器端是 Web 安全防护的重要环节。虽然 Web 服务器做了相关的安全防护，但服务器端的安全设置较为专业、复杂，一旦设置不合理，就使得 Web 服务器端很容易成为恶意攻击入侵的对象。为了更全面的保障 Web 服务器的安全，应采用 Web 应用防火墙对 Web 应用进行安全防护。Web 防火墙可针对 Web 应用实现以下防护功能：

（1）漏洞防护

Web 应用防火墙能够对 SQL 注入、跨站脚本、代码执行、目录遍历、脚本源代码泄露、CRLF 注入、COOKIE 篡改、URL 重定向等多种漏洞攻击进行有效防护。

（2）攻击防护

Web 应用防火墙能够对用户请求提供多重检查机制和智能分析，确保对高安全风险级别攻击事件的准确识别率。针对 Flood 攻击、SQL 注入、跨站脚本、目录遍历等主要攻击手段，WAF 系统提供了有效识别、阻断并告警。

（3）网页代码检查

Web 应用防火墙能够对用 ASP、ASPX、JSP、PHP、CGI 等语言编写的页面，对用 SQL Server、MySQL、Oracle 等数据构建的网站进行检查，能够在客户网站被挂马之前发现网站的脆弱点，从而使客户未雨绸缪，避免挂马事件的发生。

（4）访问加速

Web 应用防火墙通过在现有的互联网中增加一层新的网络架构，将网站服务器内容缓存到系统内存中，使用户可以就近取得所需内容，降低服务器的压力，解决互联网拥挤的状况，提高用户访问服务器的响应速度。从而解决由于网络带宽小、用户访问量大、网点分布不均等原因所造成的用户访问网站响应速度慢的问题。

（5）挂马检测

多数攻击者在成功入侵后并不采取直接的网站篡改，为了获取更多的经济利益往往采取比较隐蔽的方式，其最终目的是为了盗取用户的敏感信息，如各类账号密码，甚至使用户电脑沦为攻击者的“肉鸡”。一旦网站服务器成为传播病毒木马的“傀儡帮凶”，将会严重影响网站的公众信誉度。

（6）网页防篡改

Web应用防火墙内置有网页防篡改监控平台，可以对网页防篡改客户端进行实时监控。当网页防篡改客户端与Web应用防火墙的网络中断时，网页文件会被自动锁定，所有“写”的权限进行封锁，只有“读”的权限。当网络恢复中，所有相关权限会自动下发，网站正常恢复更新。

Web应用防火墙应该采用纯透明串行接入模式部署，交换机上串行接入Web应用防火墙，所有Web请求和恶意访问攻击均由Web应用防火墙来承担处理，清洗、过滤后Web应用防火墙向真实的服务器提交请求并将响应进行整形、压缩等处理后送交给请求客户端。这样可以很好的防范来自互联网的威胁，保护网站的安全、稳定、高性能运行。

2. 数据库防护

单位大量敏感数据都保存在数据库中，数据库存在的安全风险主要表现在以下几点：

（1）无法通过本地部署访问控制，及时发现或阻断超级用户对数据发起的访问。

（2）分布式技术的部署，导致用户对数据的真实存储位置不可知。

（3）虚拟化技术的运用，使用户难以获知正与哪个或者哪些其他用户共享相同的存储或处理设备，对于提供商在解决数据隔离保护问题方面部署措施的有效性更是难以获得充分、可信的信息。

数据库攻击防护能力可以基于TCP/IP协议栈，并根据数据库的访问行为特征及不同数据库类型的特点，提供多层次、精细化的数据库安全防护策略体系，使数据库的安全防护级别达到最高等级。当发生风险操作或偏离行为基线的操作时，系统会通过攻击防护能力来识别这些操作并发出告警，阻断风险行为。

3. 数据库审计

大量敏感数据都保存在数据库中，数据库存在的安全风险主要表现在无法通过本地部署访问控制，及时发现或阻断超级用户对数据发起的访问，分布式技术的部署，导致用户对数据的真实存储位置不可知，虚拟化技术的运用，使用户难以获知正与哪个或者哪些其他用户共享相同的存储或处理设备，对于提供商在解决数据隔离保护问题方面部署措施的有效性更是难以获得充分、可信的信息。为了能够对业务网络中的各种数据库进行全方位的安全审计，现需要数据库审计系统对敏感数据进行防护，需要具备以下能力：

（1）数据访问审计

记录所有对保护数据的访问信息，包括文件操作、数据库执行 SQL 语句或存储过程等。系统审计所有用户对关键数据的访问行为，防止外部黑客入侵访问和内部人员非法获取敏感信息。

（2）数据变更审计

统计和查询所有被保护数据的变更记录，包括核心业务数据库表结构、关键数据文件的修改操作等，防止外部和内部人员非法篡改重要的业务数据。

（3）用户操作审计

统计和查询所有用户的登录成功和失败尝试记录，记录所有用户的访问操作和用户配置信息及其权限变更情况，可用于事故和故障的追踪和诊断。

（4）违规访问行为审计

记录和发现用户违规访问。支持设定用户黑白名单，以及定义复杂的合规规则，支持告警。数据库审计系统应旁路部署，对数据库访问行为进行审计。

4. 云主机安全防护

虚拟化技术的采用在传统计算架构上增加了一个新的虚拟化软件层，也就引入了新的攻击面，而且虚拟化软件层往往运行在核心态，具有最高特权，针对虚拟化软件层的攻击将直接对上层的虚拟机和应用带来安全威胁。通过建设恶意代码防范体系，开启安全审计功能，来建设云主机防护系统，建设内容如下：

（1）恶意代码防护

云主机部署终端安全管理系统服务器版客户端代理，通过集中管理端实现对病毒查杀策略、病毒库的统一升级管理。通过采用云查杀引擎、未知病毒检测等新技术，解决传统防病毒软件本地特征库对新型病毒查杀效果不明显的问题。

（2）统一补丁升级和管理

云主机中存在的各种不同类型的操作系统及不同版本的操作系统都需要进行全面的补丁管理，对全网主机进行漏洞扫描把计算机与漏洞进行多维关联，根据终端或漏洞进行分组管理，并且能够根据不同的计算机分组与操作系统类型将补丁错峰下发，并能实现对补丁库的统一升级和管理。

（3）统一安全运维

统一运维功能，通过远程协助功能实现云主机资产管理。当主机需要远程帮助的时候，运维人员通过统一管控平台完成终端运维工作。

（4）主机综合审计

通过综合审计功能，对云主机的行为进行审计，审计内容包括软件使用日志、外设使用日志、开关机日志、系统账号日志、文件操作日志、文件打印日志、邮件记录日志等；并提供报表功能，对终端安全日志、漏洞修复、病毒日志、木马查杀、插件清除、安全配置、文件及应用日志、终端事件告警等信息进行报表统计。

（四）政务网和互联网安全资源要求

政务网部署集中式档案室管理系统、电子档案移交接收系统、业务后台管理系统、政务网档案利用服务平台等系统，实现电子公文的归档管理，实现档案的规范化、自动化、高效率管理。

互联网部署档案利用服务平台、网页信息采集系统、网上虚拟展厅系统，实现开放的档案信息社会共享，通过建立档案门户网站、互联网信息采集系统等，提供一站式查询和档案信息发布服务。

按照政务工作要求，政务应用系统应接入政务云，政务网需满足等保安全防护要求，互联网需满足等保安全防护要求。

第四节　密码应用

一、设计目标及原则

（一）设计目标

围绕《信息安全技术 信息系统密码应用基本要求》的密码应用要求，围绕局域网、政务外网、互联网三大网络部署的档案馆业务管理系统、综合档案业务管理系统、档案服务系统，在物理和环境、网络和通信、设备和计算、应用和数据、安全管理等层面的密码应用需求，设计合规、正确、有效的系统密码应用方案，并为通过密码应用安全性评估奠定基础。

（二）设计原则与依据

1. 标准化原则

项目建设需符合国家在密码安全、电子政务等领域的相关标准。

2. 先进性原则

采用成熟、具有先进水平、符合发展趋势的技术和产品，并充分借鉴商用密码应用领域国内先进的部委、省市经验。符合国家密码相关规定的密码算法的准予许可的密码产品原则，系统建设中所涉及密码模块的部分全部采用国家密码管理局准予许可的密码产品和服务。

3. 稳定性原则

在密码应用改造实施过程中，要充分考虑对生产系统造成的影响，保证服务的连续性及健壮性。

4. 实用性原则

在系统软件设计上结合建设方实际情况，务实不务虚，注重解决实际问题，满足建设方管理需要。设计主要遵循以下密码相关的政策法规或标准规范：《中华人民共和国密码法》《中华人民共和国网络安全法》《商用密码应用安全性评估管理办法》《信息安全技术 信息系统密码应用基本要求》《采用非接触卡的门禁系统密码应用技术指南》《随机性检测规范》《密码模块安全技术要求》《密码应用接口规范》《密码设备应用接口规范》《通用密码服务接口规范》《证书应用综合服务接口规范》《椭圆曲线公钥密码算法》《分组密码算法》《SM3 密码杂凑算法》《密码应用标识规范》《信息安全技术 SM2 密码算法加密签名消息语法规范》《基于 SM2 密码算法的数字证书格式规范》《服务器密码机技术规范》《金融数据密码机技术规范》等。

二、密码应用技术框架

下面是密码应用技术框架图，箭头方向表示模块之间的依赖关系：

1. 业务应用层

服务平台的密码应用需求主要包括：网络和通信安全（身份鉴别信息、通信数据、访问控制信息）、设备和计算安全（身份鉴别、远程通道）、应用数据安全（身份鉴别、访问控制信息、日志数据、隐私数据等）。

2. 密码子系统层

作为面向业务系统（档案馆业务管理系统、综合档案业务管理系统、档案服务系统）提供接口服务的密码子系统，将以密码应用中间件基于通用密码服务接口、证书应用综合服务接口、智能密码钥匙密码服务接口、密码设备应用接口等安全服务。

3. 密码产品层

使用国密电子门禁系统、国密视频监控系统、国密数据加密系统、国密IPSEC/SSL VPN综合接入网关、国密签名验签服务器、国密时间戳服务器、国密电子签章管理系统、国密服务器证书、USBKEY及数字证书等密码产品。（见图6-7）

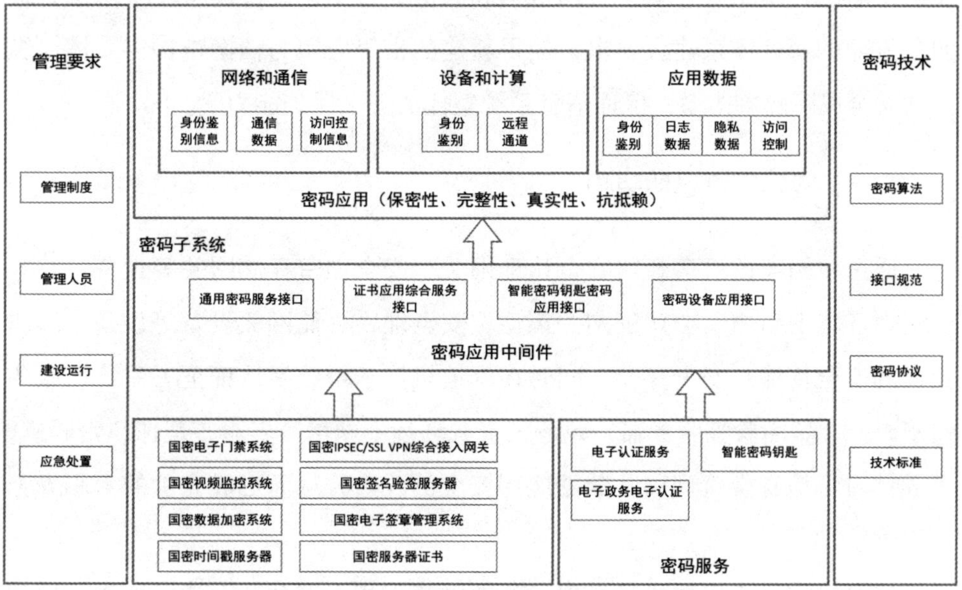

图6-7 密码应用技术框架图

4. 基础设施层

为了解决身份鉴别及操作行为抗抵赖问题，引入电子认证服务机构，由CA机构为用户签发数字证书，解决用户身份真实性问题。

5. 管理服务层

按照《信息安全技术 信息系统密码应用基本要求》的管理服务要求，在管理制度、人员管理、建设运行、应急处理等方面提供管理支撑。

6. 密码技术

在整体密码应用方案中，密码技术将遵循密码算法、接口规范、密码协议、技术标准等要求。

三、馆内网密码应用

档案馆密码应用安全按照物理和环境安全、网络和通信安全、设备和计算安全、应用和数据安全四个方面基本技术要求进行技术体系建设，并满足安全策略和管理制度、安全管理机构和人员、安全建设管理、安全运维管理四个方面的管理体系建设要求，使得新建的密码应用为档案馆提供立体、纵深的安全保障防御体系，保证信息系统整体的安全保护能力。

（一）密码应用总体架构

通过在档案馆机房新增安全认证网关、安全加密存储网关等设备，政务云资源环境上新增安全认证网关镜像、安全加密存储网关设备等设备，形成数据的安全传输，安全存储，同时在本地机房新增数字认证证书系统、服务器密码机、签名验签服务器，政务云资源环境上新增签名验签镜像、密码机，完成针对可信身份管理以及数据应用安全的改造，从而形成完善的密码安全利用体系。

档案馆密码应用项目是一项复杂的系统工程，安全体系建设作为一项基础性设施，涵盖了网络、数据库、传输、数据安全与传输、认证与授权等多个领域，必须进行科学完善的规划，既可满足本期安全要求，又可以满足将来系统建设的要求。同时，系统必须充分考虑建立一个统一的立体安全管理体系，安全保护要易于集成、扩展、维护和管理，对业务系统产生较低的效能影响。

利用J2EE的优势将系统核心组件化，实现高度共享、可快速、批量、安全无误的系统升级。系统采用先进的完全面向对象方法、对系统进行架构和建模，采用完全结构化、组件化的设计方式，具有稳固的设计和架构基础；系统建设将采用多层体系结构，将表现层、通用业务逻辑层、核心业务逻辑层、数据层合理地分离，从而保障系统的可扩展性。

（二）密码应用设计

根据《信息安全技术 信息系统密码应用基本要求》，从技术要求、密钥管理、安全管理等三个角度出发，围绕信息系统的物理和环境安全、网络和通信安全、设备和计算安全、应用和数据安全、密钥管理、安全管理六个层面提出了等级保护第 1 级至第 4 级的密码应用技术要求，明确了等级保护第 1 级至第 4 级的密钥管理要求以及安全管理要求。

1. 物理和环境安全

根据《信息安全技术 信息系统密码应用基本要求》在物理环境层面密码应用指标要求如下。（见表 6–6）

表 6–6　物理和环境安全指标图

	指标	密码技术要求
物理和环境安全	身份鉴别	采用密码技术进行物理访问身份鉴别，保证重要区域进入人员身份的真实性
	电子门禁记录数据存储完整性	使用密码技术保证电子门禁系统进出记录数据的存储完整性
	视频监控记录数据存储完整性	使用密码技术保证视频监控音像记录数据的存储完整性

数字档案馆有自建的物理机房，为保证该物理机房重要区域进入人员身份的真实性、进出记录数据的存储完整性和视频监控音像记录数据的存储完整性，需采购一套国密电子门禁系统和一套国密视频监控系统，满足物理环境层面密码应用的安全需求。

2. 网络通信及边界访问

根据《信息安全技术 信息系统密码应用基本要求》在网络和通信层面密码应用指标要求如下。（见表 6–7）

表 6-7 网络和通信安全指标图

	指标	密码技术要求
网络和通信安全	身份鉴别	采用密码技术对通信实体进行身份鉴别，保证通信实体身份的真实性
	通信数据完整性	采用密码技术保证通信过程中数据的完整性
	通信过程中重要数据的机密性	采用密码技术保证通信过程中重要数据的机密性

使用国密服务器证书，保障业务系统通信实体身份的真实性，防止系统被钓鱼、假冒访问的安全风险。同时，依托国密服务器证书构建的 https 加密通道安全特性，保障了通信过程中数据的完整性和机密性。

3. 设备和计算安全

根据《信息安全技术 信息系统密码应用基本要求》在设备和计算安全层面密码应用指标要求如下。（见表 6-8）

表 6-8 设备和计算安全指标图

	指标	密码技术要求
设备和计算安全	身份鉴别	采用密码技术对登录设备的用户进行身份鉴别，保证用户身份的真实性
	远程管理通道安全	远程管理设备时，应采用密码技术建立安全的信息传输通道
	系统资源访问控制信息完整性	采用密码技术保证系统资源访问控制信息的完整性

局域网系统档案馆业务管理系统部署有相应的数据库服务器、应用服务器，在运维层面同时配置有堡垒机等设备，该类设备配置的操作系统均以“用户名 + 口令”的登录方式，未采用密码技术对登录设备的用户进行身份鉴别，保证用户身份的真实性；同时，在远程管理设备时，未采用密码技术建立安全的信息传输通道、未采用密码技术保证系统资源访问控制信息的完整性。未保障业务系统符合设备和计算层面密码应用的要求，使用国密 IPSEC/SSL VPN 综合接入网关，采用 USBKEY 数字证书登录进行身份鉴别，集中管理各服务器系统接入访问。

4. 应用和数据安全

根据《信息安全技术 信息系统密码应用基本要求》在应用和数据安全层面密码应用指标要求如下。（见表 6-9）

表 6-9 应用和数据安全指标图

	指标	密码技术要求
应用和数据安全	身份鉴别	应采用密码技术对登录用户进行身份鉴别，保证应用系统用户身份的真实性
	访问控制信息完整性	应采用密码技术保证信息系统应用的访问控制信息的完整性
	重要数据传输机密性	应采用密码技术保证信息系统应用的重要数据在传输过程中的机密性
	重要数据存储机密性	应采用密码技术保证信息系统应用的重要数据在存储过程中的机密性
	重要数据传输完整性	宜采用密码技术保证信息系统应用的重要数据在传输过程中的完整性
	重要数据存储完整性	宜采用密码技术保证信息系统应用的重要数据在存储过程中的完整性

（1）身份鉴别

档案馆业务管理系统的系统认证层面，传统的认证机制采用“用户名+口令”的系统登录方式，存在口令被非法篡改或窃取的安全风险，系统认证实现未用到密码技术保证应用系统用户身份的真实性。所以，需面向政务外网用户、局域网用户购置 USBKEY 数字证书，同时在服务端购置两台签名验签服务器密码设备，达到采用密码技术实现身份鉴别的安全需求。这两台签名验签服务器分别部署在局域网和政务外网各一台。以档案馆业务管理系统为例，依托密码技术实现身份鉴别的过程如下。（见图 6-8）

USBKEY 数字证书登录，用户申请和领取 USBKEY 数字证书，在电脑终端安装 USBKEY 驱动程序成功后，在登录页面点击“数字证书登录”按钮，在 PIN 码弹出框输入正确的密码后，依托数字证书私钥针对登录日志信息（IP 地址、随机数等）完成电子签名的密码运算，形成登录日志的签名凭证，提交到系统服务端。

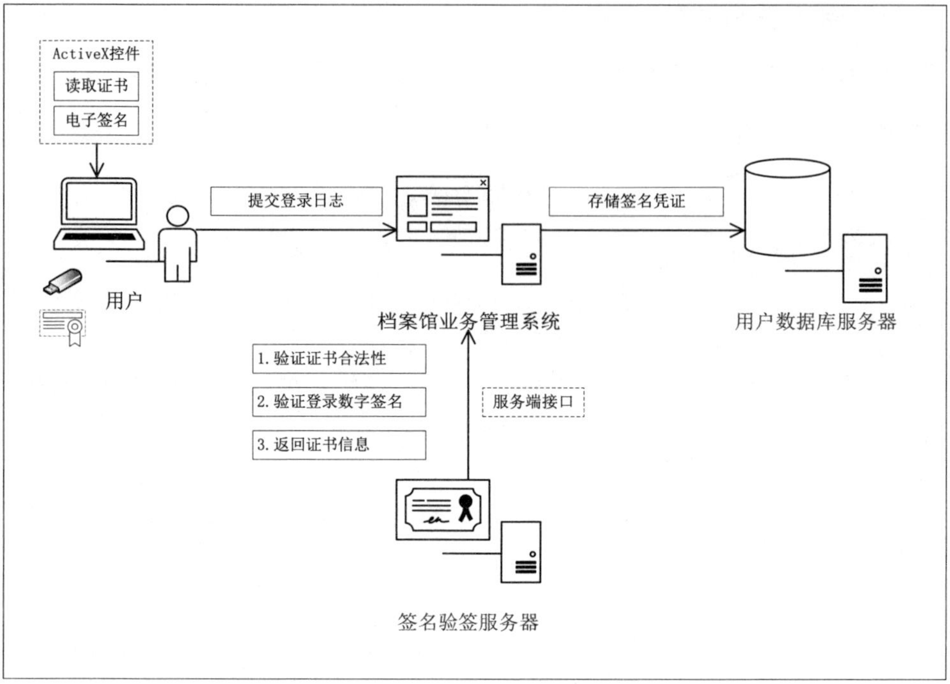

图6-8 用户身份鉴别图

服务端验证用户身份，档案馆业务管理系统服务端接收签名凭证，调取签名验签服务器的验证证书合法性接口、数字签名完整性验证接口、返回证书信息接口，依托国密算法的公钥，解析签名凭证的用户是否是合法用户，依托密码技术验证用户的真实性。

（2）访问控制信息完整性

业务系统的访问控制信息，往往以明文形式存储在数据库中，未采用密码技术保障访问控制信息的完整性，所以，需配置两台签名验签服务器（局域网和政务网各一台），依托签名验签服务器密码设备的签名运算能力，面向访问控制信息数据原文提供电子签名的密码服务接口，形成签名凭证后保存到数据库中，达到完整性保护的密码应用要求。其密码技术实现如图 6-9 所示。

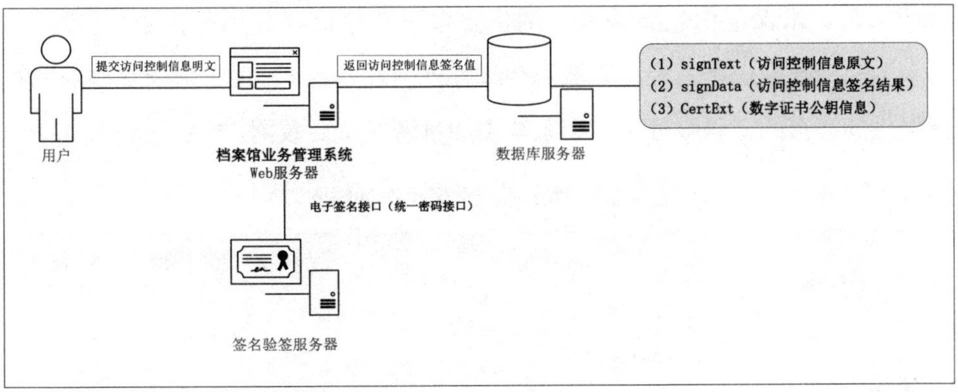

图6-9 用户签名验签图

提交访问控制信息原文，用户（超级管理员）维护系统角色或业务菜单授权操作时，页面操作确认后，提交访问控制信息（授权数据）原文内容，提交到服务器端响应。

服务端接收原文并生成签名凭证，档案馆业务管理系统服务端接收访问控制信息原文，调取签名验签服务器的电子签名接口，经电子签名后返回访问控制信息签名值，经电子签名后的访问控制信息签名凭证依托密码技术保障了数据的完整性。

（3）重要数据传输完整性、传输机密性

档案馆业务管理系统、综合档案业务管理系统、档案服务系统服务端均部署有国密服务器证书，依托密码套件实现通信过程中的数据完整性和机密性保护。其实现原理说明如下：客户端发送登录请求等相关信息，服务端返回 SSL 版本、算法套件以及服务端公钥等信息，客户端验证服务端身份，与服务端根据算法套件进行密钥协商，利用协商的密钥对数据进行机密性与完整性保护，双方进行安全通信。

（4）重要数据存储机密性

档案馆业务管理系统、综合档案业务管理系统、档案服务系统三个系统均有档案工作人员、应用单位归档人员、档案人员的重要隐私数据（如手机号、身份证号、联系方式等），该类隐私数据在系统中均以明文方式存储，未采用密码技术保证信息系统应用的重要数据在存储过程中的机密性。所以，需采购两台数据加密系统（局域网和政务外网各一台），用于面向重要隐私数据提供加解密的密码服务。三个系统需加解密的重要数据。（见表 6–10）

表 6–10　档案系统重要数据加解密表

系统名称	数据来源	需加密的重要数据	备注
档案服务系统	用户信息	手机号	
	用户信息	身份证号	
	专业档案案卷信息	经办人联系方式	
	专业档案案卷信息	经办人身份证号	
综合档案业务管理系统	用户信息表	手机号	
	用户信息表	身份证号	
	专业档案案卷信息	经办人联系方式	
	专业档案案卷信息	经办人身份证号	
档案馆业务管理系统	用户信息	手机号	
	用户信息	身份证号	
	专业档案案卷信息	经办人联系方式	
	专业档案案卷信息	经办人身份证号	

为此，需采用国密技术对数据库中的敏感信息进行加密存储，并在页面信息加载时进行解密处理，以保障系统数据处理过程中敏感信息的机密性。服务端后台代码调取加密接口形成密文后存储、解密接口通过提取的密文还原原文。其使用数据加密系统的技术实现如表 6–10 所示。

（5）重要数据存储完整性

重要数据包括系统日志数据、收发文 / 通知、审批意见等，往往以明文方式存储在系统中，未采用密码技术保证信息系统应用的重要数据在存储过程中的完整性。所以，需购置如下密码设备满足完整性保护的密码应用安全需求。

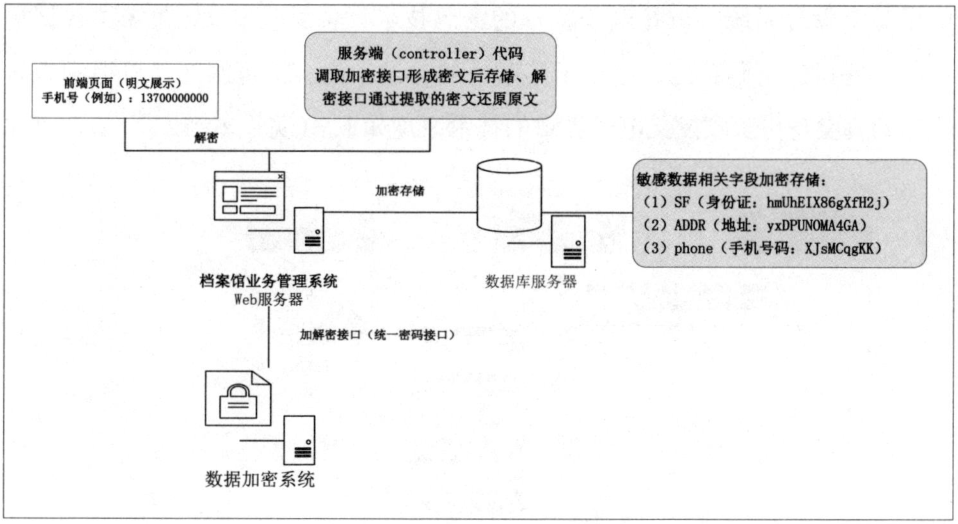

图 6-10　数据加密系统图

为保障采用密码技术保证信息系统应用的系统日志在存储过程中的完整性，需购置两台时间戳服务器（局域网和政务外网各一台），提供时间戳签订的密码接口服务，满足日志数据完整性保护的安全需求。业务系统的用户系统操作后，业务系统服务端自动生成系统日志数据原文，调取时间戳服务器的时间戳签订接口后，生成日志数据的时间戳签名凭证值，经验签成功后返回并保存在业务系统中，作为不可篡改、完整性保护的依据。（见图 6-11）

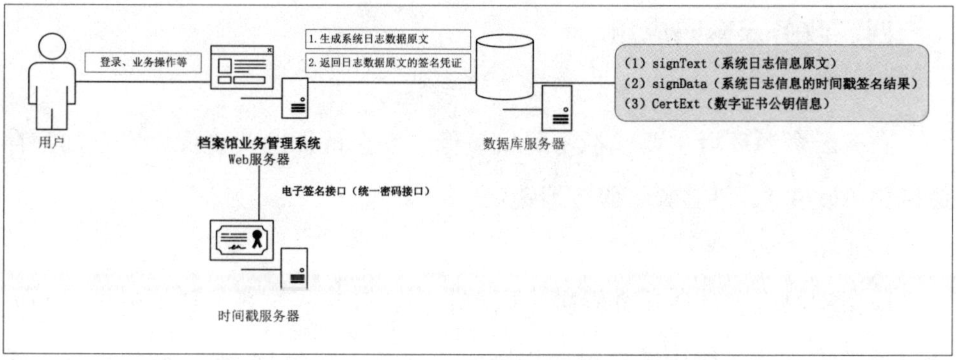

图 6-11　重要数据存储图

在档案馆业务管理系统业务流转过程中，存在着大量的收发文 / 通知类数据，为保障收发文 / 通知类数据在存储过程中的完整性，需购置一台国密电子签章管理系统，依托电子签章的密码技术，各类收发文/通知类数据提供电子签章的密码功能，经电子签章后的收发人内容不可篡改、可追溯签署主体的真实身份。收发文电子签章的技术原理如下。（见图 6-12）

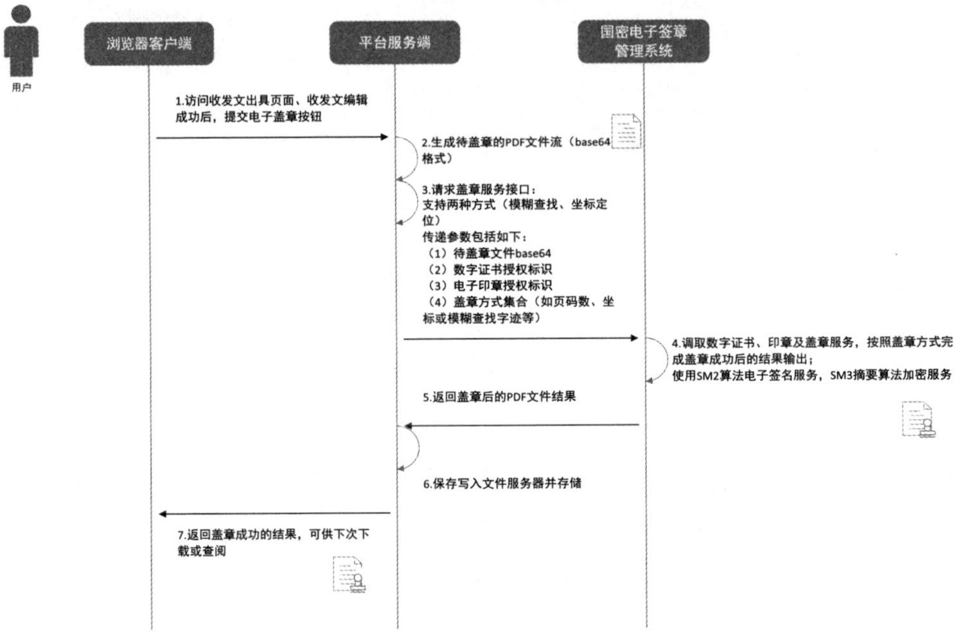

图 6-12　收发文电子签章技术原理图

四、政务云密码应用

政务云资源环境主要包括密码机镜像、安全认证网关镜像、安全加密存储网关（硬件）、签名验签服务器镜像。

1. 虚拟密码服务

虚拟密码机服务依托是密码应用服务模式的核心平台，该系统可以为安全可靠应用和业务应用等提供虚拟密码机服务，整合 IAAS 层密码设备、通过底层物理密码设备的密码算力对上提供密码服务，供 PAAS 层应用直接调用。虚拟密码机服务采用密码中间件或密码服务的方式与业务系统交互，提供标准统一的服务接口，可以为安全防护措施和业务应用提供密码服务。

2. 签名验证服务器镜像

提供虚拟化的实例服务，以安全组件的模式部署，围绕通信网络传输安全、安全域边界及应用安全支撑等方面实现基于数字证书的身份认证与访问控制。通过统一密码服务调用签名验证服务镜像，对内部流转与审批过程，通过签名验证服务实现关键行为的责任认定，确保内部流转的抗抵赖性；同时，利用签名验证技术对用户的身份鉴别事件、访问控制事件、重要系统资源敏感标记的变更事件、重要应用程序的加载和卸载事件等审计记录进行签名、加密，从而防止审计数据被篡改、泄露或非授权访问。（见图 6-13）

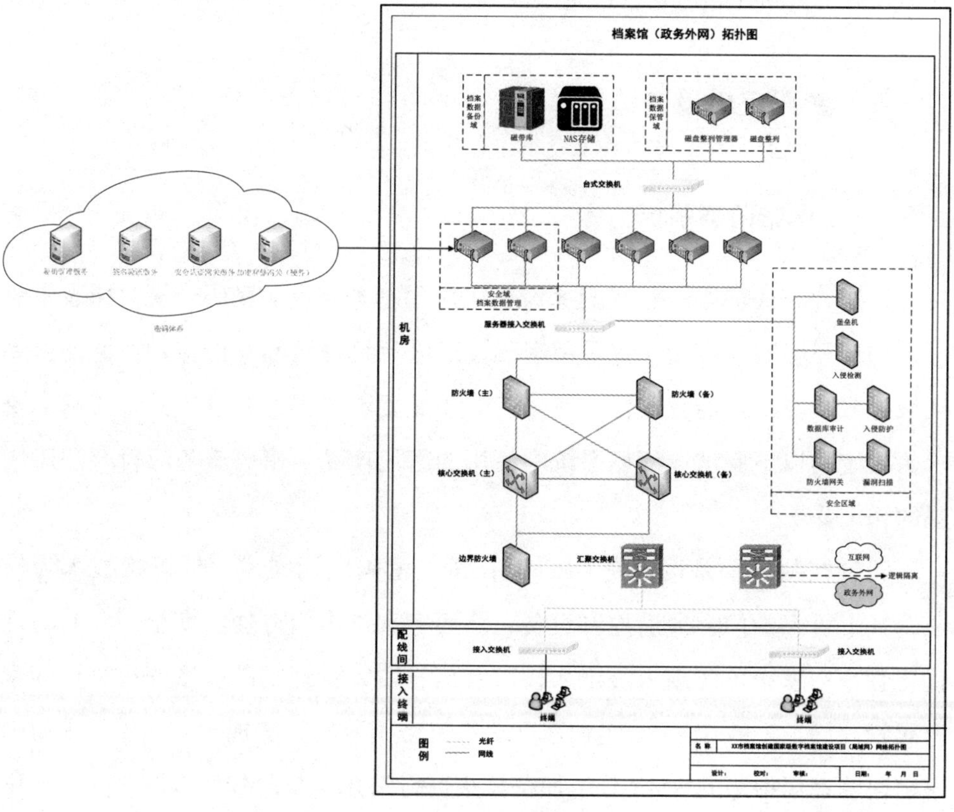

图 6-13　签名验证服务镜像图

3. 安全认证网关镜像

围绕通信网络传输安全、安全域边界及应用安全支撑等方面实现基于数字证书的身份认证与访问控制。业务应用方面，作为应用代理，联动业务系统，验证终端用户数字证书的有效性、合法性，并进行鉴权与访问控制，保证用户资源身份可信、业务可控、行为不可否认。

4. 安全存储加密网关

在业务应用中和文件安全存储中，通过统一密码服务调用存储加密服务器或加密机，对应用系统重要数据、敏感数据和数据库中的敏感信息进行加密保护；同时可对存储和备份的重要数据进行机密性和完整性保护，对重要日志数据、访问控制信息进行完整性保护。

五、密码应用设备清单

（一）国密门禁系统

依据《信息安全技术 信息系统密码应用基本要求》密码合规对照表中要求，物理环境安全层面，宜采用密码技术进行物理访问身份鉴别，保证重要区域进入人员身份的真实性。所以，需要配置电子门禁系统。满足《基本要求》规定的以下要求：信息系统中使用的密码产品、密码服务应符合法律法规的相关要求。

门禁控制系统是以国密 CPU 卡技术、密码应用技术、计算机技术为核心，加上可靠的门、通道控制设备，从而实现进出门方便、安全、实时的现代化管理；系统可实现人员出入权限及信息监督管理功能。系统可采用国家密码管理局指定的 SM1 分组加密算法进行密钥分散，实现一卡一密；采用国家密码管理局指定的 SM7 分组加密算法进行门禁卡与门禁读卡器之间的身份鉴别。

门禁卡采用 SM7 分组密码算法，卡内存放发行信息及卡片密钥。在门禁读卡器中，射频接口模块负责读卡器与门禁卡间的射频通信；MCU 负责读卡器内部的数据交换，与后台管理系统及门禁执行机构的数据通信。SM7/SM1 安全存取模块负责读卡器中的安全密码运算，鉴别门禁卡的合法性，存放系统根密钥。门禁读卡器上传鉴别结果给后台管理系统，后台管理系统进行实时或非实时门禁权限及审计管理，门禁执行机构具体执行完成门禁操作。

本系统中所应用的密码产品包括国密门禁发卡器、国密门禁读卡器、国密 CPU 卡，国密门禁系统管理软件。主要提供以下密码服务：一是身份认证服务，采用 SM7 对称密码算法，实现持卡人的身份认证。持卡人密钥存放在国密 CPU 卡中，与持卡人信息在系统后台进行一对一绑定。二是记录完整性保护服务，后台管理系统采用 SM2 数字签名技术，对人员进出记录逐条签名，保证人员进出记录的完整性。

（二）国密视频监控系统

依据《信息安全技术 信息系统密码应用基本要求》密码合规对照表中要求，物理环境安全层面，宜使用密码技术保证视频监控音像记录数据的存储完整性。所以，需要配置视频监控系统。需要采购一套新的视频监控系统。结合现规划的部署档案系统的机房需配置运行监控的安全管理要求，需新采购一套新的视频监控系统。现规划按照一个机房四个角落各部署和安装一个摄像头，满足基本视频监控全角落覆盖的需求。

视频监控系统采用符合《公共安全视频监控联网信息安全技术要求》中的 B 级产品。包括支持密码模块的 IPC 网络摄像机、NVR 网络录像机、视频调阅客户端。系统内所有安全设备通过 SM2 数字签名方式进行双向身份认证，视频流由前端安全摄像机实施 SM2 数字签名，实现视频传输和存储的完整性保护。视频监控系统为闭环网络，通过 L2 层交换机实现前后端的互联互通，不允许任何外部网络或设备接入。系统中所有密码产品包括：带国密芯片的安全摄像机、内置 PCI-E 密码卡的安全 NVR、智能密码钥匙。提供的密码服务主要包括：

1. 身份认证服务

安全摄像机、安全NVR、智能密码钥匙通过离线CA签发SM2数字证书。系统上电时，采用SM2数字证书，实现安全摄像机与安全NVR之间，智能密码钥匙与安全NVR之间的双向身份认证，保证接入设备和用户身份的真实性。

2. 视频流实时签名服务

安全摄像机内置国密算法芯片，支持SM2、SM3、SM4国密算法，支持密钥生成、更新、使用、存储、注销等功能。支持1080P高清视频流实时签名，实现视频传输过程的完整性保护。

3. 视频录像存储完整性保护服务

安全NVR支持128路高清视频接入，支持48路并发录像回放能力。支持采用安全摄像机公钥对视频流进行验签，保证视频来源的真实性和视频流的完整性。视频录像经安全摄像机施加SM2数字签名，保证视频录像的完整性。

（三）国密数据加密系统

依据《信息安全技术 信息系统密码应用基本要求》密码合规对照表中要求，应用和数据安全层面，宜采用密码技术保证信息系统应用的重要数据在存储过程中的机密性。配置该产品满足身份证号、手机号等隐私重要数据存储的机密性，符合密码安全考核的要求。该产品是为信息系统数据库提供数据保护的一款高性能、可扩展、易部署的加密系统。系统基于多种加密算法和完善的密钥管理机制，对数据库中的敏感信息，如身份证号、银行卡号、电话号码、姓名、地址等进行加密存储，保护用户隐私信息的安全，同时防止内部数据库管理员或其他高权限用户对数据的窃取，以及绕开合法应用系统直接访问数据库的问题，从根本上解决数据安全问题。该产品是以商用密码技术为核心的主机安全模块，具有自主密钥管理机制，通过将信息系统密码应用有关要求的密码运算服务封装在其内部完成，为业务系统提供安全的、便捷的、并满足信息系统密码应用要求的应用层密码运算服务，包括但不限于用户登录身份鉴别、个人隐私加解密、日志 / 重要标识 / 配置文件等的完整性计算以及文件加解密与完整性计算等。国密数据加密系统功能指标说明：

（1）密码算法支持 SM2/SM3/SM4 国密算法。

（2）可支持数据库加密和标准化接口加密多种加密方式。

（3）加解密功能，针对身份鉴别信息、密钥数据、传输和存储的重要数据可提供数据加解密保护功能。

（4）密钥管理功能，支持密钥生成、分发、启用、更新、归档、销毁、查询等。

（5）密码功能支持敏感数据分段加密、全加密接口服务。

（6）密码功能支持敏感数据分段解密、全解密接口服务。

（7）密码功能支持批量数据加解密接口服务。

（8）密码功能支持数据校验值 MAC 计算接口服务。

（9）密码功能支持签名、验签和摘要计算接口服务。

（10）支持提供密钥管理、加解密 / 完整性计算规则配置、访问控制以及对外提供数据加解密、签名验签等密码运算服务接口。

（11）包含密码插件，插件支持应用服务器本地部署，支持日志文件、配置文件、重要运行程序等的完整性计算，满足大文件密码运算性能计算的要求。

（12）密钥生成，支持生成 SM4 算法的随机工作密钥。

（13）密钥存储，支持安全存储密钥，任何时候密钥不以明文形式出现在服务器外。

（14）密钥的安全使用，密钥由其属性决定使用的许可范围和算法。

（15）密钥备份恢复，支持内部密钥的安全备份和恢复，可用于实现互备或负载的多台设备间的密钥同步。

（16）支持对称密钥、非对称密钥生成、修改、启用、禁用等管理功能。

（17）支持应用添加、修改、启用与禁用等功能，支持应用访问控制配置管理。

（18）文件加密规则管理，支持文件路径配置、密钥配置、保存路径配置以及加密方法配置等的管理。

（19）支持第三方国密时间戳服务器接入管理，为完整性计算提供基于SM2算法的可信时间戳签名。

（20）支持第三方可信CA证书吊销列表管理，为应用系统用户USBKEY登录提供合法性和有效性验证。

（四）国密IPSEC/SSL VPN综合接入网关

依据《信息安全技术 信息系统密码应用基本要求》密码合规对照表中要求，网络安全层面，应采用密码技术对通信实体进行身份鉴别，保证通信实体身份的真实性，宜采用密码技术保证通信过程中数据的完整性，应采用密码技术保证通信过程中重要数据的机密性，宜采用密码技术保证网络边界访问控制信息的完整性。所以，需要配置国密IPSEC/SSL VPN综合接入网关。

国密IPSEC/SSL VPN综合接入网关是以现代密码技术为核心的传输安全设备，是一个具有物理安全保护措施的硬件设备，具有自主密钥管理机制，能将密码运算过程封装在其内部完成，为系统用户提供完善的内部网络或应用程序的安全远程接入服务以及企业各分支机构局域网之间的端对端数据安全传输和安全访问。保证业务数据传输、接收到处理整个过程的安全性、有效性、完整性和不可抵赖性。技术特点：支持标准SSL安全协议，支持标准IPSEC安全协议，支持国密SM1/SM2/SM3/SM4算法，支持DES、3DES、IDEA、AES对称算法，支持MD5、SHA-1、SHA-256散列算法，支持1024位和2048位RSA非对称算法，对称算法支持ECB、CBC多种算法模式，采用安全处理器芯片作为密钥存储部件，保证密钥的安全存储，具有随机数产生功能，使用硬件产生随机数，产生的随机数符合国家密码管理局颁布的《随机数检测规范》。支持4路物理噪声源芯片生成，支持使用强素数。

功能指标要求：

（1）支持 IPSec VPN 功能，在跨网络区域可实现在通信前双方的身份鉴别的密码服务。

（2）支持 SS VPN 功能，可满足终端安全接入身份鉴别的密码服务需求。

（3）支持网络通信数据传输过程中保障数据传输的完整性和机密性的安全需求。

（4）技术标准：遵循《SSL VPN 技术规范》（GM/T 0024-2014）和《IPSec VPN 技术规范》（GM/T 0022-2014）等行业密码标准。

（5）数据加密：支持国密 SM1/SM2/SM3/SM4 算法，采用安全处理器芯片作为密钥存储部件，保证密钥的安全存储。

（6）随机数生成功能：具有随机数产生功能，使用硬件产生随机数，产生的随机数符合国家密码管理局颁布的《随机数检测规范》。支持 4 路物理噪声源芯片生成，支持使用强素数。

（7）资源权限管理：支持角色管理，提供细粒度控制，到同应用的权限划分。支持应用服务管理，可直接添加详细的应用列表，通过应用与用户角色二元素设定用户的访问权限，远程用户经身份验证后，即可在其角色权限范围内直接访问相关应用资源。

（8）支持设备实时状态的显示，包括：整机运行时间、上次启动时间、呼叫次数、呼损次数、呼损率、设备各个模块运行状态、核心资源的消耗状态（CPU/ 内存 / 存储介质）、设备物理状态（ETH/ 设备温度等），显示的形式为图形以及报表的结合。

（9）支持网络链路状态的实时查询，包括网络带宽的使用率，当前的连接数，收发包数等。

（10）数据统计功能：统计网络链路各个时期的带宽占用率，收发包数等，用图表显示。统计历史交易的数量以及交易的失败原因分析统计。统计历史日志的记录和预警的分析统计。

（五）国密签名验签服务器

依据《信息安全技术 信息系统密码应用基本要求》密码合规对照表中要求，应用和数据安全层面，宜采用密码技术对登录用户进行身份鉴别，保证应用系统用户身份的真实性。所以，需要配置国密签名验签服务器，提供服务端签名验签的密码服务，保障数字证书身份验证的有效性。

国密签名验签服务器是一款集多安全功能、高稳定性、高性能，并且具备跨平台、可扩展和快速部署能力的软硬件集成化的安全设备。该设备为用户提供基于开放的公钥密码标准（PKCS）的数字签名和数字信封技术服务，对政府、金融、集团机构、医院高校等各行业应用数据的签名结果进行真实性验证，满足用户对关键数据的保密性、确定性、完整性、不可否认、事后溯源等需求，有力保障应用客户端和服务器端数据传输的安全性。产品功能如下：

（1）数字签名及验签

支持对数据、文件制作数字签名及签名验证功能。通过数字签名与验签操作，解决用户的合法身份验证问题，确保数字信息的有效性、真实性。

（2）支持数字信封

支持对数据、文件制作数字信封；支持解密数字信封结果。数字信封可避免信息传输过程中被恶意修改而接收方无法察觉的现象，保证了信息在数据传输中的安全性与完整性。

（3）抗抵赖功能

数据接受者能够验证发送者所发送信息签名的真实性，数据发送者（签名者）无法否认其签名，保证了信息传输的客观性，防止双方因此可能产生的纠纷。

（4）支持多证书认证

实现基于数字证书的身份认证，支持不同CA的用户证书验证。

（5）双机热备

内置双机热备系统，支持主备机模式，通过自己的双机功能自主进行主机和备机切换，再度提升灾备应对功效。

（6）日志管理

系统可以自行记录日志，包括数字签名日志、验签业务日志、时间戳日志等，为系统的维护和跟踪管理奠定完善的技术基础。

（六）国密时间戳服务器

依据《信息安全技术 信息系统密码应用基本要求》密码合规对照表中要求，应用和数据安全层面，宜采用密码技术保证信息系统应用的重要数据在存储过程中的完整性。所以，需要配置国密时间戳服务器，提供精准有效的时间戳签订服务，保障数据的完整性，符合密码安全考核的要求。

国密时间戳服务器是一套基于PKI技术的时间戳权威系统，对外提供精确可信的时间戳服务。它采用精确的时间源、高强度高标准的安全机制，以确认系统处理数据在某一时间（之前）的存在性和相关操作的相对时间顺序，为实现系统数据处理的防抵赖性提供基础。产品功能如下：

（1）数字时间戳

支持对数据制作时间戳，支持验证时间戳结果。

（2）可信时间源

支持通过NTP时间服务器手动或自动同步系统时间，为用户提供精确的时间数据，实现系统时间的可信。

（3）支持多证书

实现基于数字证书的身份认证，支持不同CA的用户证书进行签发和验证时间戳。

（4）双机热备

内置双机热备系统，支持主备机模式，通过自己的双机功能自主进行主机和备机切换，再度提升灾备应对功效。

（5）日志管理

提供数据库管理功能，可对时间戳业务数据、按策略留存和自动存档；方便用户检索查询，产品提供时间戳序列号、签发时间等检索方式。

（七）国密电子签章管理系统

依据《信息安全技术 信息系统密码应用基本要求》密码合规对照表中要求，满足应用和数据安全层面，符合宜采用密码技术保证信息系统应用的重要数据（电子档案）在存储过程中的完整性保护要求。含客户端电子签章软件及后台批量盖章服务功能，实现用户电子档案、公文及申报审批等数字签名的可视化、图形化，通过电子盖章的技术保障电子档案内容的完整性和防篡改能力。所以，需要配置国密电子签章管理系统，依托电子签章的密码技术助理电子档案无纸化应用，保障电子档案数据的完整性和不可否认性。核心功能如下：

（1）签章

在电子文档某一页的指定位置上进行盖章，实现该功能需要插入USBKEY，同时还需要输入密码确认用户身份。

（2）系统管理

利用数据库系统对印章提供良好管理，并且为印章的管理和归档提供良好的基础。为系统管理员对系统的配置、印章管理、用户管理、日志管理、签章管理提供良好的界面。

（3）电子印章制作

由制章人登录印章管理系统进行印章制作；电子印章验证：验证电子印章的数据格式、签名值、制章人证书有效性、电子印章的有效期。

（4）查看签章

用户可以用客户端签章软件打开签章文件点击印章，得到签章位置、签发时间和证书信息等。

（5）签章认证

认证签章有效性，并显示证书用户甄别名称，证书颁发者，签章签发时间，签章机器硬件信息等。

（6）签章撤销

撤销电子文档中的指定印章，只有原始签章人拥有此权限。

（7）验证签章

用户可以验证签章文件是否被修改，验证结果和签章文件的信息将返回给用户。

（8）签章编程接口

系统除了为签章的申请、验证、查看提供良好的用户界面，还提供相应功能的编程接口，为签章上层应用提供基础接口。

（八）国密服务器证书

国密服务器证书是一种可以让访问者通过浏览器来验证网站真实身份的可信证明电子文件，通过服务器证书可以为客户端和服务端间建立具有高安全性的 SSL 加密通道。能够轻松地实现网站服务器的身份认证，解决网站访问中的网络钓鱼、网络窃听、数据篡改等安全问题。

（九）国密 USBKEY

国密 USBKEY 是指用于存放数字证书的载体，含国密运算模块，可提供电子签名、证书读取、加密与解密等服务运算。

（十）国密个人数字证书

国密个人数字证书作为虚拟网络世界的合法身份，可标识个人工作人员在业务系统中的真实身份凭证。依赖第三方权威认证机构签发的数字证书，依托证书的电子签名技术、加密技术，可有效地解决电子政务、电子商务信息系统发展过程中面临的可信身份、可信行为、可信交易的合法信任的问题。

第五节　安全管理

一、安全策略

制定网络安全工作的总体方针和安全策略，阐明机构安全工作的总体目标、范围、原则和安全框架等。

二、管理制度

对安全管理活动中的主要管理内容建立安全管理制度，对管理人员或操作人员执行的日常管理操作建立操作规程。

三、制定和发布

指定或授权专门的部门或人员负责安全管理制度的制定，安全管理制度通过正式、有效的方式发布，并进行版本控制。

四、评审和修订

定期对安全管理制度的合理性和适用性进行论证和审定，对存在不足或需要改进的安全管理制度进行修订。

第七章
数字档案馆非功能需求

第一节　新媒体电子文件采集

参照《政府网站网页归档指南》，运用先进数据捕获技术，捕获互联网端网页、数字报、微博、微信公众号、抖音视频等数据，实现新媒体数据的采集。系统开放规范数据接口，支持对接第三方电子文件系统，接收其系统内电子文件。为下一步电子档案资源的开发与利用奠定了基础。（见图 7-1、7-2、7-3）

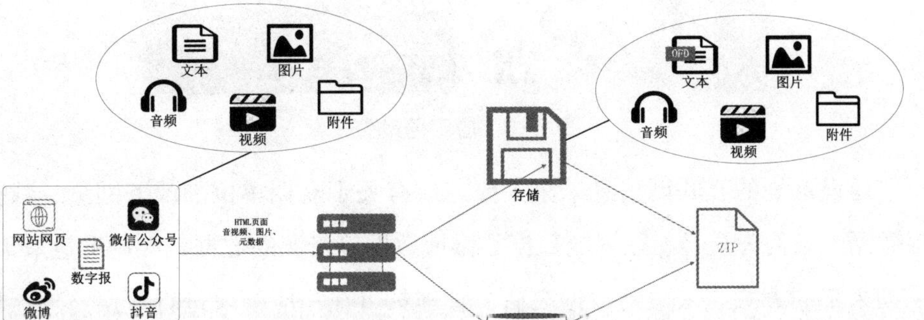

图 7-1　应用场景图一

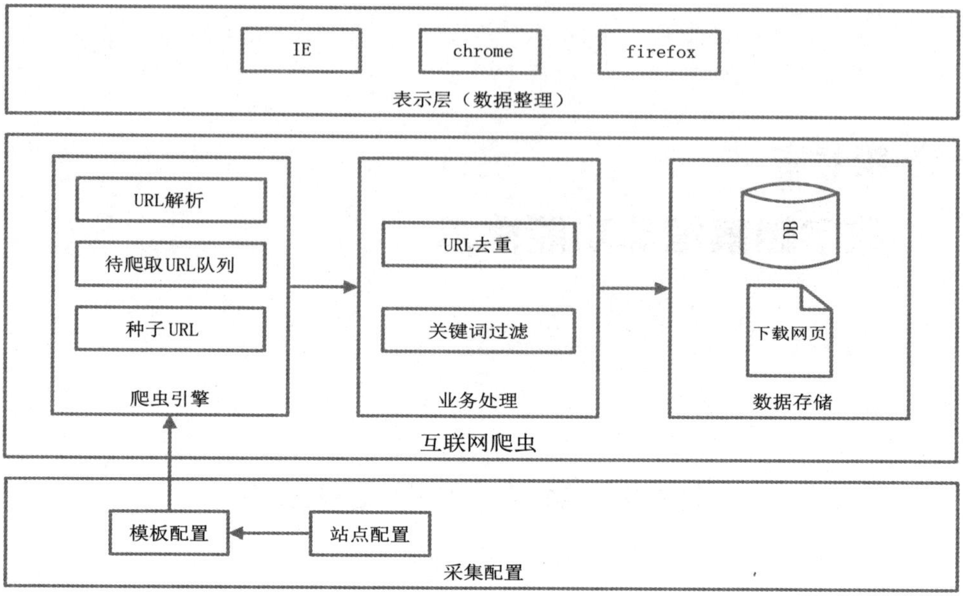

图 7-2 应用场景图二

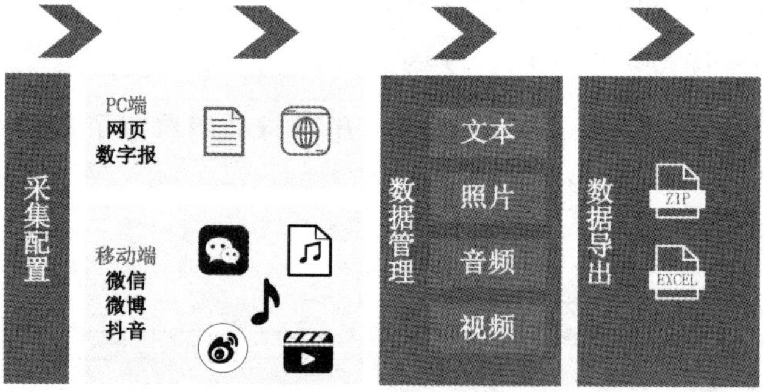

图 7-3 应用场景图三

建设规划的互联网信息采集主要完成有关于立档单位的政务网页、数字报数据、微信公众号、微视频数据、微博数据等资源的数据，支持批量采集、手动采集的方式。采集到数据之后，管理员可在相应模块进行数据整理。规划设计的网上信息采集是与政府及微信、微博、抖音等各大平台协商后抓取文件信息资料，不存在版权问题。系统参照政府网站网页归档与管理规范，将采集到的相关数据以数据包的格式导出，离线导入馆藏档案管理内，扩展丰富档案馆信息资源。

第二节 专题档案智能聚类

指定专题需求，如“数字经济”，通过人工智能学习“数字经济”分类模型后，系统可对全库档案进行全文检索、语义分析，找出符合专题内容的档案自动产出专题数据集合，专题数据集合中按照“未来工厂、数字贸易”等规则自动分类。通过建设基于聚类技术的数字经济专题档案智能聚类系统，实现与数字经济专题相关档案数据的自动汇集并进行有序化分类，产出数字经济专题档案数据集合，为当地数字经济发展有关部门提供精准化知识服务，提升决策能力。

第三节 多媒体档案智能管理与利用

研究多媒体档案文件类型的特性，研发建设多媒体档案智能管理系统，实现快速精准检索定位所需的照片、视频和音频档案，极大的方便馆内外人员的高效高质利用。

1. 档案人脸检索

对系统内照片、视频档案进行人脸锁定、汇总聚类，生成人脸库，后期通过上传人脸图像，与系统内人脸库进行比对，简洁查找相关照片、视频档案，实现以图搜图。

2. 音、视频内容检索

通过对音视频档案进行数据化处理，即提供将录音文件或者实时音频流转成文字的服务，能够支持噪音环境下和带背景音的语音识别，实现音视频档案的“全文检索”。

第四节　档案智能编研

通过建设档案智能编研系统，解决多人编研不能协同、档案资源不充足及编研效率低下等问题，实现档案编研工作平台化、智能化、协同化和高效率。

1. 多人协同编研

支持在线给多个成员分配编研任务，拆分为多个章节同时编研，支持进度监管。

2. 自动组建初稿

通过配置编研模板大纲，系统能够分析素材库资料内容，提取关键内容后自动将稿件各模块进行填充，形成初稿。

参考文献

1.《中华人民共和国档案法》（中华人民共和国主席令第四十七号）

2.《中华人民共和国保守国家秘密法》（中华人民共和国主席令第二十号）

3.《中华人民共和国档案法实施条例》（中华人民共和国国务院令第772号）

4.《中华人民共和国保守国家秘密法实施条例》（中华人民共和国国务院令第646号）

5.《广东省档案条例》（广东省第十届人民代表大会常务委员会公告第78号）

6.《各级各类档案馆收集档案范围的规定》（国家档案局令第9号）

7.《机关档案管理规定》（国家档案局令第13号）

8.《国家档案馆档案开放办法》（国家档案局令第19号）

9.《“十四五”全国档案事业发展规划》（厅字〔2021〕21号）

10.《“十四五”广东省档案事业发展规划》（粤厅字〔2021〕96号）

11.《数字档案馆建设指南》（档办〔2010〕116号）

12.《数字档案馆系统测试办法》（档办发〔2014〕6号）

13.《电子档案移交与接收办法》（档发〔2012〕7号）

14.《广东省数字档案馆系统评估办法》（粤档发〔2022〕1号）

15.《归档文件整理规则》（DA/T22-2015）

16.《纸质档案数字化规范》（DA/T31-2017）

17.《全宗卷规范》(DA/T12-2012)

18.《全宗指南编制规范》(DA/T14-2012)

19.《档案信息系统安全等级保护定级工作指南》(档办〔2013〕5号)

20.《档案信息系统安全保护基本要求》(档办〔2016〕1号)